esotera

Taschenbuch

im Verlag Hermann Bauer

Alan Young kommt aus dem Managementbereich. Von 1942 bis 1974 war er in einem der größten amerikanischen Konzerne tätig. Noch bevor er sich aus der Wirtschaft zurückzog, wurde er Vizepräsident des Unternehmens. Nach zweieinhalb Jahren intensiver Studien und Meditation fühlte er sich dann selbst zum Heiler berufen. In den letzten zehn Jahren hat er Hunderten von Menschen geholfen und gibt seine Erfahrungen in Workshops und Büchern weiter.

Alan Young

Das ist Geistheilung

Ein Leitfaden für alle, die heilen und geheilt werden wollen

Verlag Hermann Bauer
Freiburg im Breisgau

Die Deutsche Bibliothek – CIP-Einheitsaufnahme

Young, Alan:
Das ist Geistheilung : ein Leitfaden für alle, die heilen
und geheilt werden wollen / Alan Young.
[Übers. aus dem Amerikan.: Gabi Klenk und Helga Schenk]. –
1. Aufl., 1.–8. Tsd. – Freiburg im Breisgau : Bauer, 1993
(esotera-Taschenbuch)
Einheitssacht.: Spiritual healing ⟨dt.⟩
ISBN 3-7626-0661-7

Die amerikanische Originalausgabe erschien 1981
unter dem Titel *Spiritual Healing* bei
DeVorss & Company, Marina del Rey, Kalifornien

Die Reihe *esotera-Taschenbuch* erscheint im
Verlag Hermann Bauer KG, Freiburg im Breisgau

Deutsch von Gabi Klenk und Helga Schenk

1. Auflage 1993 – 1.–8. Tsd.

Umschlagfoto: ZEFA-Bilderdienst
Umschlag: Seliger & Krafft, Freiburg im Breisgau
Satz: CSF ComputerSatz GmbH, Freiburg im Breisgau
Druck und Bindung: Clausen & Bosse, Leck
Printed in Germany

ISBN 3-7626-0661-7

All denen gewidmet,
die auf ihre Weise dazu beitragen,
menschliches Leid zu lindern.

Danksagung

Folgenden Personen, die dabei geholfen haben, dieses Buch möglich zu machen, möchte ich ganz herzlich danken:

Gayle Burnham für ihren vollen Einsatz beim Abschreiben des Manuskripts; Lorna Catford für kundiges Redigieren; Carolyn Conger dafür, daß sie mir Mut machte und hilfreiche Kommentare beisteuerte.

Brugh Joy für das, was ich bei ihm gelernt habe, und für weitere wichtige Anmerkungen.

Meiner Frau Joy Young für ihre liebevolle Unterstützung.

Weiterhin möchte ich all denen, die es mir freundlicherweise gestattet haben, ihre Erfahrungen mit Geistheilung in diesem Buch darzustellen, hiermit meine Dankbarkeit ausdrücken. Ihre Namen und andere persönliche Daten wurden verändert oder weggelassen, aber die erwähnten Einzelheiten aus ihrem Leben sind so persönlicher Natur, daß ich es als Privileg betrachte, daß sie mir anvertraut wurden.

Inhalt

Kapitel 4

Die Suche nach den Ursachen

Kapitel 5

Auflösung der Ursachen

Kapitel 6

Warum wird nicht jeder geheilt?

Kapitel 7

Engel und Geistärzte

Kapitel 8

Auch Sie können heilen

Kapitel 9

Kapitel 10

Krankheitsvermeidung und Selbstheilung

Kapitel 11

Botschaften von Geistführern

Einführung

Männliche und weibliche Geistheiler gibt es heute ebenso wie früher. Ihre Geschlechtszugehörigkeit spielt für die Heilung absolut keine Rolle, und ebenso macht es keinen Unterschied, ob ein Mann oder eine Frau Hilfe suchen.

Um zu vermeiden, im Text ständig »er oder sie« schreiben zu müssen, habe ich durchgängig die männliche Form »er« oder die Mehrzahl »ihre« verwendet, die sich auf beide Geschlechter bezieht. Ich hoffe, daß meine Leserinnen sich nicht am häufigen Gebrauch von »er« stoßen – das ist keineswegs diskriminierend gemeint.

Viele der in diesem Buch dargestellten Ideen sind meine eigenen. Ich halte sie nicht für unanfechtbar und habe auch keineswegs die Absicht, dogmatische Behauptungen aufzustellen, die niemand in Frage stellen darf. Manche Ideen habe ich von anderen Autoren, Heilern und Denkern übernommen; die jeweilige Quelle ist angegeben, soweit ich sie finden konnte, und Erlaubnis zum Zitieren der betreffenden Aussagen wurde eingeholt. Berichte anderer habe ich möglichst weitgehend auf ihre Richtigkeit hin überprüft.

Dieses Buch richtet sich an alle, die sich für das Thema Geistheilung interessieren und selbst etwas zu ihrer eigenen Heilung beitragen möchten, und ich hoffe, die dargestellten Informationen und Fallbeispiele sind interessant zu lesen und regen zum Nachdenken an.

Ich würde mich sehr freuen, Zuschriften von Lesern zu bekommen, die bereit sind, mir mitzuteilen, welche Erfahrungen sie durch die Anwendung der Prinzipien dieses Buches gemacht haben, entweder als Geistheiler oder als Geheilte.

Ebenso interessieren mich alle Erlebnisse mit anderen Methoden der Heilung, die das Verständnis des Themas erweitern könnten.

Alan Young

Vorwort zur vierten amerikanischen Auflage

Seit Erscheinen dieses Buches hat der Autor Hunderte weiterer Patienten mit den verschiedensten Problemen behandelt und aus diesen Erfahrungen viel gelernt. Daher wurde es notwendig, den Umfang des Buches zu erweitern und die neu gewonnenen Erkenntnisse mit aufzunehmen.

Die meisten Ergänzungen wurden an den Kapiteln 3, 4 und 5 vorgenommen, in denen behandelt wird, wie man die tieferen inneren Ursachen einer Krankheit entdeckt und mit ihnen umgeht. Sie enthalten neue Informationen über die Auswirkungen vergangener Leben und über Besessenheit oder Besetzung durch körperlose Wesenheiten, die dem Betroffenen in diesem Leben Schwierigkeiten bereiten.

Kapitel 1

Wunder oder Illusion?

Ihr sollt einander so lieben,
wie ich euch geliebt habe.
(Johannes 15, 12)

Ist Geistheilung ein Wunder oder eine Illusion? Ich würde sie weder als das eine noch als das andere bezeichnen; sie ist ein natürlicher Vorgang und geschieht real, wie ich im folgenden versuchen werde darzustellen.

Geistheilung ist ein natürlicher Vorgang, weil der Schöpfer dieses Universums, zu dem auch die Menschen gehören, in jeden Körper einen natürlichen Heilungsmechanismus eingebaut hat, der jede Krankheit oder Schädigung des Körpers heilt, wenn man es zuläßt.

Sie geschieht real, denn seit mehr als 2000 Jahren wurde von vielen tausend anhaltenden Heilungen durch diese unsichtbare Kraft berichtet. Außerdem gibt es viele Menschen, die heute völlig gesund sind und am eigenen Leib erlebt haben, daß sie ohne jegliche körperliche oder mentale Behandlung geheilt worden sind, allein durch die göttliche Kraft des Schöpfers, mit oder ohne Hilfe eines anderen Menschen, der als Kanal für diese Kraft gedient hätte.

Aus meiner eigenen Erfahrung mit Kranken kann ich bezeugen, wie gebrochene Knochen, die viele Monate nicht zusammenwuchsen, plötzlich heilten; wie Tumore und Zysten aufbrachen und sich auflösten; wie es bei einem Diabetiker nach fünfundzwanzig Jahren zu einem drastischen Sinken des Blutzuckers kam; wie lebenslange Depressionen sich in Lebensfreude verwandelten; und so gibt es noch viele andere plötzliche Veränderungen, für die keine orthodoxe medizinische Erklärung gefunden werden kann. Einige dieser Fälle wurden in dieses Buch mit aufgenommen.

Es ist richtig, daß die Heilung oft wie ein Wunder erscheint, da sie sich weder mit dem Denken der meisten Menschen noch mit den allgemein anerkannten »Naturgesetzen« vereinbaren läßt. Vor allem bringt sie die orthodoxe Praxis der westlichen Schulmedizin durcheinander, die sich vielfach der unverbindlichen Diagnose der »spontanen Besserung« bedienen muß und damit sagen will: »Wir müssen zugeben, daß eine Heilung stattgefunden hat, aber wir haben sie nicht erwartet und wissen nicht, wie es dazu gekommen ist.«

Leider kann die Heilung manchmal als Illusion erscheinen, wenn sie nur vorübergehend anhält. Nachdem man mit Freude festgestellt hat: »Ich bin geheilt!« und die Symptome verschwunden sind, tauchen diese oder andere, ebenfalls schwerwiegende oder noch schlimmere, wieder auf. Es wird dann behauptet, die Heilung sei nur eine Illusion, nur Hysterie oder Einbildung gewesen. Das mag in einigen Fällen der Wahrheit entsprechen, in anderen liegt der wahre Grund für das erneute Auftreten der Krankheit darin, daß die Ursache des Problems nicht entdeckt und beseitigt wurde; nur die Symptome wurden geheilt, und da die Ursache weiterbestand, brach die Krankheit wieder aus (mehr über diesen Aspekt der Heilung in den Kapiteln 3, 4 und 5).

Früher Tod, Krankheit, Unwohlsein und körperliche und geistige Behinderung gehören schon seit jeher zu den Erfahrungen der Menschheit. Gleichzeitig hat es aber auch immer Menschen gegeben, die ihr Leben der Heilung und der Linderung von Leiden gewidmet haben, unter Einsatz aller Mittel, die eine Wirkung zeigten. Manche benutzten körperliche Methoden wie Aufschneiden und Aderlaß oder Mittel zum Einnehmen wie Kräuter und chemische Wirkstoffe, während andere sich der Anrufung des Gottes oder der Götter ihres Glaubens bedienten.

Die ersten Heiler waren Hexen und Schamanen. Forscher finden sie heute noch in Stämmen, die bisher keinen Kontakt mit der Zivilisation hatten. Die ersten Hexen und Schamanen waren die Ältesten des Stammes. Man nahm an, daß sie die weisesten Stammesmitglieder sein müßten, weil sie die vielen Gefahren des täglichen Lebens wie Naturkatastrophen,

Krankheiten und Angriffe wilder Tiere länger als alle anderen überlebt hatten; sicherlich hatten sie die meiste Erfahrung. Später entwickelte sich schrittweise ein Selbstauswahlverfahren; ein Mitglied des Stammes mit besonderen geistigen Kräften und tieferem Verständnis beanspruchte die Position, und solange diese Person Ergebnisse einschließlich Heilungen vorweisen konnte, wurde sie respektiert.

Unter allen Begabten und Talentierten gab und gibt es immer solche, die ihr Wissen für selbstsüchtige oder üble Zwecke einsetzen; so gab es auch einige Hexen und Schamanen, die sich der Schwarzen Magie hingaben und ihre Kräfte dazu benutzten, andere Menschen zu verletzen oder umzubringen. Die meisten taten das jedoch nicht, sondern waren und sind im Grunde gute und hilfreiche Diener ihres Stammes.

Man weiß nicht genau, wann der indianische Medizinmann zuerst in Erscheinung trat, aber er spielte bereits mindestens 2000 Jahre vor dem Auftauchen des weißen Mannes in Amerika eine Rolle und ist für traditionell lebende Indianer immer noch sehr wichtig. Medizinmänner bedienten sich ganz sicher der Geistheilung, beruhend auf ihrem Glauben an einen Gott, an den Großen Geist und an die Kraft des Gebets, um Seine Führung zu erbitten, wenn sie sie brauchten. Träumen und Visionen widmeten sie ebenfalls große Aufmerksamkeit und interpretierten sie als Botschaften des Großen Geistes. Sie waren heilige Männer und nicht ausschließlich Heiler. Sie hatten meist noch andere sensitive Fähigkeiten wie Präkognition (Vorausschau), Telepathie und Visionen. Das Wort »Medizin« bezeichnet in der indianischen Kultur nicht nur Drogen oder Kräuter, sondern bezieht sich auf alle Kräfte jenseits des Normalen und Natürlichen.

Kurz nach Erreichen der Pubertät hatten sie nach mehreren Tagen des Fastens und Alleinseins gewöhnlich eine Vision über ihre Berufung zum Medizinmann; wenn sie danach den anderen Stammesmitgliedern ihre besonderen Kräfte demonstrierten, brachte ihnen das Respekt und Unterstützung ein.

Tausende von Jahren vor der Entdeckung Hawaiis durch den weißen Mann hatten die polynesischen Bewohner dieser Inseln das Geheimnis der Geistheilung und sogar der Wiederbelebung von Toten entschlüsselt. Bestimmte Menschen, sogenannte »Kahunas« oder »Hüter des Geheimnisses«, wurden dafür ausgebildet. Sie waren so erfolgreich, daß die weißen Missionare, die viel weniger Heilungen vorweisen konnten als die Kahunas, sie der Ausübung Schwarzer Magie bezichtigten. Da die Kahunas ihr Wissen auch benutzten, um ihre Begabung als Heiler mit mancherlei unchristlichen Ritualen zu verbinden und in manchen Fällen auch, um ihre Gegner oder die, die ihr Mißfallen erregt hatten, zu töten, wurden sie ausgestoßen, sobald die Macht des weißen Mannes weit genug reichte. Sie praktizierten ihre Rituale jedoch heimlich weiter und wurden selten verhaftet, da es sich kein hawaiianischer Polizist oder Richter erlauben würde, einen Kahuna zu beleidigen.

Obwohl vieles an Wissen verlorengegangen ist, gibt es immer noch einige, die diese Kunst im Geheimen ausüben. Die Kahunas kannten den Unterschied zwischen Bewußtsein und Unterbewußtsein und dessen Macht, lange bevor Freud dieses Konzept der westlichen Welt vorstellte. Sie glaubten auch an ein »Hohes Selbst«, das für Heilungen angerufen werden konnte und als Verbindungsglied zwischen der Höchsten Kreativen Intelligenz und dem bewußten Selbst diente. Wenn wir ihre unterschiedlichen Bezeichnungen und Rituale beiseite lassen, gibt es kaum einen Unterschied zwischen den Grundlagen ihres Heilungssystems und dem des modernen Geistheilers. *[1]

Viele tausend Jahre lang war Geistheilung ein Teil des Dienstes in den Tempeln Ägyptens, Griechenlands und des Orients, und die Heiler waren Priester. Einige wurden sogar als Halbgötter betrachtet. Um die gleiche Zeit wandte man in China Akupunktur an, um den Fluß der Lebensenergie Chi zu erhöhen und Blockaden zu beseitigen.

Vor 3000 Jahren wurde der Ägypter Imhotep ein so berühmter Heiler, daß er nach seinem Tod als der ägyptische Gott der Medizin verehrt wurde. Ungefähr zur gleichen Zeit erwarb

---

* Die meisten dieser Informationen über Kahunas stammen aus Max Freedom Longs Buch *Geheimes Wissen hinter Wundern.*

1 Die hochgestellten Ziffern beziehen sich auf die Literaturangaben, die jeweils am Ende des Kapitels aufgeführt sind.

Äskulap überall in Griechenland großen Ruhm als Heiler und konnte gelegentlich sogar Tote wieder zum Leben erwecken. Nach seinem Tod wurde er als Gott der Heilkunst verehrt, und in ganz Griechenland wurden ihm zu Ehren Tempel errichtet und nach ihm benannt. In diesen Tempeln konnten Menschen um einen heilenden Traum während ihres Schlafs bitten, der dann von einem Priester für sie gedeutet wurde. Aufzeichnungen zufolge kam es dann oft zu Heilungen, von denen viele heutzutage als Wunder gelten würden. Die Priester glaubten, jeder Patient trage in sich selbst alles, was er zu seiner Heilung brauche, und sahen ihre Rolle lediglich darin, dem Patienten bei der Verwirklichung dieser Erkenntnis zu helfen. Tausende von Jahren später entstehen nun in Amerika überall ganzheitliche Heilungszentren, die sich auf die gleiche Überzeugung gründen.

Vor 2500 Jahren nahm man an, Könige hätten die Gabe des Heilens, und die Heilung ihrer Untertanen sei eine ihrer Aufgaben. Das Alte Testament enthält viele Beispiele für Geistheilungen, beispielsweise als Elija den Sohn der Witwe heilte: »Der Herr erhörte sein Gebet und gab dem Kind das Leben zurück.« (1. Könige 17, 21–22), oder als Elisa dem Kind der Sunamiterin das Leben wiedergab (2. Könige 4, 17–36), oder als Elischa den Befehlshaber der syrischen Armee von der Lepra heilte und ihm befahl, sich siebenmal im Jordan zu waschen (2. Könige 5, 8–19).

Vor 2000 Jahren revolutionierte Jesus, wahrscheinlich der größte Geistheiler aller Zeiten, in wenigen Jahren des Lehrens und Heilens die Welt. Seither haben sich die Menschen ständig darüber gewundert und gestritten, wer Jesus wohl wirklich war, wobei die Meinungen von »Gott selbst, in einen menschlichen Körper inkarniert« bis zu »einfach ein weiser und guter Mann« reichen. Läßt man den eigenen Standpunkt hierzu einmal beiseite, wird kaum jemand bestreiten, daß er tatsächlich ein wahrhaft großer Geistheiler war. Wir können viel darüber lernen, wenn wir uns mit seinen Worten und Taten näher beschäftigen.

Jesus selbst sagte, der Sinn seiner Mission sei, der Welt die gute Nachricht zu bringen, daß das Himmelreich nahe und in

Wirklichkeit im Inneren jedes Menschen zu finden sei; daß die Vergebung und Liebe Gottes für alle Suchenden zu erlangen sei; und daß in ihrem Leben für alles gesorgt wäre, wenn ihr vorrangiges Ziel das Königreich des Himmels sei. Aus dem Neuen Testament ist jedoch ersichtlich, daß Jesus mehr tat, als nur die gute Nachricht zu verbreiten. Er verbrachte einen Großteil seiner Jahre damit, Kranke zu heilen und gelegentlich auch Tote zum Leben zu erwecken. Anscheinend tat er das, um die Liebe Gottes für alle Seine Kinder und die Macht Gottes über alles Leben zu demonstrieren und um selbst der lebende Beweis für alles, was er lehrte, zu sein. Die Methode Jesu war das Heilen, seine Botschaft bedingungslose Liebe; seine Heilungen zeigten und verdeutlichten diese Liebe auf wunderbare Weise.

Die Worte und Taten, derer sich Jesus bei einigen dieser Heilungen bediente, werden im nächsten Kapitel besprochen. Gehen wir hier für einen Moment auf sein erstaunliches Versprechen an uns alle ein:

> Jeder, der mir vertraut, wird auch die Taten vollbringen, die ich tue. Ja, seine Taten werden meine noch übertreffen, denn ich gehe zum Vater. Dann werde ich alles tun, worum ihr bittet, wenn ihr euch dabei auf mich beruft. (Johannes 14, 12–13).

Die ersten, die diesem Versprechen aufs Wort glaubten, waren die zwölf Apostel, die das Heilen auf all ihren Wegen zu einem festen Bestandteil ihrer Lehre machten. Ein spektakulärer Fall war der des von Geburt an gelähmten Bettlers, zu dem Petrus sagte: »Geld habe ich nicht; doch was ich habe, will ich dir geben. Im Namen Jesu Christi aus Nazaret: Steh auf, du kannst jetzt gehen! Er faßte den Gelähmten bei der Hand und half ihm auf. Im gleichen Augenblick erstarkten dessen Füße und Gelenke; mit einem Sprung war er auf den Beinen und machte ein paar Schritte.« (Apostelgeschichte 3, 6–8). Allgemeiner wurde gesagt: »Auch aus der Umgebung von Jerusalem brachten viele Leute Kranke und Besessene, und alle wurden gesund.« (Apostelgeschichte 5, 16). Nicht nur die Apostel, sondern auch der berühmte Bekehrte und Evangelist Paulus heilte viele Menschen.

Die Fähigkeit der Christen, Kranke zu heilen, hielt auch in den nächsten drei- bis vierhundert Jahren nach der Gründung der christlichen Kirche an. Viele Heilungen wurden vom Heiligen Justin der Märtyrer (165–100 v.Chr.), vom heiligen Hieronymus (420–340 v.Chr.) und von anderen Zeitgenossen berichtet. Allmählich wurde die Kirche jedoch durch die Selbstüberschätzung der Menschen und ihr Streben nach materieller Macht korrumpiert. In der Folge wurde die Quelle der Heilkraft vergessen oder nicht mehr beachtet, und die Fähigkeit zu heilen nahm entsprechend ab.

Trotz des buchstäblichen Verschwindens der Geistheilung aus den Kirchen glaubten einige wenige (von denen manche von der römisch-katholischen Kirche heiliggesprochen wurden) weiterhin daran und praktizierten sie. Der heilige Franziskus von Assisi, Martin Luther und John Wesley sind Beispiele dafür. An besonderen Orten der Heilung wie Lourdes in Frankreich und Fatima in Portugal haben viele dokumentierte »Wunder«-Heilungen stattgefunden.

Zur gleichen Zeit gab es in den Religionen des Ostens viele Heiler, die das vollbrachten, was in der Öffentlichkeit als »Wunder« bezeichnet wurde. Dort entstanden ebenfalls viele Orte der Heilung, besonders in Indien und Japan.

Die nordamerikanischen Indianer glaubten schon seit langer Zeit an Heilung durch den Großen Geist. Einige ihrer Rituale mögen dem Uneingeweihten etwas merkwürdig erscheinen, aber ihre Heilungen gründen sich definitiv auf spirituelle Gesetze. Ihre Überzeugungen und ihr Glaube werden sehr schön von Brad Steiger in seinem Buch *Medicine Power*[2] dargestellt:

1. Die Visionssuche mit besonderer Betonung der Selbstverleugnung und der geistigen Selbstdisziplin, die zu einer lebenslangen Suche nach Weisheit des Körpers und der Seele wird.
2. Das Vertrauen in die eigenen Visionen und Träume als Richtungsweiser für den persönlichen Lebensweg.
3. Die Suche nach persönlichen Liedern zur Einstimmung auf

den Urklang, die kosmische Schwingung des Großen Geistes.
4. Der Glaube an eine tiefe Verbindung mit der Welt der Geister und die Fähigkeit, persönlichen Kontakt mit den Ahnen auf anderen Daseinsebenen aufzunehmen.
5. Das Verfügen über ein nicht-lineares Zeitgefühl.
6. Die Empfänglichkeit für die Tatsache, daß die Essenz des Großen Geistes in allen Dingen wiedergefunden werden kann.
7. Die Achtung vor Mutter Erde und die tiefe Liebe zu ihr sowie das Bewußtsein des eigenen Platzes im Zusammenspiel des Lebens sowie der eigenen Verantwortung gegenüber allen Pflanzen und Tieren.
8. Die tiefe Bindung an die eigenen Glaubensvorstellungen, die sich auf alle Aspekte des Lebens erstreckt und es uns erst ermöglicht, den eigenen Lebensweg wirklich im Gleichgewicht mit uns selbst und der Welt zu beschreiten.

In der Mitte des 19. Jahrhunderts entwickelte sich ein neues Verständnis der wissenschaftlichen Wahrheit hinter den Lehren von Jesus und der Wechselwirkung von Geist und Körper bei Krankheiten. Phineas Quimby, ein erfolgreicher Geistheiler von 1846 bis 1866, wird allgemein als der Wiederentdecker dieser alten Grundsätze betrachtet und als der erste, der versuchte, Geistheilung in wissenschaftlichen Begriffen zu beschreiben. Er vertrat die These, daß wir erschaffen, was wir glauben. Das bedeutet, daß unsere angebliche Wirklichkeit eine Manifestation unserer Überzeugungen ist. Er stellte außerdem fest, daß der einzige Weg zur Beseitigung von Krankheit über das Gehirn führt, das der Ausgangspunkt dafür ist.

Aus diesem Anfang entwickelten sich einige Neugründungen. »Christian Science« wurde von Mary Baker-Eddy ins Leben gerufen, einer Patientin und Schülerin Quimbys. »Unity« wurde von Myrtle und Charles Fillmore gegründet. Charles wurde nach fünfundzwanzig Jahren als Invalide nur durch die Kraft seiner eigenen Gedanken von einer angeblich unheilbaren Krankheit geheilt und erreichte ein Alter von vierundneunzig Jahren! »Religious Science« wurde von Ernest Holmes gegründet und hat mit den beiden obengenannten Bewegungen viel gemeinsam. Über viele Tausende von Heilungen wurde von allen dreien berichtet.

In den letzten Jahrzehnten scheinen sehr bekannte Heiler und Mitglieder verschiedener Kirchen wieder verstärkt Geistheilung anzuwenden. Berühmte Heiler wie die bereits verstorbenen Kathryn Kuhlman und Harry Edwards haben erfolgreich zur Heilung vieler Menschen beigetragen, die heute noch am Leben sind. Heilungen wurden in modernen Kirchen wie »St. Stephens Episcopal Church« in Philadelphia, »Mount Washington Methodist Church« in Baltimore und vielen weniger bekannten Kirchen durchgeführt. Persönlich sind mir viele Geistheiler bekannt, die unabhängig von Kirchen und ohne große Werbung arbeiten.

In vielen Ländern wird Geistheilung immer noch von den offiziellen Stellen ausgegrenzt, die sie als Schwarze Magie oder strafbare Scharlatanerie bezeichnen. In Großbritannien ist Geistheilung weitgehend anerkannt und verbreitet, und bei der »National Federation of Spiritual Healers« sind über 5000 anerkannte Heiler gemeldet. Dadurch haben sie offiziell Zugang zu über 1500 Krankenhäusern. Die meisten britischen Ärzte arbeiten mit diesen Heilern zusammen, wenn ihre Patienten darum bitten. Es gibt viele Zentren für Geistheilung in Großbritannien, die sowohl Kontakt- als auch Fernheilungen durchführen. Dazu gehören das »Harry Edwards Spiritual Healing Sanctuary« in Burrows Lea, Shere, Surrey; die »White Eagle Lodge« in Liss, Hampshire, und die »Spiritualist Association of Great Britain« in 33 Belgrave Square, London.

Das Bedürfnis nach Geistheilung

Trotz der Fortschritte in der modernen medizinischen Forschung ist der Bedarf an Heilungen jeglicher Art weiterhin groß. Obwohl viele Krankheiten wie Pocken, Kinderlähmung und die Pest praktisch ausgerottet sind und andere wie Lungenentzündung statt als »tödlich« nur noch als »zeitweilig schwere Erkrankung« betrachtet werden, treten andere wie Krebs, Herzkrankheiten und Multiple Sklerose vermehrt und verstärkt auf. Man schätzt, daß heute in den Vereinigten Staaten über fünfzig Millionen Menschen an einer der vielen Formen von Arthritis leiden.

Täglich werden die Krankheiten ihrer Patienten von deren Ärzten als »tödlich« bezeichnet, wenn keine Hoffnung auf Genesung besteht. Die Ärzte geben offen zu, daß es trotz der für die Forschung aufgewandten Milliarden immer noch eine lange Liste von Krankheiten gibt, für die keine erfolgreiche Behandlung bekannt ist. Ich hörte von einem Arzt, der sagte, daß ihm die Grenzen der orthodoxen Medizin jeden Tag bewußter würden. Er war wirklich begeistert, wenn einer seiner Patienten eine Krankheit hatte, die er tatsächlich kurieren konnte. Selbst dann war ihm klar, daß sich der Körper des Patienten selbst heilte; er assistierte nur dabei. Dr. med. John Diamond drückte es so aus: »Es ist schwer, heutzutage stolz auf die üblichen Behandlungsmethoden zu sein. Wir tun auf der inneren Ebene so wenig dazu, dem einzelnen wirklich zu helfen. Die meisten Ärzte sind sich dessen schmerzlich bewußt und deshalb frustriert.«[3]

Die Zeitschrift »Time Magazine« schätzt, daß es allein in den Vereinigten Staaten zwanzig bis fünfunddreißig Millionen blinde, taube oder anderweitig körperlich behinderte Menschen gibt, von denen acht Millionen Schulkinder sind. Joseph Chilton Pearce sagt in seinem Buch *The Magical Child:*[4] »In den technisch hochentwickelten Ländern der Welt ist eine epidemieartige Zunahme von Autismus bei Kindern zu verzeichnen. Schizophrenie bei Kindern tritt ebenfalls vermehrt auf, genauso wie plötzlicher Kindstod, Gehirnschäden, Hyperaktivität und geistige Behinderung.«

Das überwältigende Bedürfnis nach Geistheilung wird auch durch die Korrespondenz des berühmten englischen Heilers Harry Edwards deutlich, der im Dezember 1976 starb. Er bekam jährlich über eine halbe Million Briefe mit der Bitte um Geistheilung!

In gleichem Maße wie dieses starke Bedürfnis steigt auch die Besorgnis über die Gefahren der orthodoxen Medizin. Obwohl die medizinischen Entdeckungen der letzten hundert Jahre vielen Menschen Erleichterung von Leiden und Tod gebracht haben, beinhaltet die moderne Medizin immer noch viele Risiken.

Der Bereich der Chirurgie hat zugenommen und ist mit vielen wunderbaren Resultaten verbunden. Jeder chirurgische Eingriff am menschlichen Körper birgt jedoch das Risiko des menschlichen Irrtums und unvorhergesehener Komplikationen und Reaktionen wie Thrombosen, übermäßige Blutungen, Herzversagen oder Infektion in sich.

Ärzte sind sich dieser Gefahren wohl bewußt, und viele bedienen sich deshalb so wenig wie möglich chirurgischer Eingriffe und vertrauen lieber auf einen geistigen Zugang sowie auf die Selbstheilungskräfte des Körpers. Andere haben jedoch die berechtigte Angst, von Patienten wegen Körperverletzung verklagt zu werden und versuchen jeden möglichen Test, jede geeignet erscheinende Arznei oder jeden in Frage kommenden chirurgischen Eingriff, damit ihnen keine Verletzung der Sorgfaltspflicht unterstellt werden kann. Daher ist die Allgemeinheit teilweise selbst dafür verantwortlich, diesen größeren Risiken ausgesetzt zu sein.

Gefahren gehen ebenfalls von Medikamenten aus, die zu lange eingenommen werden. Sie sind alle mehr oder weniger schädlich – sogar Aspirin. Ein Arzt hat buchstäblich die Auswahl unter Tausenden verschiedener Arzneimittel, die alle in unterschiedlichen Dosierungen verschrieben werden können. Jeder menschliche Körper ist verschieden, und kein Arzt kann jemals sicher sein, wie ein Patient auf eine bestimmte Arznei oder eine Kombination von Mitteln reagiert. Eine Gegenreaktion kann entweder nur leicht auftreten oder auch mit dem Tod enden. Trotz alledem verschreiben fast alle amerikanischen Ärzte für die meisten Beschwerden ihrer Patienten mindestens ein Arzneimittel. Auch daran trägt teilweise die Öffentlichkeit selbst die Schuld, denn die meisten Menschen bestehen darauf, irgendeine Art von Arznei verschrieben zu bekommen, da sie glauben, der Arzt habe sonst seine Funktion nicht richtig erfüllt.

Außerdem haben die finanziellen und materiellen Kosten, die durch Krankheiten und Gesundheitsschäden entstehen, unglaubliche Ausmaße erreicht und steigen weiterhin steil an.

Nach Schätzungen gibt die amerikanische Öffentlichkeit inzwischen über dreihunder Milliarden Dollar im Jahr für medizinische Zwecke aus, und diese Zahl steigt jedes Jahr um ein Vielfaches an. Niemand hat bis jetzt herausgefunden, wie diese Entwicklung aufgehalten werden kann. Allein für verschreibungspflichtige Arzneimittel geben die Amerikaner jährlich über fünf Milliarden Dollar aus, plus weitere zwei Milliarden für rezeptfreie Medikamente wie Aspirin. Zusätzlich muß auch noch der finanzielle Verlust durch Lohnfortzahlungen, Krankengeld und den Ausfall produktiver Arbeit während des Krankseins mit einbezogen werden, ebenso wie die nicht meßbaren Kosten des körperlichen und geistigen Leidens der Kranken und ihrer Familien.

Ganzheitliches Heilen

In den letzten Jahren wurde in immer weiteren Kreisen anerkannt, daß die Ursache für Krankheit nicht ursprünglich im Körper zu finden ist und daher selten durch rein körperliche Eingriffe auf Dauer beseitigt werden kann. Trotzdem hat die Ursache mit dem Körper zu tun; sie ist allerdings öfter das Ergebnis unbewußter mentaler und emotionaler Kräfte, die schon lange Zeit wirksam waren und sich schließlich als Krankheit manifestierten.

In anderen Fällen kann der Beginn der Krankheit einen äußeren Anlaß haben, mit dem die natürlichen Heilungskräfte des Körpers nicht fertigwerden. Man nimmt an, daß dies auf einen geistigen, emotionalen oder spirituellen Konflikt zurückzuführen ist, der das Immunsystem des Betreffenden geschwächt hat. Dadurch gelang es den Bakterien, Viren oder krankhaft veränderten Zellen, sich zu vermehren, anstatt zerstört zu werden.

Interessanterweise berichten Menschen mit der besonderen Fähigkeit, die Aura (die farbigen Kraftfelder, die alle lebenden Körper, auch Pflanzen, umgeben und von ihnen ausstrahlen) sehen und interpretieren zu können, daß sie den Beginn einer Krankheit schon drei bis sechs Monate vor ihrem tatsächlichen Ausbruch sehen können. Sie sind in der Lage, Krankheiten durch die von ihnen bewirkte Veränderung der Farbe und Intensität der Aura vorherzusehen.

Deshalb kann eine Krankheit nur dann dauerhaft geheilt werden, wenn ihre Ursache aufgedeckt und beseitigt wird. Diese Erkenntnis hat zu vielen Diskussionen über ganzheitliches Heilen und vielerorts zur Gründung ganzheitlicher Heilungszentren geführt. Ganzheitlich meint hier die Heilung des ganzen Menschen. Der ganze Mensch besteht aus Körper, Verstand, Gefühlen und Geist, die alle miteinander in Beziehung stehen, voneinander abhängen und zusammenwirken. Krankheit in einem dieser Bereiche hat oft Auswirkungen auf die anderen.

Was bedeutet das Wort »Gott«?

Vielleicht sollte ich hier erklären, was ich mit »Gott» meine, denn ich werde dieses Wort im ganzen Buch benutzen, und manche – vor allem jüngere – Menschen stoßen sich häufig wegen früherer Erfahrungen in ihrem Leben daran.

Ich meine *nicht* einen alten Mann mit einem weißen Bart, der auf einer weißen Wolke sitzend alles beobachtet, was wir tun, und jederzeit ein schreckliches Strafgericht über jeden abhält, der seiner Meinung nach vom rechten Weg abgekommen ist. Ich verstehe unter «Gott» dieses «Etwas», das größer ist als wir selbst, Schöpfer dieses Universums und von allem, was darin lebt, Sie und mich eingeschlossen; die Grundlage bedingungsloser Liebe, göttlicher Intelligenz, unbegrenzter Kraft, unglaublichen Friedens, von Vollkommenheit, Schönheit, Wahrheit, Freude und Energie; die eine Quelle aller Dinge; etwas, das tatsächlich *Alles ist, was ist.* Diese göttliche Kraft ist überall im Universum zu finden; sie wohnt im Innersten eines jeden von uns. Sie ist reines Bewußtsein. Wenn wir möchten, können wir Kontakt aufnehmen zu diesem Gott in uns und Führung, Schutz, Hilfe und Heilung erfahren.

Wenn Sie sich aus irgendeinem Grund mit dem Wort «Gott» nicht wohl fühlen, hoffe ich, daß Sie es durch einen anderen Begriff Ihrer Wahl ersetzen.

Literatur zu Kapitel 1

1. Long, Max Freedom: *Geheimes Wissen hinter Wundern.* Freiburg: Verlag Hermann Bauer 1986.
2. Steiger, Brad: *Medicine Power.* Garden City, New York: Doubleday & Company 1974, S. 71.
3. Diamond, John: *Lectures on a Spiritual Basis for Holistic Healing.* New York: Institute of Behavorial Kinesiology.
4. Pearce, Joseph Chilton: *The Magical Child.* New York: E.P. Dutton 1977, S. 14.

Kapitel 2

Was ist Geistheilung?

Gott heilt nicht,
Gott macht uns nicht krank.
Alles was wir tun müssen, ist,
Vollkommenheit zuzulassen.

Geistheilung geschieht dann, wenn sich unter Einhaltung spiritueller Gesetze die Kraft Gottes in einem Menschen manifestiert, der unter einer Krankheit, Verletzung oder Behinderung leidet, und wenn eine schnellere und umfassendere Besserung eintritt, als aus medizinischer Sicht angenommen werden könnte.

Die Heilung kann an einem besonderen Platz wie Lourdes stattfinden, wo sich schon viele »Wunder« ereignet haben, was den Glauben des Menschen unterstützt. Sie kann auch in einer Kirche oder Kapelle geschehen oder einfach zu Hause im täglichen Leben. Der Kontakt zwischen dem Kranken und Gott kann direkt und das Ergebnis von Gebeten oder Einstimmung in das Göttliche sein. Die Heilung kann mit Hilfe eines anderen Menschen geschehen, der sich als Instrument der heilenden Kraft Gottes sieht und diese zu demjenigen »channelt« (durchgibt), der um solche Hilfe gebeten hat.

Methoden der Geistheilung

Geistheiler benutzen verschiedene Methoden, die mentale Hilfen für den Heiler und den Heilungssuchenden darstellen. Die Methoden an sich haben keine heilende Kraft; sie sind nur Verfahren, die dem Heiler helfen, sich auf die göttliche Kraft einzustimmen und es dadurch dem Körper ermöglichen, sich selbst zu heilen. Benutzt der Heiler seine Hände, ist das auch eine psychologische Bestätigung für den Kranken, daß etwas geschieht. Das trifft besonders dann zu, wenn dieser die Heilenergie, die aus den Händen des Heilers strömt, als Wärme, Kribbeln oder Druck empfindet. Manchen Menschen fällt es dadurch leichter zu glauben, daß eine Heilung eintreten wird. Jesus berührte Kranke in einigen Fällen, wahrscheinlich aus dem gleichen Grund. Wenn der Fluß der Energie im Körper des Patienten blockiert ist, kann dieses Gefühl sogar als Schmerz empfunden werden.

Einige der heute am häufigsten verwendeten Methoden sind:

1. Der Heiler betet für den Kranken zu Gott.
2. Der Heiler erhebt sein Bewußtsein auf die Ebene des Göttlichen und verschmilzt dann sein Wesen mit dem Wesen des Kranken, während er innerlich die Einheit und Vollkommenheit aller drei Ebenen bejaht. Eine Heilung wird nicht speziell erbeten oder visualisiert, obwohl sie oft spontan eintritt.
3. Der Heiler richtet Gedanken und Energie auf das Zentrum seines Wesens nahe dem Herzen und schickt dem Hilfesuchenden in Gedanken bedingungslose Liebesenergie; dieser kann sie nun in jeder von seinem Höheren Selbst ausgewählten Form verwenden.
4. Der Heiler visualisiert einen Strahl von weißem Licht und Liebe von seinem Herzzentrum aus zu dem Menschen, dem er helfen will. Er stellt sich das wie einen Laserstrahl vor, der gebündelt bleibt, selbst wenn er über Tausende von Kilometern geschickt wird. (Anmerkung: Ein echter Laserstrahl von der Erde zum Mond hat eine Streuung von weniger als vier Kilometern.)

Die genannten Methoden werden beim sogenannten Heilen ohne direkten Körperkontakt benutzt. Es gibt keine äußerlich sichtbare Handlung seitens des Heilers, ob der Kranke nun Tausende von Meilen entfernt ist oder sich im gleichen Raum befindet. Wenn der Kranke nicht im gleichen Raum ist, nennt man diese Methode auch Fernheilung. Manche halten das für die höchste Form des spirituellen Heilens, da es keinen körperlichen Kontakt gibt, weder durch Handauflegen, Anschauen noch Sprechen, und häufig ist der Hilfesuchende dem Heiler völlig unbekannt. Da in der geistigen Welt weder Raum noch Zeit existieren, kann Fernheilung genauso schnell und effektiv sein wie die Methoden, bei denen beide Parteien körperlich anwesend sind.

Wenn die Fähigkeit zum Channeln der Heilkraft auf diese Weise entsprechend ausgebildet ist, spart der Heiler sehr viel Zeit und kann so wesentlich mehr Menschen helfen. Er spart auch Reisekosten und kann Menschen erreichen, die zum Reisen zu krank sind oder zu weit entfernt wohnen, um sich eine Reise finanziell leisten zu können. Einige Fernheiler finden es hilfreich, einen Brief oder eine Fotografie des Hilfesuchenden in der Hand zu halten, während sie die Heilkraft zu dieser Person channeln. Der einzige Nachteil der Fernheilung besteht darin, daß es schwieriger erscheint, die Ursache der Krankheit auf diesem Weg herauszufinden und daß deshalb die Heilung weniger Chancen hat, auf Dauer anzuhalten (siehe Kapitel 3).

Im Gegensatz dazu steht die Kontaktheilung, bei der Heiler und Patient sich am selben Ort befinden und die Hände des Heilers beteiligt sind. Üblicherweise geschieht das durch »Handauflegen«, einer sehr alten Praxis, die schon die Chinesen, Ägypter und Griechen kannten, bevor sie im Neuen Testament als auch von den Christen benutzte Methode erwähnt wird. Seither wird sie von einigen Priestern, Geistlichen und Kirchenältesten eingesetzt.

Es gibt jedoch verschiedene Varianten, wie man dabei die Hände benutzt. Drei der gebräuchlichsten sind:

1. Der Heiler legt seine Hände auf den Kopf oder die Schultern des Kranken oder auf den Körperteil, der krank ist oder in dem Schmerzen empfunden werden. Der Heiler betet dann um Heilung und stellt sich geistig die heilende Gottesenergie vor, die durch seine Hände zu dem Patienten fließt.
2. Der Heiler ist empfänglich für die Energie, die von verschiedenen Körperstellen des Kranken ausgeht, und er weiß aus Erfahrung, wo die Energie vom Normalen abweicht und somit auf eine Krankheit, eine körperliche Schädigung oder eine Blockierung an der entsprechenden Körperstelle hin-

deutet. Der Heiler hält dann seine Hände über diese Stelle und lenkt die Heilkraft dorthin.

3. Der Heiler hält seine Hände kurz über jeden Teil des Körpers, während der Kranke in einem entspannten und aufnahmebereiten Zustand daliegt. Die Abfolge, in der der Heiler seine Hände über die einzelnen Teile des Körpers hält, ist individuell verschieden. Ich glaube, daß es drei Gründe dafür gibt, den ganzen Körper so zu behandeln. Der erste besteht darin, daß auf diese Weise Heilenergie zu jedem der 49 Kraftzentren des physischen Körpers gelangt. Das sind die sogenannten Chakras, die den Hindus seit Tausenden von Jahren bekannt sind. »Chakra« ist Sanskrit und bedeutet »Rad«, denn für Hellsichtige sehen diese Zentren ganz ähnlich wie ein sich drehendes Rad aus. Sensitive Menschen, die Energiebewegungen sehen oder fühlen können, haben bestätigt, daß ein Wirbel von Energie von diesen Punkten ausgeht. Viele dieser Phänomene konnten auch durch die sogenannte Kirlian-Fotografie wissenschaftlich nachgewiesen werden. *

Die Lebensenergie fließt in diese Zentren und überträgt dem physischen Körper Leben und Gesundheit. Die Energie strahlt auch von jedem Zentrum nach außen und trägt so zum Wohlbefinden aller Lebewesen bei, die sich im Umfeld des Körpers befinden. Dieser Fluß in beide Richtungen ist notwendig, wenn Stagnation und Krankheit vermieden werden sollen. Ohne ihn wären wir wie das Tote Meer im Mittleren Osten, das keinen Abfluß hat und so salzig ist, daß kein Leben darin existieren kann. Wenn der Heiler seine Hände über den ganzen Körper führt, kann die Energie der Lebenskraft, die durch ihn als Kanal fließt, jedes dieser Energiezentren aktivieren oder wieder aufladen, wenn sie blockiert oder trübe geworden sind. (Siehe Diagramm auf Seite 303.)

---

* Das ist eine noch recht junge Entdeckung, die es ermöglicht, die von Pflanzen, Tieren und Menschen ausgehende Energie in Farbe zu fotografieren. Bei verschiedenen menschlichen Gefühlen kommt es zu Veränderungen der Ausstrahlung in Form und Farbe.

Seit ebenso langer Zeit sind den Chinesen mehr als sechzehnhundert Punkte am Körper bekannt, an denen das Setzen feiner Akupunkturnadeln die Gesundheit wiederherstellen kann, indem Blockaden für den Fluß der Lebensenergie, die sie »Chi« nennen, entfernt werden. Moderne elektronische Instrumente haben gezeigt, daß eben diese Punkte einen besonders niedrigen Hautwiderstand gegenüber elektromagnetischer Energie haben. Wenn der Heiler nach und nach seine Hände über den ganzen Körper führt, schickt er automatisch Energie zu jedem Akupunkturpunkt. Die durch seine Hände gechannelte Lebensenergie, die man für elektromagnetisch hält, aktiviert dann jeden der blockierten Punkte. Das geschieht sogar dann, wenn weder der Heiler noch der Kranke wissen, welche Punkte blockiert sind.

Der dritte Grund für dieses Verfahren besteht darin, daß der Empfänger der Heilkraft sie oft als Wärme oder Kribbeln ähnlich elektrischem Strom in verschiedenen Teilen des Körpers spüren kann. Psychologisch hat das die äußerst beruhigende Wirkung, daß das Gefühl entsteht, Heilung habe wirklich stattgefunden.

Bei allen drei genannten Verfahren kann der Heiler seine Hände so bewegen, daß sie den Körper leicht berühren, oder er kann sie auch einige Zentimeter vom Körper entfernt halten, je nach seinen Vorstellungen und dem, was er für sich selbst als richtig empfindet.

Die meisten Heiler stimmen darin überein, daß der physische Körper von einer farbigen Energiestrahlung umgeben ist. Diese ist als Aura bekannt und kann von einigen Menschen gesehen werden. Wenn ein Mensch krank ist, verändert sich die Aura von kräftigen Farben wie Gold, Blau, Grün, Weiß und so weiter zu faden Grau- oder Brauntönen. Einige Heiler berühren den physischen Körper, da sie glauben, die Aura selbst könne nicht erkranken, sondern nur den Zustand des physischen Körpers widerspiegeln. Wenn dieser geheilt ist, werden die Farben der Aura kräftiger und wechseln von Grau und Braun wieder zu den anderen Farben. Andere Heiler berühren den Körper nicht, da sie glauben, die Aura werde dadurch krank oder funktioniere nicht mehr richtig, und der physische

Körper werde dadurch ebenfalls in Mitleidenschaft gezogen. Deshalb halten sie die Hände einige Zentimenter über den Körper und heilen die Aura, was dann zu einer Heilung des physischen Körpers führt.

Andere wiederum sind überzeugt, daß der ätherische Körper sowohl den physischen Körper als auch die Aura umgibt. Das ist ein vollständiger Körper aus ätherischen Stoffen, der seinen ursprünglich vollkommenen Zustand immer beibehält. Diese Heiler halten ebenfalls ihre Hände etwas über den Körper, um die Kraft durch den Ätherkörper hindurch zum physischen Körper zu channeln und diesen mit dem Ätherkörper in Einklang zu bringen. Dem Beobachter kann auch auffallen, daß manche Heiler beide Hände benutzen und andere nur die linke oder nur die rechte Hand – was immer ihnen am besten erscheint.

Es gibt noch einen anderen, »direkteren« Gebrauch der Hände. Philippinische Heiler wenden die von ihnen so genannte »Geist-Chirurgie« an. Hierbei werden die Hände des Heilers wohl dazu benutzt, die Atome oder Zellen des Körpers zu zerteilen, ohne sie zu trennen; dann dringen sie in den Körper ein, um krankes Gewebe zu entfernen, und danach schließen sie sofort die Wunde ohne großen Blutverlust oder anschließende Infektion. Diese Technik ist ziemlich umstritten. Sicherlich gibt es auf diesem Gebiet einige zweifelhafte Heiler; diejenigen, die einen guten Ruf haben, räumen jedoch sehr bereitwillig ein, daß die Kraft, die sie hierbei benutzen, nicht die ihre ist: Alle Ehre gebührt Gott. Die besten Heiler auf diesem Gebiet erklären auch, daß sie Blut und Gewebe nur deswegen materialisieren, um die Zweifel der Kranken zu zerstreuen. Ohne diesen offensichtlichen Beweis, daß »ein chirurgischer Eingriff« stattgefunden hat, würden viele selbst dann nicht glauben, daß es zu einer Heilung gekommen ist, wenn diese bereits eintrat. Dieser mangelnde Glaube kann die Krankheit erneut herbeiführen.

Weitere mögliche Variationen für die obengenannten Techniken sind:

a. Das Sprechen von Worten wie Gebete, Affirmationen oder Beschreibungen dessen, was der Heiler zu beobachten meint oder was er während der Heilung mental erfährt.
b. Hintergrundmusik. Manche glauben, daß in den Vibrationen geeigneter Musik Heilenergie liegt; andere finden, daß Musik der Entspannung und somit der Empfänglichkeit des Patienten förderlich ist.
c. Völlige Stille während des Heilungsprozesses. Die spezifischen Methoden oder Verfahren sind von geringer Bedeutung, verglichen mit dem Glauben des Heilers an die Kraft und Güte Gottes und daran, daß alles möglich ist. Wenn wir wirklich glauben, daß Gott oder eine höchste Intelligenz oder eine göttliche Energie die Menschen geschaffen hat, einschließlich dieses wunderbar komplizierten und organisierten Gefährts für die Seele, das wir den menschlichen Körper nennen, und des unglaublichen Geistes und Verstandes, der in diesem Gefährt wohnt, dann ist es nicht so schwer zu glauben, daß dieselbe höchste Intelligenz alle Krankheiten oder Behinderungen dieses Körpers oder Verstandes heilen kann. Es trägt sehr viel zur Heilung bei, sich geistig vorzustellen und zu affirmieren, daß der Mensch als vollkommenes Wesen geschaffen wurde *und es jetzt immer noch ist.*

In diesem Punkt vertreten Geistheiler unterschiedliche Meinungen, auch wenn beide Ansätze in gleicher Weise erfolgreich zu sein scheinen. Einige gehen davon aus, daß die gesamte göttliche Schöpfung einschließlich des Menschen vollkommen ist und es bleibt, das heißt, daß Krankheit eine von Menschen geschaffene Illusion ist (Joel Goldsmith nannte das Hypnotismus)[1], die in Wirklichkeit einfach nicht existiert. Deshalb konzentrieren sich diese Heiler auf Gedanken an Gott, die Vollkommenheit Seiner Schöpfung und auf die Einheit von Gott, dem Patienten und sich selbst und versuchen nicht aktiv, den Patienten zu heilen. Wenn dieses höhere Bewußtsein erreicht wird und der Hilfesuchende dafür empfänglich ist, wird sich oft eine Heilung einstellen.

Andere meinen, daß Gottes Schöpfung zwar vollkommen

und gut und Seine Macht die einzig wirkliche ist, der kranke Mensch jedoch eine mentale Blockade zwischen sich und dieser Erkenntnis errichtet hat. Diese Blockade kann wieder beseitigt werden, wenn der Heiler als Kanal für die Kraft Gottes fungiert, die durch das Gebet zu dem im Bewußtsein des Patienten liegenden Problem gelenkt werden kann. Mit der Auflösung der Blockade tritt gewöhnlich eine Heilung ein.

In beiden Fällen weiß der Heiler, daß der Kranke ein Kind Gottes ist und von Gott mit der ganzen Hingabe eines Vaters geliebt wird. Er erinnert sich auch daran, daß das Königreich Gottes, oder des göttlichen Zentrums, ganz sicherlich im Innern des anderen ebenso wie im Innern des Heilers liegt, und daß die höchste Autorität für beide Gott ist.

Ein anderer Punkt, den fast alle Geistheiler gemein haben, ist ihr Wunsch, daß Gottes Wille geschehe, wie er auch immer aussehen möge. Natürlich möchte der Geistheiler, daß der kranke Mensch wieder gesund wird, sonst würde er nicht versuchen, der Menschheit als Heiler zu dienen. Wenn er jedoch um bestimmte Ergebnisse bittet, die seinem eigenen Willen entspringen, könnte er um seiner eigenen Befriedigung willen heilen oder um sein Ego zu stärken. Das würde den spirituellen Gesetzen widersprechen und seine Anstrengungen wahrscheinlich vergeblich sein lassen. Der Wunsch nach Heilung darf immer nur an zweiter Stelle stehen, *nach* dem aufrichtigen Wunsch oder Gebet, daß jedes wie auch immer geartete Ergebnis das sein möge, das Gott für die Entwicklung der Seele des anderen als das Beste ansieht, selbst wenn es der Tod des physischen Körpers ist.

Der Heiler muß außerdem völlig an die Methode glauben, die er benutzt. Es ist hilfreich, aber nicht unerläßlich, daß der Kranke ebenso daran glaubt. Es *ist* jedoch unerläßlich, daß er für die Heilenergien oder zumindest für alles, was geschieht, offen ist. Falls nicht, ist es sehr unwahrscheinlich, daß eine Heilung erfolgt.

Die Hauptfunktion des Heilers ist es, Vermittler oder Brücke zwischen dem Hilfesuchenden und der geistigen Welt zu sein, einmal, um die geistigen Helfer über das Bedürfnis zu informieren, dann, um Hilfe zu erbitten, und schließlich, um als Kanal für die Heilenergie zu dienen. Manche glauben, daß hier auch eine Transformation geschieht; auf irgendeine Art verwandeln Körper und Geist des Heilers die geistige Heilkraft in eine physische Kraft, die Gewebe ab- oder aufbauen kann.

Ich spreche hier von »geistiger Welt« anstatt von »Gott«, denn mir wurde gesagt, daß der sogenannte »Heiler« nur das vorletzte Glied in einer längeren Kette von Wesen ist, die Gott (als erstes Glied) mit dem Hilfesuchenden (als letztes Glied) verbinden. In dieser Kette befinden sich Geistärzte und Engel der Heilung (siehe Kapitel 7), geistige Lehrer, höhere Meister und noch höher entwickelte Wesen, die uns mit der göttlichen Quelle oder *Allem was ist* verbinden. Alle haben sich bereit erklärt, den in der Hierarchie des gesamten Universums unter ihnen Stehenden zu helfen und zu dienen.

Wenn der Kontakt einmal hergestellt ist, wird der Heilungsprozeß gewöhnlich ohne weitere Anstrengungen oder Kenntnisse auf seiten des Heilers weitergehen. Diese Annahme wurde bei der Heilung eines Sensitiven bestätigt. Während ich die Heilkraft zu ihm channelte, sah er einen Geistführer, der ihm sagte, er solle mit mir während der nächsten zehn Tage kurz vor dem Schlafengehen in geistigen Kontakt treten; ich müsse dabei gar nicht wissen, zu welchem Zeitpunkt er das tue, und auch nicht geistig mit ihm in Verbindung treten oder für ihn »übersetzen«. Wir deuteten das so, daß ich als der für den Erstkontakt Zuständige auch weiterhin als Kontaktperson zwischen ihm und der geistigen Welt dienen könne, ohne daß ich bewußt daran beteiligt sein müßte. Er folgte diesen Anweisungen und wurde augenblicklich und dauerhaft geheilt.

Heilmethoden, die Jesus benutzte

Im Hinblick auf die verschiedenen Methoden, die moderne Geistheiler anwenden, ist es interessant zu erwähnen, daß auch Jesus eine Vielzahl von Methoden benutzte. Wahrscheinlich hing es von den jeweiligen Umständen und besonders von den Bedürfnissen und dem Bewußtseinsstand des Kranken ab, welcher Methode er sich jeweils bediente. Zum Beispiel:

1. Er legte dem Kranken die Hände auf. (Lukas 3, 11–13)
2. Er berührte den Teil des Körpers, der Heilung benötigte. (Matthäus 9, 29 und 20, 33–34; Markus 7, 32–37)
3. Er spuckte einem Blinden in die Augen und legte ihm zweimal die Hände auf. (Markus 8, 22–26)
4. Er befahl dem Kranken, etwas Bestimmtes zu tun. Zum Beispiel befahl er zehn Aussätzigen, zu den Priestern zu gehen und sich untersuchen zu lassen. (Lukas 17, 14)
5. Er kombinierte seine Handlungen mit Anweisungen für den Kranken. Zum Beispiel: Jesus spuckte auf den Boden, rührte einen Brei mit seinem Speichel an, strich den Brei auf die Augen des Mannes und befahl ihm, sich im Teich Schiloach das Gesicht zu waschen. (Johannes 9, 1–7)
6. Menschen berührten ihn oder sein Gewand und wurden geheilt. (Markus 24–34 und 6, 56; Matthäus 14, 36)
7. Er sprach nur zu den Menschen. Er sagte zu dem Gelähmten: »Deine Schuld ist dir vergeben, [...] steh auf, nimm deine Bahre und geh nach Hause!« (Matthäus 9, 2 und 6). Er sagte zu dem Mann am Teich Betesda, der seit achtunddreißig Jahren krank war: »Steh auf, nimm deine Matte und geh!« (Johannes 5, 8)
8. Er benutzte Fernheilung, während sich der Kranke woanders befand. (Matthäus 8, 5–13 und 15, 28; Johannes 4, 46–53)

Eine Analyse aller Heilungen von Einzelpersonen durch Jesus zeigt, daß er Menschen in zehn Fällen *berührte,* gewöhnlich wenn der Betreffende tot, blind oder taub war oder Lepra hatte. Das geschah wahrscheinlich, um den Glauben dieses Menschen (oder im Falle des Toten der Verwandten) zu stärken. In zwölf Fällen berührte er den Kranken nicht. *Sein Gewand berühren* wird in zwei Fällen erwähnt – hier wählten die Kranken eigene Mittel, um ihren Glauben zu verstärken. *Der Glaube* des Kranken wird siebenmal erwähnt, der eines Freundes oder Verwandten neunmal. In sieben Fällen wird Glaube nicht ausdrücklich angeführt, war aber sicher wichtig.

Jesus machte jedoch sehr deutlich, daß in allen Fällen die Heilenergie nicht die seine war, sondern von Gott kam. «Der

Vater, der immer in mir ist, vollbringt durch mich seine Taten.» (Johannes 14, 10)

Die Kraft kommt nicht vom Heiler

Alle wahren Geistheiler räumen bereitwillig ein, daß die Heilkraft nicht ihre eigene ist und daß sie nur als Kanal für Gott oder den göttlichen Schöpfer des Universums dienen. In den letzten dreißig Jahren war die inzwischen verstorbene Kathryn Kuhlman wahrscheinlich die berühmteste Geistheilerin der USA, vielleicht sogar der ganzen Welt. Sehr viele Heilungen ereigneten sich während ihrer besonderen Heilungs-Gottesdienste, und viele davon hielten an. Sie setzten fast sofort ein, nachdem sie das Eingangsgebet gesprochen hatte und alle Leute noch auf ihren Plätzen saßen. Kathryn Kuhlman betonte jedoch ständig, sie könne selbst nichts tun, außer jeden zu lieben. Sie sagte, es sei die Liebe und Kraft Gottes und Seines Heiligen Geistes, die die Menschen heile; alle Ehre gebühre Ihm. Es wird berichtet, daß sie sogar in ständiger Furcht davor lebte, die Verehrung und Ergebenheit der Menge würden ihr zu Kopf steigen, ihr Ego aufblähen und ihr die Fähigkeit nehmen, als Kanal für die Kraft zu fungieren. Es gelang ihr jedoch, demütig zu bleiben, denn sie diente weiterhin als Kanal für die Heilkraft bis zu ihrem Tod im Jahre 1976.

Es gibt nur eine *Quelle* der Kraft, und das ist Gott. Es gibt auch nur eine *Energie,* aber wir können sie in verschiedener Form erfahren, beispielsweise als Wärme, Elektrizität, Schwerkraft, Heilkraft, Krankheit und so weiter. Wir können Energie nicht erschaffen oder zerstören, aber wir können die Kraft unserer Gedanken benutzen, um die Form zu verändern, in der sie sich in unserem Leben manifestiert. Wir können diese eine Energie zum Guten oder zum Bösen verwenden, für Gesundheit und Krankheit, je nachdem, was wir uns in Gedanken aussuchen. Diese Energie ist das Leben selbst, und – Wunder über Wunder – sie entspringt der *bedingungslosen Liebe.* Diese bedingungslose, unbegrenzte Liebe ist der wichtigste Schlüssel zu aller geistigen Heilung von Körper, Verstand, Gefühlen und Geist, und zu Leben, Glück und Seelenfrieden.

Jetzt will ich erklären, was ich unter dieser bedingungslosen Liebe verstehe. Es ist reine Liebe, die nicht sexuell und nicht besitzergreifend ist und ohne den geringsten Wunsch auskommt, den anderen zu kontrollieren. Es ist ein tiefer Wunsch, für das Wohl der anderen zu sorgen, ohne etwas dafür zu erwarten; einzig und allein der Wunsch, andere mögen ihrem individuellen Weg und ihren Ausdrucksmöglichkeiten folgen und in jeglicher Weise völlig frei sein. Es ist Vertrauen in den göttlichen Plan für jeden einzelnen von uns und für unsere Beziehungen untereinander. Es ist das Vertrauen darauf, daß andere Menschen instinktiv wissen, was für sie richtig ist, und daß sie aus allen Fehlern, die sie machen, lernen und an ihnen wachsen können. Da ist kein Wunsch, die eigenen Ideen und Überzeugungen anderen aufzudrängen, so richtig sie für einen selbst auch scheinen mögen; es wird eingeräumt, daß sie für den anderen nicht richtig sein könnten. Bedingungslose Liebe ist frei von dem Verlangen, eigene Bedürfnisse zu befriedigen; sie basiert nicht auf einem Gefühl von Verpflichtung oder einer Aufgabe anderen gegenüber. Sie entspringt nicht einem Schuldgefühl wegen etwas, was man in der Vergangenheit anderen Menschen angetan oder verweigert hat. Weder ist sie ein Ergebnis vergangener Erfahrungen mit anderen, noch hängt sie von Zukunftserwartungen ab – sie bezieht sich nur auf diesen Moment und ist doch zeitlos. Gelegentlich kann die Bereitschaft notwendig sein, bestimmte Wünsche aufzugeben, wenn sie dem wahren Ausdruck bedingungsloser Liebe im Wege stehen.

Bedingungslose Liebe schließt einen selbst ebenso mit ein wie andere Menschen; nicht in selbstsüchtiger Weise, sondern mit dem gleichen Wunsch nach uneingeschränktem Wachstum auf dem ureigenen Lebensweg, wie wir es auch jedem anderen wünschen würden. Ebenfalls beinhaltet sie die Bereitschaft, die Liebe anderer und die Liebe Gottes zu empfangen. Es ist zwar wahr, daß es schwierig ist, jemand anderen zu lieben, wenn man sich nicht selbst liebt, aber es ist ebenso wahr, daß sich selten ein Gefühl von Erfüllung einstellt, wenn man andere nicht liebt. So ist bedingungslose Liebe ein Kreis ohne Anfangs- oder Endpunkt. Im Mittelpunkt befindet sich der göttliche Schöpfer von uns allen.

In der Bibel wird uns gesagt, daß eine der Hauptaufgaben unseres Lebens darin besteht, unserem Nächsten zu dienen, da wir dadurch unserem Schöpfer dienen. Auffallend ist jedoch, daß viele Menschen, die anderen mit großer Hingabe und Energie dienen, selbst krank werden. Als ich die Gründe dafür untersuchte, stellte ich fest, daß sie in fast allen Fällen sich selbst nicht lieben konnten. Hinter ihrem aufopfernden Dienst für andere verbergen sich Ressentiments und Unzufriedenheit wegen der Verleugnung ihrer eigenen Bedürfnisse, und davon werden sie krank. Da sie jedoch ebenso ein Teil Gottes sind wie diejenigen, denen sie zu helfen versuchen, sind sie für Gott auch genauso wichtig, und wenn sie Gott dienen wollen, müssen sie für sich selbst mit der gleichen Hingabe und Energie sorgen und sich ebenso lieben, wie sie es bei anderen tun.

Es ist eine unglaubliche Tatsache und wirklich ein großer Segen für das Universum und die Menschen, daß »Gott Liebe ist«. (Johannes 4, 8) Jesus kam, um der Welt zu offenbaren, wie groß diese Liebe ist, und zwar durch seine Lehren: »Ihr sollt einander so lieben, wie ich euch geliebt habe« (Johannes 15, 12); durch seine Taten: Als der reiche junge Mann nicht seinen Reichtum aufgeben und Jesus folgen wollte, sah er ihn voller Liebe an und ließ ihn ziehen (Markus 10, 21–22); durch das eigene Beispiel: Während die Nägel in seine Hände getrieben wurden, sagte er: »Vater, vergib ihnen! Sie wissen nicht, was sie tun.« (Lukas 23, 34) und schließlich durch seine Bereitschaft, für uns zu sterben: »Niemand liebt mehr als der, der sein Leben für seine Freunde opfert.« (Johannes 15, 13). Jesus betonte ebenfalls die Tatsache, daß das Königreich Gottes in uns selbst liegt (Johannes 17, 21), was bedeutet, daß Gott ebenfalls in uns wohnt, und damit auch unendliche Liebe. Wenn wir das als Wirklichkeit akzeptieren, dann haben wir unbegrenzte Liebe, die wir mit den Kranken teilen können, und daran werden sie gesunden.

Jesus war vollkommen eins mit Gott und mit dieser Energie und Liebe. Er demonstrierte das nicht nur durch seine Heilungen der Kranken und Behinderten, sondern auch durch die Auferweckung von Toten, die Speisung der Tausende mit wenigen Broten und Fischen, die Beruhigung von Stürmen und das

Wandeln auf dem Wasser. Für eben diese Kraft öffnet sich auch der Geistheiler, so gut er es vermag. Je offener er als Kanal ist und je mehr er sich auf das Unendliche einstimmen kann, umso erfolgreicher wird er als Heiler sein. Tatsächlich haben in den letzten zweitausend Jahren und in verschiedenen Ländern der Welt einige Menschen bewiesen, daß der Mensch nicht nur die Kraft hat zu heilen, sondern auch die Kraft, Tote wieder zum Leben zu erwecken, die Natur zu beherrschen, sich der Schwerkraft zu widersetzen und Dinge zu materialisieren.

Der berühmte brasilianische Heiler Arigo[2] demonstrierte, wie phänomenal diese Kraft wirklich sein kann. Die durch ihn gechannelte Kraft heilte Menschen nicht nur fast augenblicklich, sondern er operierte auch oft am menschlichen Körper mit einem unsauberen Küchenmesser und ohne den Patienten zu desinfizieren. Niemals gab es bei diesem ungewöhnlichen Verfahren auch nur einen Fall von Infektion. Oft schnitt er tief in den Körper und stoppte die Blutung nur mit einem kurzen Gebet. Er operierte immer ohne jegliche Betäubungsmittel, rief aber nie Schmerz oder Angst in den Patienten hervor. Ein unglaubliches, jeden Tag wieder aufs neue eintretendes Ereignis, das allein durch geistige Kraft erklärbar ist (siehe Kapitel 7 für mehr Informationen über diesen bemerkenswerten Mann).

Ein weiterer Schlüssel zum geistigen Heilen ist die Erkenntnis, daß wir alle mit Gott eins sind; daß die ganze Schöpfung eine unteilbare Einheit ist, die Gott, Jesus, Engel, Geistwesen, Männer und Frauen, Mädchen und Jungen, Tiere, Vögel, Bäume, Blumen, Berge und Ozeane einschließt. Wir sind durch die Tatsache eins, daß Gott einen Teil Seiner selbst in jeden von uns hineingegeben hat – wie ein Künstler, der einen Teil von sich in seine Gemälde oder Skulpturen gibt. Die Wirklichkeit dieser Analogie entdeckte einer meiner Freunde, der Töpfer ist und gelernt hat, mit seinen Händen die Energie zu spüren, die von seinen fertigen Werken ausgeht. Er fand, daß die größte Energie genau von der Stelle in seinem Werk ausgeht, an der während seines Schaffens »alles zusammenfloß«.

Diese Vorstellung der Einheit von allen und allem ist leichter zu verstehen, seit die Wissenschaft die Technik der *Holographie* entdeckt hat, mit deren Hilfe dreidimensionale Aufnahmen, entstehen können. Diese können dann in eine unendliche Anzahl von kleinen Teilen zerschnitten werden, wobei in jedem Teil das *vollständige* Bild (und nicht nur ein Ausschnitt davon) erhalten bleibt. In ähnlicher Weise sind Gott und Sein Universum ein unteilbares Ganzes und erscheinen doch vollständig in Abertausenden unterschiedlicher Schöpfungen wie zum Beispiel dem Menschen.

Was geschieht bei einer Geistheilung?

Der unglaublich komplexe Aufbau des menschlichen Körpers mit dem einmaligen Gehirn, das mehr Potential hat als Tausende der modernsten Computer, und seinen Fähigkeiten wie Bewegung, Feinmotorik, Fortpflanzung und Anpassung an die Umwelt enthält auch einen wunderbaren eingebauten Heilungsmechanismus zur Erhaltung von Gesundheit und Leben.

Wenn Sie sich zum Beispiel in den Finger schneiden, halten Sie ihn wahrscheinlich unter laufendes Wasser, kleben ein Pflaster drauf und vergessen das Ganze. Einige Tage später entfernen Sie das Pflaster, und die Wunde ist verheilt. Sie haben eine Anzahl von Vorgängen als selbstverständlich vorausgesetzt, die sofort nach der Verletzung automatisch einsetzten. Ihr Blutdruck wurde gesenkt, um die Blutung so gering wie möglich zu halten. Die Gerinnungsfähigkeit des Blutes an dieser Körperstelle wurde erhöht. Die Milz brachte zusätzliches Blut in Umlauf und damit Millionen von Leukozyten, die alle fremden Bakterien zerstörten, welche durch die offene Wunde in den Körper eingedrungen waren. War der Bedarf entsprechend groß, erhöhte Ihr Knochenmark schnell die Produktion dieser unschätzbaren Bakterienkiller, stoppte sie jedoch sofort wieder, sobald die Gefahr gebannt war.

Lymphflüssigkeit und Plasma wurden zur Wunde transportiert, um sie feucht zu halten. Die Blutplättchen erzeugten eine Substanz, die die Kapillar- und Lymphgefäße verschloß, um ein weiteres Vordringen schädlicher Bakterien zu verhindern. Dann bildete Ihr Blut einen Stoff, der die Oberfläche der Wunde zeitweilig versiegelte, während sich darunter neues Gewebe und neue Haut bildeten. Währenddessen fügten sich die durchtrennten Enden von Kapillargefäßen und Nerven nach und nach wieder zusammen, Muskelfasern wuchsen, trafen aufeinander und wurden wieder ein Ganzes.

Dieser ganze Prozeß der Reinigung, Heilung und des Wiederaufbaus verlief ohne bewußtes Eingreifen Ihres Gehirns oder Verstandes (abgesehen von der Erkenntnis, daß eine Verletzung vorlag und Heilung nötig war), also muß eine andere, unabhängige Intelligenz am Werk gewesen sein. Der Verstand kann diesen Vorgang durch positives, affirmatives Denken unterstützen und verstärken oder ihn durch negatives Denken beeinflussen und behindern, aber trotzdem ist unbewußt eine andere Intelligenz tätig. Wir werden später sehen, daß diese Intelligenz direkt in den einzelnen Körperzellen sitzt.

Weiterhin ist bekannt, daß der Körper ein eingebautes Immunsystem besitzt. Wir alle entwickeln ein- oder mehrmals in unserem Leben Krebszellen, aber wenn das in einem gesunden Körper geschieht, tritt die Immunabwehr sofort in Aktion. Antikörper und andere positive Organismen nehmen zu, greifen die kranken Zellen an und zerstören sie, damit neue wachsen und an ihre Stelle treten können. Diese Fähigkeit des Körpers, sich gegen Angriffe selbst zu wehren, entwickelte sich über einen Zeitraum von Millionen von Jahren.

Das Immunsystem wurde von der modernen Medizin auch dazu benutzt, große Plagen und Heimsuchungen der Vergangenheit wie Gelbfieber, die Pest und Pocken auszurotten. Winzige Mengen der krankheitserzeugenden Bakterien, die zuerst zerstört, vom Immunsystem aber immer noch als bestimmte Fremdkörper erkannt werden, werden in den Körper eingeschleust. Das hat die Vermehrung der entsprechenden Antikörper zur Folge und führt zur Stärkung der Fähigkeit des Immunsystems, diese bestimmte Art von Bakterien anzugreifen, falls sie jemals in aktiver Form in den Körper gelangen sollten.

Eben dieses Immunsystem macht es jedoch auch schwierig, Organe von einem Körper zum anderen zu transplantieren; das System ist so angelegt, daß es alles Unbekannte oder Fremde abstößt, also auch ein verpflanztes Herz oder eine Niere. Deshalb müssen dem Patienten spezielle Medikamente gegeben werden, die sein Immunsystem unterdrücken, damit das fremde Organ nicht abgestoßen wird. Unglücklicherweise bedeutet das auch, daß das Immunsystem nicht in der Lage ist, eine andere Krankheit abzuwehren, solange das Medikament eingenommen wird. Es sind Fälle bekannt, bei denen ein transplantiertes Organ unentdeckte Krebszellen enthielt, die sich dann rasant vermehrten, während die körpereigene Abwehr außer Kraft gesetzt war. In diesem Fall muß das Medikament solange abgesetzt werden, bis das Immunsystem wieder in Ordnung ist. Es kann dann die Krebszellen zerstören, stößt aber gleichzeitig auch das transplantierte Organ ab.

Funktioniert das Immunsystem normal, ist es also unglaublich stark und kann sogar eine beträchtliche Anzahl sich rapide vermehrender Krebszellen ohne Schwierigkeiten vernichten.

Neben Immunsystem und Heilungskräften enthält unser Körper viele andere lebenserhaltende Systeme, die ständig aktiv sind, um ihn gesund, stark und am Leben zu erhalten. Dazu gehören:

Das Gefäßsystem: Es läßt das Blut zirkulieren und bringt Sauerstoff und andere Nährstoffe zu allen Körperteilen.

Die Atmung: Sie nimmt Sauerstoff auf und gibt Kohlendioxid ab.

Das Lymphsystem: Es bringt Lymphflüssigkeit (von der es zweimal soviel gibt wie Blut) in Umlauf, die Abfallprodukte einsammelt und beseitigt.

Der Verdauungsapparat: Er nimmt Essen und Getränke auf, zieht die für den Körper notwendigen Bestandteile heraus, wandelt sie um und scheidet den Rest wieder aus.

Die Akupunktur-Meridiane: Auf ihnen gelangt die Lebensenergie alle vierundzwanzig Stunden zu allen Körperteilen. Die Meridiane wurden elektronisch und mit Hilfe von Radioaktivität gemessen und aufgezeichnet; damit wurde bestätigt, was die Chinesen schon seit Jahrtausenden wissen.

Die Chakren (die bereits beschriebenen Energiezentren): Sie nehmen die Energie aus dem Universum an verschiedenen Punkten des Körpers auf und strahlen sie ab. Man glaubt, daß sie eng mit den Akupunktur-Meridianen zusammenhängen, weiß aber noch nicht genau, auf welche Weise.

Bei einem Menschen, der körperlich, geistig, emotional und spirituell ausgeglichen ist und sich im Einklang mit dem Universum befindet, scheinen Heilmechanismen, Immunsystem und lebenserhaltende Systeme automatisch, auf Hochtouren und mit großer Präzision zu arbeiten. Man geht jedoch davon aus, daß diese Systeme durch die Kraft des menschlichen Verstandes oder seiner Gefühle auf verschiedene Arten geschwächt, unterdrückt oder blockiert werden können (das untersuchen wir in Kapitel 3). Tritt eine Blockierung oder Schwächung in einem dieser Systeme auf, können Unbehagen, Schmerz, Krankheit oder sogar Tod die Folge sein. Es wird jedoch auch angenommen, daß das Channeln der spirituellen Heilkraft zu einem Kranken das geschwächte Heilungs- oder Immunsystem des Körpers reaktiviert oder anregt oder das behinderte Lebenserhaltungssystem wieder funktionsfähig macht. Dann kann der Körper sich selbst heilen, indem er sich der ihm von Gott gegebenen Kräfte bedient.

Es kann ebenfalls vorkommen, daß der freie Fluß der uns umgebenden Energie und Lebenskraft, welche wir beständig aufnehmen, um die verbrauchte Energie wieder zu ersetzen, durch negative Kräfte (Einstellungen, Gedanken oder Handlungen) behindert wird, was sich in Krankheit äußert. Unser physischer Körper möchte jedoch gesund sein; es sind unser Verstand und unsere Gefühle, die ihn von diesem Normalzustand abbringen. Geistheilung öffnet die Kanäle wieder, und die Lebenskraft kann dann ungehindert einfließen.

Natürlich tritt das Phänomen der Selbstheilung des Körpers bei allen Arten von Heilung auf. Wenn ein Arzt operiert, entfernt er vielleicht einen Teil des Körpers oder fügt zwei Körperteile zusammen, aber es ist der Körper selbst, der die Heilung vollbringen muß. Medikamente können anregen, depressiv machen oder zerstören, aber die Heilung an sich geht vom Körper aus. Akupunktur, Entspannung, Visualisierung, körperliche Übungen und Massagen wirken heilend, weil sie den natürlichen Heilungsmechanismus des Körpers wieder in Gang bringen.

Weitere Bestätigungen für diese Selbstheilungskräfte finden sich in den Unterlagen von Edgar Cayce, dem berühmten amerikanischen Hellseher, der dreiundvierzig Jahre lang Tausende von *Readings* (Lesungen) für kranke Menschen abhielt und 1945 starb[3]. Er war kein Geistheiler im wörtlichen Sinn, aber seine einmalige Fähigkeit, sich in Trance psychisch auf einen an- oder abwesenden Kranken einzustimmen, ermöglichte es ihm, die genaue Ursache einer Krankheit, die Ärzte vor unlösbare Probleme gestellt hatte, zu diagnostizieren und in Übereinstimmung mit universellen Quellen des Wissens Heilmöglichkeiten aufzuzeigen. Während der Trance »verschrieb« er viele ungewöhnliche Mittel, die er von diesen Quellen mitgeteilt bekam. Hielt der Kranke sich genau an die Anweisungen, wurde er in fast jedem Fall gesund. Der Punkt, der uns hier interessiert, besteht darin, daß Cayce immer betonte, die verschriebenen Mittel hätten nicht den Zweck, die Krankheit zu kurieren, sondern das Gleichgewicht und die Koordination der im physischen Körper angelegten Kräfte wiederherzustellen. War das der Fall, folgte Heilung auf dem Fuße.

Hilfreiche Erläuterungen aus der Physik

Einstein sagte, Materie und Energie seien zwei verschiedene Formen derselben Sache; Materie sei bis zur Sichtbarkeit reduzierte Energie, und das eine könne sich in das andere verwandeln. Physiker haben die Wahrheit dieser Aussagen inzwischen bestätigt und wissenschaftlich nachgewiesen, daß das, was dem bloßen Auge als feste Materie erscheint, eigentlich aus atomaren Partikeln besteht, die sich mit unterschiedlicher Schwingungsrate in schneller Bewegung befinden. Jedes Atom besteht aus einem positiv geladenen Kern, der wiederum von einem oder mehreren negativ geladenen Elektronen umgeben ist; alle bewegen sich mit hoher Geschwindigkeit in einem verhältnismäßig großen Raum. Der Kern besteht aus Energie, Licht (einer Form von Energie) und dem Leben selbst.

Von modernen Physikern entwickelte eingehendere Untersuchungen des Kerns und des Elektrons zeigen, daß diese Bestandteile des Atoms aus subatomaren Teilchen bestehen, die je nach Blickpunkt des Betrachters manchmal als Materie und manchmal als Wellen erscheinen. Die Physiker sagen auch, daß es keine *Dinge* sind; es sind nur Verbindungen zwischen Dingen, die ihrerseits wiederum Verbindungen zwischen anderen Dingen darstellen, und so weiter *ad infinitum.* Mit anderen Worten: Alles im Universum ist miteinander verbunden und daher auch miteinander verwandt – wir sind alle eins, wie es die Mystiker schon seit Jahrhunderten lehren.

Fritjof Capra, der bekannte Physiker und Autor des *Tao der Physik*[4], sagte bei einem Vortrag:

> Wenn wir in die Materie eindringen, zeigt uns die Natur keine isolierten »Grundbausteine«, sondern erscheint eher als ein kompliziertes Gewebe von Zusammenhängen zwischen den verschiedenen Teilen des Ganzen. Diese Zusammenhänge schließen immer den Beobachter ein. Der menschliche Beobachter bildet immer das Schlußglied in der Kette von Beobachtungsvorgängen, und die Eigenschaften eines atomaren Objekts können nur in Begriffen der Wechselwirkung zwischen Objekt und Beobachter verstanden werden. Dies heißt, daß die klassische Vorstellung einer objektiven Beschreibung der Natur nicht mehr gilt. Die Cartesianische Trennung von Ich und Welt, vom Beobachter und dem Beobachteten, kann im atomaren Bereich nicht durchgeführt werden.

Wenn wir das auf den physischen Bereich ausdehnen, den wir mit eigenen Augen sehen können, wird uns klar, daß wir alle miteinander verbunden sind und daß unsere Beziehungen untereinander und die Beziehung zwischen uns und Gott die einzigen realen Dinge sind. Physikalisch ausgedrückt besteht damit die Wirklichkeit unseres Körpers aus den Verbindungen zwischen den subatomaren Teilchen, die unseren sichtbaren Körper bilden. Die Beziehung kann harmonisch und gesund sein oder sich in einem Zustand von Konflikt und Krankheit befinden, je nach Einstellung des Beobachters, und damit meine ich Sie und mich!

Der menschliche Körper besteht also aus Milliarden von Atomen, die sich alle in ständiger Bewegung befinden und von einer unsichtbaren Kraft zusammengehalten werden, die Physiker »Elektromagnetismus« nennen. Teilhard de Chardin nennt diese Kraft »Liebe«. In seinem Buch *The Phenomenon of Man*[5] stellt er fest, daß die Grundlage der Anziehung, die Teilchen zusammenbringt, um Körper von zunehmender Komplexität zu bilden – das Atom, das Molekül, die Zelle, den vielzelligen Organismus, den einzelnen Menschen und schließlich die ganze Menschheit – LIEBE ist. Auf jeder Ebene des erweiterten Bewußtseins findet eine Synthese statt, und daraus entsteht Einheit. Auf dem Hintergrund dieses Wissens kann man leichter verstehen, wie diese atomaren Teilchen durcheinandergeraten und Krankheit erzeugen können, und daß die Ursache für das fehlende Gleichgewicht beim Patienten in einem Mangel an erhaltener oder selbst empfundener Liebe oder in Unterdrückung der Liebe durch Gefühle wie Ärger, Feindseligkeit oder Groll besteht. Umgekehrt können wir nun auch langsam erkennen, daß Heilung aus einem Einfließen von Liebesenergie besteht, was den menschlichen Körper wieder in den ursprünglichen Zustand vollständiger Gesundheit zurückversetzt, in dem er von Liebe erschaffen und erhalten wurde.

Wasser versucht automatisch, eine waagrechte Oberfläche zu bilden. Ein losgelassener Gegenstand wird immer zu Boden fallen. Gott muß in diesen Fällen nicht eingreifen. Er selbst hat das Gesetz der Schwerkraft geschaffen, und es funktioniert einfach weiterhin. Entsprechend schuf Er uns am Anfang als vollkommene und ganze Wesen und unterwarf uns einem spirituellen Gesetz, das uns von selbst und auf natürliche Weise in den Zustand der Vollkommenheit und Ganzheit zurückversetzt, wenn wir die Hindernisse und Verzerrungen unseres Denkens und unserer Wünsche beseitigen und uns selbst ganz für Gottes Willen öffnen. Dazu können wir uns beispielsweise die Einheit zwischen Gott und den Menschen vorstellen, die Schönheit der Natur und die vielen Wesensmerkmale Gottes – Liebe, Wahrheit und dergleichen –, so daß wir keinen Raum für negative Gedanken lassen. Versuchen wir bewußt, ihnen zu widerstehen oder sie zu leugnen, wird ihre Macht nur zunehmen. Der als Kanal für die Kraft Gottes fungierende Geistheiler hilft bei dem Prozeß, Blockaden und Negativität aufzulösen und Körper und Verstand wieder in ihren ursprünglichen Zustand der Vollkommenheit zurückzuversetzen.

Da der Körper aus ständig in Bewegung befindlicher Energie und Atomen besteht, wird er laufend in Übereinstimmung mit den ihn umgebenden Gedankenformen neu aufgebaut, erneuert und überholt. Die den Körper beeinflussenden Gedanken sind die aller Menschen in seiner Umgebung, einschließlich seiner selbst, und die Glaubensmuster der Welt, in der er lebt. Gesundheit und Vitalität des Körpers hängen in hohem Maße von der Qualität dieser Gedanken ab.

Halten Sie hier doch einen Moment inne und fragen Sie sich, welche Art von Körper Sie in Zukunft haben möchten. Soll er gesund, harmonisch, voller Energie und schön anzusehen sein, oder krank, unharmonisch, müde und häßlich? Es hängt von Ihnen und Ihren Gedanken ab.

In einem seiner aus universellen Quellen gechannelten Readings sagte Edgar Cayce:[6]

> Jede atomare Kraft eines physischen Körpers setzt sich aus positiven und negativen Einzelkräften zusammen, die ihn erst auf die materielle Ebene bringen. Es handelt sich dabei um ätherische oder atomare Kräfte, die von Natur aus bei ihrem Eintritt in die materielle Welt elektrisch sind oder zu Materie werden durch ihre Fähigkeit, anzuziehen oder abzustoßen. In dem Maße, wie also eine Gruppe die atomaren Schwingungen verstärken kann, die solche positiven Kräfte anziehen können und damit göttliche Kräfte in Aktion rufen, werden die destruktiven Kräfte durch die Erhöhung dieser Schwingung aufgelöst! Das ist ein materieller Vorgang! Kreative Kräfte, die eine Manifestation Gottes sind, machen das möglich.

Wir haben noch viel über Schwingungen zu lernen, aber Physiker wissen, daß der physische Körper und andere materielle Gegenstände eine langsame Schwingung haben. Töne haben eine höhere Frequenz und Licht eine noch höhere. Es wird angenommen, daß die Heilkraft, die die Wesen in der geistigen Welt als Diener Gottes benutzen, eine noch höhere Schwingung besitzt. Sie kann auf die niedrigere Schwingung des physischen und ätherischen Körpers des Kranken einwirken, seine Vitalität wiederherstellen und ihn heilen, indem sie die Frequenz und das Schwingungsmuster so verändert, daß es dem ursprünglichen Zustand zum Zeitpunkt seiner Erschaffung entspricht.

Vielleicht noch bemerkenswerter ist die Entdeckung, daß jede unserer Körperzellen eine eigene Intelligenz besitzt.

In ihrem Buch *Die Heilungsgeheimnisse der Jahrhunderte*[7] stellt Catherine Ponder fest:

> Denkende Gehirnzellen werden überall in Ihrem Wesen und Ihrem Körper gefunden. Diese Intelligenz wartet darauf, anerkannt und freigesetzt zu werden, um ihr Heilungswerk zu vollbringen. Auf diese Weise ist tatsächlich Ihr ganzer Körper geistig und arbeitet so, wie Sie es wünschen.

Der inzwischen verstorbene berühmte englische Heiler Harry Edwards sagt in seinem Buch *The Healing Intelligence*[8]:

> Jede der Milliarden von Körperzellen ist ein vollständiger lebendiger Organismus. [. . .] Jede Zelle besitzt ein „Gehirn" – den Kern –, einen Lebenszweck, und damit auch Bewußtsein oder Intelligenz.

Es gibt eine Theorie, wonach Zellen krank werden, weil ihre Intelligenz aus einem oder mehreren der in Kapitel 3 aufgeführten Gründe zusammengebrochen (un-gesund geworden) ist. Der menschliche Verstand kann den Zell-Verstand in gewissem Maße auf positive, konstruktive oder negative, destruktive Weise beeinflussen. In manchen Situationen ist es dem menschlichen Verstand auch möglich, eine neutrale Position einzunehmen, und in einem solchen Fall wäre der Einfluß auf die Zelle weder konstruktiv noch destruktiv. Bei einer Geistheilung erwecken wir die Intelligenz jeder Zelle, so daß sie sich ihrer Einheit mit dem göttlichen Bewußtsein, der einen Quelle aller Intelligenz, bewußt wird. Dadurch wird jede Zelle veranlaßt, ihre ursprüngliche Vollkommenheit wiederherzustellen.

Unser physischer Körper besteht aus Millionen einzelner Zellen. Wir sehen sie wahrscheinlich nicht als voneinander getrennte Einheiten, sondern eher als einen einzigen Körper. So verhält es sich auch mit Gott. Jeder von uns ist eine winzige Zelle Seines gesamten Seins, und doch sind wir völlig mit Ihm vereint und verschmolzen. Je weniger wir uns selbst als abgetrennte Einheiten betrachten, desto vollständiger werden wir in jeder Hinsicht werden und alle Wesensmerkmale Gottes, einschließlich völliger Gesundheit, als integrale Bestandteile unserer selbst betrachten. Dann werden wir eins sein.

Der ganze Mensch ist beteiligt

Das Schöne bei der Geistheilung ist die Auswirkung auf den ganzen Menschen – Körper, Verstand, Gefühle und Geist. Es ist daher nicht notwendig, daß der Heiler auf einem dieser Gebiete ein Spezialist ist oder weiß, in welchem die Krankheit ihren Ursprung hat. Mitglieder der Ärzteschaft, besonders die, die ganzheitlich arbeiten, sind in zunehmendem Maß überzeugt, daß *jede* Krankheit im Grunde psychosomatisch ist. Das bedeutet nicht, daß die Krankheit nur in der Einbildung des Kranken existiert, sondern eher, daß in jedem Fall von Krankheit oder Gesundheitsschäden eine besondere Interaktion zwischen Verstand (Psyche) und Körper (Soma) stattfindet.

Bei einer Geistheilung kann eine Besserung der körperlichen Symptome, eine Veränderung der geistigen Einstellung oder des Denkprozesses, eine Verwandlung negativer und destruktiver Gefühle in positive und konstruktive, eine Enthüllung des Bedürfnisses nach weitgehenderer spiritueller Bewußtwerdung oder eine Kombination all dieser Möglichkeiten eintreten. Das Höhere Selbst des Kranken kennt seinen größten Wunsch und wird die empfangene Liebe/Energie dafür verwenden. Es ist wichtig, daß der Heiler dafür völlig offen ist und keinen Versuch macht, dem anderen seinen eigenen Willen oder seine Absichten aufzudrängen oder Erwartungen in bezug auf bestimmte Ergebnisse zu haben.

Die meisten Geistheiler haben die Erfahrung gemacht, daß sie während der Einstimmung auf die geistige Welt und das

Höhere Selbst des Patienten oft intuitiv erkennen, was ihm guttut. Das kann vielleicht einfach das Wissen sein, wohin der Heiler seine Hände halten soll, was nicht immer einen logischen Zusammenhang mit der angegebenen schmerzenden oder kranken Körperstelle hat; es mag die Erkenntnis der tiefsitzenden Krankheitsursache sein, die bei dem vorhergegangenen Gespräch mit dem Hilfesuchenden noch nicht aufgetaucht war; es kann auch Führung im Hinblick auf eine bestimmte körperliche oder geistige Tätigkeit sein, die der Kranke ausführen muß, um zu seiner Heilung beizutragen, oder es ist eine andere Botschaft oder ein Symbol, die dem Heiler von seinem eigenen Höheren Selbst, seinen Geistführern und Lehrern oder denen des Kranken durchgegeben wird. Diese intuitive und von höherer Seite empfangene Information mit dem Hilfesuchenden zu teilen, kann ein äußerst wichtiger Teil der Arbeit des Heilers sein.

Heilung ist nicht auf den Körper beschränkt

Da Geistheilung sich auf den ganzen Menschen auswirkt, kann sie auch in Fällen wirken, wo keine körperlichen Krankheitssymptome vorhanden sind, ein Mensch sich aber gefühlsmäßig, verstandesmäßig oder geistig krank fühlt. Psychotische Zusammenbrüche sind zugegebenermaßen sehr schwierige Fälle für Geistheiler, da es meist nicht einfach ist, mit dem Verstand eines Kranken zu kommunizieren oder mit ihm zusammenzuarbeiten, aber man sollte sich immer daran erinnern, daß »für Gott [. . .] nichts unmöglich [ist]« (Matthäus 19, 26) und Heilungen dieser Art von Krankheiten wirklich vorkommen.

Ich erinnere mich an die mentale/emotionale Heilung einer allerdings nicht psychotischen 25jährigen Frau, die so schwere Depressionen hatte, daß sie sterben wollte. Fünf Jahre zuvor war ihr Vater unter tragischen Umständen ums Leben gekommen, und vor sechs Monaten hatte ihre Mutter aus Gründen Selbstmord begangen, die der jungen Frau nicht ganz klar waren. Zuerst hatte sie sich eingebildet, auf irgendeine Art dafür verantwortlich zu sein, war aber inzwischen sicher, diese

Schwierigkeit überwunden zu haben und hatte keine Schuldgefühle mehr. Daher führte ich eine Geistheilungssitzung auf die gleiche Weise durch, wie ich es auch bei einer körperlichen Krankheit getan hätte, und ließ die Heilkraft dahin fließen, wo immer sie benötigt würde. Zwei Wochen später sagte sie mir am Telefon, sie fühle sich seit dieser Sitzung glücklich und in Frieden mit sich und der Welt, und sie habe auch keinen Todeswunsch mehr.

Ein anderer interessanter Fall begann mit einem körperlichen Symptom und endete mit einem nicht-körperlichen Nebeneffekt. Eine Künstlerin kam zu mir und klagte darüber, daß sie ihrer Meinung nach keine körperlichen Probleme habe, ihre ansonsten große Energie aber stark nachgelassen hätte. Eine Woche nach der Heilsitzung berichtete sie, nicht nur über beträchtlich mehr Energie, sondern auch über viel mehr Kreativität zu verfügen, und sie könne kaum mithalten mit all den neuen Einfällen, die ihren Verstand überfluteten.

Eine junge Mutter kam zwei Wochen vor der Geburt ihres zweiten Kindes mit großen Ängsten zu mir, da sie die Geburt ihres ersten Kindes als sehr schwierig erlebt hatte. Es befand sich in Steißlage anstatt in der normalen Gebärposition mit dem Kopf nach unten. Die erste Entbindung war eine Zangengeburt und extrem schmerzhaft und traumatisch gewesen. Die Erinnerung an dieses Trauma war während der zweiten Schwangerschaft ständig gegenwärtig, und dieses Baby schien sich ebenfalls manchmal in Steißlage zu befinden und verstärkte die Angst vor einer zweiten schwierigen Entbindung.

Während der Heilungssitzung verschwand all ihre Angst, während ich im Stillen mit dem Baby sprach und es bat, sich in seinem eigenen Interesse und dem seiner Mutter in die richtige Gebärposition zu drehen. Sie erzählte mir später, das Baby habe sich in der nächsten Woche mit dem Kopf nach unten gedreht, eine normale Geburt war möglich, und sie hatte während der letzten beiden Wochen und der Geburt selbst überhaupt keine Angst mehr. Zwei Jahre später sagte sie, das ursprüngliche Trauma sei nie wieder aufgetaucht.

Das sind nur einige der Erfahrungen, die mich gelehrt haben, daß Geistheilung das Leben von Menschen in verschiedener

Weise beeinflußt; sie ist nicht allein auf die Heilung körperlicher Krankheiten beschränkt.

Bevor ich selbst ein Kanal für die Heilkraft wurde, empfing ich während einer tiefen Meditation die folgenden Worte:

> Während die Kraft fließt, beseitigt sie automatisch alle Unstimmigkeiten und Krankheiten auf ihrem Weg; sie richtet Körper, Verstand und Leben auf die Harmonie und Schönheit von Gottes Plan für seine Schöpfung aus.

Als ich diese Botschaft aus der geistigen Welt empfing, achtete ich nicht gleich auf die Bedeutung des Wortes »Leben« in diesem Zusammenhang. Als ich jedoch mit der Heilarbeit begann, erkannte ich, daß die Veränderung im Leben eines Menschen in der Tat ein sehr bedeutungsvoller Teil des ganzen Prozesses war. Kamen Menschen wegen der Heilung eines körperlichen oder emotionalen Problems zu mir, empfingen sie das Geschenk der Liebe Gottes, wir stimmten uns auf die geistige Welt ein, und in der Folge geschahen wunderbare Veränderungen oder Ereignisse in ihrem Leben. Sehr oft berichteten mir Patienten, wie ihre Reaktionen auf das Leben immer vertrauensvoller und fließender wurden und sich ihre Haltung anderen gegenüber so veränderte, daß sie mehr Liebe und Bereitschaft zum Dienen einschloß.

Ist Glaube notwendig?

Der Glaube eines Kranken hat gewaltigen Einfluß auf die Ergebnisse jeder Art von Heilungsversuch. Ärzte haben sehr viele Tests durchgeführt, bei denen die eine Hälfte der Versuchspersonen Placebos (wirkungslose Medikamente) und die andere Hälfte Medikamente mit Wirkstoffen bekamen. Die Patienten hatten alle dieselbe Krankheit, und man sagte ihnen, sie bekämen alle die gleiche wirkungsvolle Arznei. Fast immer gab es zwischen den beiden Gruppen keinen signifikanten Unterschied bezüglich des Prozentsatzes der Patienten, deren Zustand sich besserte.

Das Verhalten eines Arztes am Krankenbett und sein Ausmaß an Selbstvertrauen kann dem Patienten die Zuversicht geben, daß er genesen wird und der Arzt weiß, was er tut, oder es kann ihm das Gefühl geben, daß sich niemand um ihn kümmert und er sich deshalb in bezug auf seine Genesung pessimistisch und unsicher fühlt. Die sich daraus entwickelnde Einstellung des Patienten trägt viel zu Erfolg oder Scheitern orthodoxer Medizin bei.

Daher können wir den Glauben eines Kranken an die Fähigkeiten des Geistheilers oder an die Wirksamkeit der Geistheilung selbst nicht außer acht lassen. Es gibt zahlreiche belegte Fälle vollständiger Heilungen, wo der Kranke weder an das eine noch an das andere glaubte, aber von Freunden oder Verwandten überzeugt wurde, diesen Weg zu versuchen; also wissen wir, daß Glaube nicht unbedingt notwendig ist. Er erhöht jedoch sicherlich die Erfolgschancen und ist oft ein wichtiger Faktor. Denken Sie daran, wie oft Jesus nach einer Heilung zu dem Geheilten sagte:

> »Dein Glaube hat dich gesund gemacht.«

Andererseits wurde berichtet:

> »Weil sie ihm das Vertrauen verweigerten, tat er dort nur wenige Wunder.« (Matthäus 13, 58)

Ich habe von der Existenz oder dem Fehlen positiven Glaubens gesprochen, aber negative Überzeugungen sind in der anderen Richtung genauso wirksam. Das wurde ebenfalls durch den Gebrauch von Placebos nachgewiesen, die mit der Warnung verabreicht wurden, daß »diese Arznei Sie vermutlich sehr krank machen wird«. Ist der Kranke also überzeugt, daß Geistheilung bei ihm nicht wirken wird, dann wird es wohl auch so sein. Es fällt anscheinend auch leichter, einen jungen Erwachsenen zu heilen – außer bei einer chronischen Erkrankung – als einen älteren, wahrscheinlich deswegen, weil der Jüngere weniger Konditionierungen durch die Gesellschaft ausgesetzt war und weniger vorgefaßte Meinungen über die Krankheit hat als der Ältere. Gewöhnlich ist er eher bereit, seine Überzeugungen zu ändern und für die Kraft der geistigen Heilung empfänglich zu sein.

Neben dem Glauben an den Heiler und den Prozeß der Geistheilung ist der Glaube des Kranken an seine eigene letztendliche Genesung ebenfalls ein wichtiger Faktor. Ich erinnere mich an den Fall eines jungen Boxers, über den 1977 alle Zeitungen berichteten. Er war in den Rücken geschossen worden und würde vermutlich nie wieder laufen können. Er hatte große Schmerzen, besaß keinen Lebensmut mehr und war zutiefst deprimiert. Er aß fast gar nichts und hatte bereits ein Drittel seines Körpergewichts verloren. Dann vermittelte ein Hypnotiseur seinem Unterbewußtsein positive Gedanken, und seine ganze bewußte Haltung änderte sich. Er aß mit Begeisterung, begann seinen Körper wieder zu bewegen, der bis dahin gelähmt gewesen war, und lernte in kürzester Zeit, sich kriechend fortzubewegen. Die Wahrheit kann nicht verändert werden, was immer wir auch glauben, aber unser Leben und unsere Erfahrungen können durch eine Änderung unserer Überzeugungen verwandelt werden.

Hingabe des Hilfesuchenden

Der Wille zur Hingabe seines ganzen Seins, sämtlicher Besitztümer, seines Willens und selbst seiner Seele an den Schöpfer ist für einen Hilfesuchenden noch wichtiger als seine Überzeugung, daß er geheilt werden wird. Es ist nicht wichtig, ob er sich an Gott, die universale Kraft, die göttliche Quelle, »Alles was ist« oder irgend etwas sonst wendet, solange er bereit ist anzuerkennen, daß es »Etwas« gibt, das größer ist als er selbst, und diesem »Etwas« gestattet, sich seines Lebens anzunehmen.

Ergibt sich ein kranker Mensch in den Willen Gottes, läßt er Gott nicht nur entscheiden, ob er leben oder sterben wird, sondern er gibt sich in jeder Hinsicht Seinem Willen hin und muß daher notwendigerweise darum bitten, daß Gottes Wille, wie er auch immer aussehen mag, ihm offenbart werden möge. Möchte Gott, daß er die Beziehungen zu einem verhaßten Menschen wiederaufnimmt, dann muß er das tun.

Wenn Gott will, daß er jemandem vergibt, der ihm in der Vergangenheit wehgetan hat, dann muß das getan werden. Soll er seinen Beruf wechseln oder der Menschheit noch zusätzlich zu seiner gegenwärtigen Tätigkeit auf irgendeine Art dienen, muß er die Anstrengung unternehmen, auch das zu tun. Es ist also kein entweder/oder-Vorschlag, sondern alles, das Ganze wird verlangt.

Versuchen wir, unser Leben allein zu führen und die innere Stimme zu ignorieren, in der selbstgefälligen Annahme, daß wir besser als unser Schöpfer wissen, was gut für uns ist, dann werden uns alle möglichen Schwierigkeiten begegnen.

Was empfindet man während der Heilung?

Während die Heilung stattfindet, empfindet der Hilfesuchende vielleicht, daß irgend etwas in seinem Körper vor sich geht, oder er spürt auch gar nichts. Er kann Wärme, Kälte, Kribbeln wie bei einem leichten elektrischen Schlag, ein Gefühl der Bewegung oder Auflösung an einer Stelle im Körper oder eine innerliche Interaktion zwischen zwei Körperstellen empfinden. Manchmal kommt es auch zu leichten Schmerzen oder einem tauben Gefühl, wenn der Körper sich am Anfang dem Einströmen der Energie widersetzt, aber das löst sich im weiteren Verlauf der Heilsitzung sehr schnell auf und ist meistens am Ende ganz verschwunden. Welches Gefühl man auch immer empfinden mag, es scheint auf jeden Fall darauf hinzudeuten, daß etwas frei- oder in Bewegung gesetzt wird, um es dem Körper zu ermöglichen, sich sofort oder etwas später selbst zu heilen.

Gewöhnlich nehmen Patienten an, die Wärme, die sie spüren, strahle von den Händen des Heilers aus. Tests mit einem Thermometer, das sich zwischen dem Körper des Patienten und den Händen des Heilers befand, zeigten jedoch, daß dort keine Temperaturerhöhung stattfand. Eine starke Energie fließt durch die Hände des Heilers, aber sie selbst besitzt keine Wärme. Diese wird wahrscheinlich durch die Vorgänge im Körper – eine Neuanordnung der Atome – erzeugt, so ähnlich wie bei einem Mikrowellenherd.

Ich erinnere mich an eine junge Frau, die wegen einer Operation zu mir kam, die zwei Wochen später stattfinden sollte. Sie hatte einen Tumor an einem Eierstock, und der Arzt hatte gesagt, daß wahrscheinlich sowohl der Tumor als auch der Eierstock entfernt werden müßten und er wahrscheinlich eine Hysterektomie durchführen würde, falls sich während der Operation herausstellen sollte, daß der Tumor bösartig sei. Sie war erst fünfundzwanzig Jahre alt und wollte eines Tages Kinder haben, und daher war diese Operation das letzte, was sie wollte. Als ich sie das nächste Mal sah, berichtete sie mir, wie sie gespürt hatte, daß der Tumor aufgebrochen war, während sich meine Hände über dem erkrankten Eierstock befanden. In dem Moment, als das geschah, hatte sie mir nichts davon erzählt, da sie nur schwer glauben konnte, daß es wirklich geschehen war, aber fünf Tage später ging sie zur Nachuntersuchung zu ihrem Arzt. Zu dessen großem Erstaunen und ihrer großen Freude stellte er fest, daß kein Anzeichen für einen Tumor zu sehen war, alles völlig normal aussah und die Operation sich erübrigt hatte.

Spürt der Kranke während der Heilsitzung gar nichts, heißt das nicht unbedingt, daß keine Heilung stattgefunden hat. Es bedeutet vielleicht einfach, daß in diesem bestimmten Fall und bei diesem betreffenden Menschen einfach keine körperlichen Begleiterscheinungen dessen auftraten, was im Körper geschah. Es ist auch möglich, daß Medikamente, besonders Beruhigungs- und Schmerzmittel, die Fähigkeit des Körpers beeinträchtigen, die Heilenergien zu spüren.

Vorübergehende Verschlechterung

Es kommt vor, daß bei einem kranken, mit Geistheilung behandelten Menschen die Heilung vorübergehend von Schmerzen oder extremem Unbehagen begleitet wird, oder daß er sich am nächsten Tag tatsächlich kränker fühlt als vorher. Das kann sich als Ausschlag oder Hautjucken äußern. Anscheinend kommt es dazu, weil der Körper des Kranken unter dem Einfluß der geistigen Macht einigen rasanten Veränderungen unterworfen ist, wie beispielsweise der Zerstörung, Auflösung oder Erneuerung von Gewebe oder anderer Materie, was vorübergehend Schmerz und Unbehagen verursachen kann. Das geht jedoch schnell vorbei, und der Patient fühlt sich zum Teil oder vollständig geheilt.

Gewöhnlich können wir mit Sicherheit davon ausgehen, daß die neuen Schmerzen oder das Unbehagen innerhalb der nächsten vierundzwanzig Stunden wieder aufhören werden. Ich erinnere mich an den Fall einer Frau, deren Uterus voller Myome war. Während der Heilung empfand sie unglaubliche Energie und Aktivität und sogar ein brennendes Gefühl in dieser Körpergegend. Später sagte sie, daß es sechsunddreißig Stunden lang angehalten habe. Danach hörte jegliches Unbehagen auf; ihr fiel auf, daß ihr Bauch viel flacher war, und sie war sicher, geheilt worden zu sein.

Ein anderer Grund für vorübergehendes Unbehagen nach einer Heilsitzung liegt darin, daß vorher unterdrückte oder verleugnete Gefühle oder traumatische Erlebnisse durch die Macht des Geistes auf die Ebene des Bewußtseins gehoben werden, was als schmerzhaft empfunden werden kann, bis wir es untersucht und uns näher damit befaßt haben. In solchen Fällen handelt es sich nicht um körperlichen, sondern um emotionalen Schmerz, der sich vielleicht darin äußert, daß der Patient während der Heilsitzung weint, schluchzt oder auch laut schreit. Ich bin immer noch gelegentlich überrascht, wie schnell es manchmal dazu kommen kann. Nur wenige Minuten nach der Anrufung der Heilkraft kann eine solche Spannungsentladung erfolgen und weitergehen, bis sie sich erschöpft hat. Ein solcher Ausbruch kann ungemein wertvoll sein und viel zum Heilungsprozeß beitragen. In den meisten Fällen scheint es am besten zu sein, diese Erfahrung nicht dadurch zu unterbrechen oder anzuhalten, daß man den anderen trösten möchte. Kein Schaden wird geschehen, wenn der Heiler darauf achtet, der Situation nicht seinen eigenen Willen aufzuzwingen, sondern auf die von ihm angerufene Macht zu vertrauen.

Die Macht der Gruppe

Bisher war immer die Rede von Geistheilung, die als Energie durch einen menschlichen Kanal fließt; es gibt jedoch auch viele Fälle, bei denen die Kraft gleichzeitig durch mehrere Menschen gechannelt wird. Das kann äußerst wirkungsvoll sein. Es gibt beispielsweise eine Reihe besonderer, regelmäßig stattfindender Heilungs-Gottesdienste, die weltweit in Kirchen abgehalten werden. Es ist wirklich erstaunlich, daß sie in so wenigen Kirchen stattfinden, wenn wir uns daran erinnern, daß Jesus einen solch großen Teil seiner kurzen, nur wenige Jahre währenden Mission damit zubrachte, Kranke zu heilen. Er tat das nicht allein aus Mitgefühl für die Menschheit im allgemeinen, sondern auch als bestes Beispiel für seine Lehren (Taten sind eindrucksvoller als Worte) und als deutliche Demonstration dafür, daß Gott ein Gott der Liebe und nicht des Zornes ist.

Zusätzlich treffen sich viele kleine Gruppen zuhause nur zu dem Zweck geistiger Heilung für anwesende oder nicht anwesende Hilfesuchende. Wieder einmal machen uns Jesu Lehren deutlich, wieso derartige Gruppen so erfolgreich sein können, denn er sagte:

> Wenn zwei von euch auf der Erde gemeinsam um irgend etwas bitten, wird es ihnen von meinem Vater im Himmel gegeben werden. Denn wo zwei oder drei in meinem Namen zusammenkommen, da bin ich selbst in ihrer Mitte. (Matthäus 18, 19–20)

Ich erinnere mich, wie einmal eine Großmutter völlig außer sich anrief und sagte, ihre einjährige Enkelin habe ein starkes Beruhigungsmittel geschluckt, das sie in der Tasche ihrer Mutter gefunden habe. Das Kind befand sich im Koma und lag auf der Intensivstation des örtlichen Krankenhauses; ihr Magen war ausgepumpt worden, aber das Koma hielt an. Der Arzt hatte gesagt, das Kind werde voraussichtlich innerhalb der nächsten vierundzwanzig Stunden sterben, da das Mittel bereits bis in Leber und Blut vorgedrungen war. Die Großmutter bat uns, für das Kind zu beten, was meine Frau und ich taten. Außerdem besuchte ich gerade in der darauffolgenden Stunde einen wöchentlichen Heilgebetskreis im Haus eines anderen Geistheilers.

Bei dieser Versammlung saß ich stellvertretend für das Kind in der Mitte, während ein anderes Gruppenmitglied mir seine Hände auflegte und mit der Gruppe ein gemeinsames Gebet für das Kind begann. Später erfuhren wir, daß das Mädchen für kurze Zeit aus dem Koma erwacht war; am Nachmittag beschwerte es sich bereits darüber, daß die Nadel der intravenösen Infusion an seinem Fuß herausgerutscht war, wodurch das Gewebe im Bein anschwoll und ihm Schmerzen verursachte. Im Laufe des Abends war das Kind wach und ansprechbar, verbrachte anschließend eine normale Nacht und wurde kurz darauf bei bester Gesundheit entlassen. Ich war sicher, daß der glückliche Ausgang dieser Krise der Kraft des Gruppengebets zu verdanken war.

Die Kirchen, deren Heilungsgottesdienste am erfolgreichsten sind, erhalten gewöhnlich starke Unterstützung durch die Gebete ihrer Gemeindemitglieder, nicht nur während der Gottesdienste selbst, sondern auch die ganze Woche über, sowohl durch einzelne Menschen zuhause als auch durch Gruppensitzungen von Mitgliedern zum Zwecke des Heilens.

Spirituelle Erneuerung

Wirkliche spirituelle Erneuerung muß die Heilung der Beziehung zwischen dem Kranken und Gott oder der Quelle aller Schöpfung mit einschließen. Das bedeutet nicht unbedingt die Hinwendung zu einer bestimmten Form von Religion oder Glaube, sondern mehr die Anerkennung und innere Bewußtheit seitens des Kranken, daß es eine Kraft und Intelligenz gibt, die größer ist als seine eigene und die er, wie jeder Mensch, trotzdem in sich trägt.

Ich habe die Erfahrung gemacht, daß eine Heilung der körperlichen Symptome ohne spirituelle Erneuerung stattfinden kann; sie geschieht dann durch Übertragung der Lebenskraft. Heilung kann auch durch eine Änderung der eigenen Überzeugungen in bezug auf die Krankheit oder deren Ursache eintreten. Wenn jedoch der Geist nicht auch durch zumindest teilweise Bewußtwerdung und Annehmen des Göttlichen in uns selbst geheilt wird, tritt die gleiche Krankheit oder eine andere sehr wahrscheinlich wieder auf.

Wenn ein Mensch auf die Quelle seines Lebens eingestimmt ist, wird er gewöhnlich Harmonie, Gesundheit und Frieden in allen Bereichen seines Wesens empfinden – in Körper, Verstand, Gefühlen und Geist.

Weitere Auswirkungen

Die erfolgreiche und dauerhafte Geistheilung einer ernsten Krankheit setzt fast immer eine wichtige Änderung im Leben des Geheilten voraus, um die Ursache der Krankheit zu beseitigen. Haß wird durch Liebe ersetzt, Vorwürfe werden zu Vergebung, eine kritische, wertende Haltung wird zur Annahme anderer so, wie sie sind, und so weiter. Da diese Veränderungen alle zu friedlicheren, harmonischeren und liebevolleren Beziehungen zu anderen beitragen, hat die Geistheilung eines einzelnen auch gewisse Auswirkungen auf das Heilwerden der Nation und der Welt. Daher sendet die Geistheilung des Körpers, des Verstandes, der Gefühle und des Geistes eines Menschen Liebesenergie in immer größeren Kreisen nach außen, wie ein Kieselstein, der auf eine glatte Wasseroberfläche geworfen wird.

Die einzige Quelle geistiger Heilung ist der göttliche Schöpfer des Universums und von allem, was dazugehört, und daher ist sie für alle erreichbar, ungeachtet ihrer Rasse, Hautfarbe, Religion, Glaubenssysteme, ihres Alters und Geschlechts, ihrer Muttersprache, ihres Aufenthaltsorts und der Zeit. Also umfaßt sie die gesamte Menschheit in Liebe und Ewigkeit.

Ich habe das Gefühl, daß es keine Grenzen für Geistheilung gibt, solange sie mit Liebe geschieht und die Möglichkeit des Eingreifens Gottes akzeptiert wird. Ich erinnere mich an den Fall eines alten Herrn, den ein Freund zu mir geschickt hatte. Er war fünfundsiebzig Jahre alt und Diabetiker seit fünfundzwanzig Jahren; seine Schwester hatte ebenfalls Diabetes, und seine Mutter war an den Folgen davon gestorben. Seine Krankheit hatte sich verschlechtert und brachte Gehbeschwerden und sich ständig verschlimmernde Augenprobleme mit sich. Er konnte kein Englisch und war Moslem.

Durch seinen Freund, der als Dolmetscher fungierte, erkannten wir, daß wir beide an den einen Gott glaubten, an die Macht des Gebets und an die Möglichkeiten von Geistheilung. Er öffnete sich bereitwillig, um die Heilkraft durch mein Gebet und Handauflegen zu empfangen. Nach drei Monaten war der Blutzuckerwert im normalen Bereich und seine Geh- und Sehschwierigkeiten hatten ebenfalls merklich nachgelassen.

»Magnetisches Heilen« *

Magnetisches Heilen mag auf den ersten Blick das gleiche sein wie Geistheilen, ist es aber nicht. Der Unterschied besteht darin, daß der Magnetheiler einen Teil seiner *eigenen* elektromagnetischen Energie auf den Kranken überträgt, während bei der Geistheilung der Heiler göttliche Kraft und nicht seine eigene channelt. Obwohl magnetisches Heilen in einigen Fällen erfolgreich sein kann, hat es mehrere Nachteile.

a) Es ist nicht unbegrenzt, sondern auf die Kraft des Heilers beschränkt.
b) Es entzieht dem Heiler seine eigene Kraft, und daher ist die Anzahl und Häufigkeit der Heilungen, bei denen er mitwirken kann, ebenfalls begrenzt. Einem Geistheiler wird jedoch seine eigene Kraft nie genommen, solange er ein offener Kanal bleibt und sich immer bewußt ist, daß es sich um Gottes Kraft und nicht um seine eigene handelt.
c) Ein Magnetheiler muß seine eigene Urteilskraft benutzen, um festzustellen, wohin er die Energie schickt und wieviel

* Dieser Begriff ist eine wörtliche Übersetzung des Ausdrucks »magnetic healing« im amerikanischen Original und hat im Deutschen keine direkte Entsprechung. Keineswegs ist damit die von dem deutschen Arzt F. A. Mesmer begründete Lehre von der Heilkraft des Magnetismus gemeint. (Anm. d. Übers.)

davon angemessen ist, während ein Geistheiler es Gott und seinen Geist-Priestern überläßt, die Energie in Übereinstimmung mit ihrem größeren Wissen an die richtige Körperstelle zu leiten und sie unter Kontrolle zu haben.

Manchmal gibt es eine feine Trennung zwischen diesen beiden Arten von Heilung, und manche Heiler sind in der Lage, eine Mischung aus beiden anzuwenden.

»Psychisches Heilen«

Psychisches Heilen bedeutet manchmal dasselbe wie Geistheilung, manchmal aber auch nicht. Manche Menschen benutzen die Worte »Psychische Heilung« und meinen eine Heilung durch die Kraft Gottes oder den Heiligen Geist, wie bereits beschrieben, aber aus irgendeinem Grund zögern sie, das geradeheraus als Geistheilung zu bezeichnen. Wörtlich betrachtet mögen sie recht haben, denn das Wort »Psyche« bedeutet »Geist« oder »Seele«. Andere hingegen benutzen diese Bezeichnung, um damit eine Heilung durch ihre eigenen sensitiven Fähigkeiten zu bezeichnen, was einen kleinen Unterschied darstellt zu einer Heilung durch die Macht Gottes und in Übereinstimmung mit dem göttlichen Plan. Offensichtlich besteht bei einer Heilung mit den eigenen sensitiven Fähigkeiten eine größere Gefahr, daß der Wille und das Ego des Heilers beteiligt sind und vielleicht die Kontrolle übernehmen wollen.

Zusammenfassung

Unabhängig von der jeweils benutzten Methode stimmt sich der Heiler bei einer Geistheilung auf die eine Quelle der unbegrenzten Liebe und Energie ein und wird so ein offener Kanal, um diese Kraft auf einen anderen Menschen zu übertragen. Die Annahme oder Verweigerung dieser Kraft liegt dann in der Wahl dessen, der geheilt werden möchte. Er kann diese Wahl absichtlich mit seinem Bewußtsein, unabsichtlich aus seinem Unterbewußtsein heraus oder mit Hilfe seines Höheren Selbstes treffen.

Es gibt also zwei Variablen beim Heilungsprozeß, die eine Auswirkung auf seine Effektivität haben:

1. Den Heiler und seine Fähigkeit, sich auf die Quelle einzustimmen und ein offener Kanal zu sein.
2. Den Kranken und seine Fähigkeit und/oder Bereitschaft, die Lebenskraft zu empfangen.

Das Resultat der Heilung hängt im allgemeinen von der Intensität und Kombination dieser beiden Faktoren *zum Zeitpunkt des Heilungsversuchs* ab. Es sind jedoch noch andere wichtige Punkte zu berücksichtigen, die wir in Kapitel 6 behandeln.

Außerdem gibt es zwei Schlüsselbegriffe zum besseren Verständnis dessen, was bei der Geistheilung geschieht, und das sind BEDINGUNGSLOSE LIEBE UND VOLLKOMMENE HINGABE.

BEDINGUNGSLOSE LIEBE ist die unbegrenzte Heilkraft, die wir von Gott empfangen, auf direkte Weise und mittels anderer Menschen, die auf der Erde oder in der geistigen Welt leben. Wir werden fähig, diese Liebe zu empfangen, indem wir unsererseits Gott und anderen gegenüber Liebe empfinden. Es findet also ein gegenseitiger Austausch statt.

VOLLKOMMENE HINGABE bedeutet das Aufgeben der eigenen Wünsche und Hoffnungen sowie des eigenen Willens auf seiten des Kranken UND des Heilers. Auf diese Weise kann Gottes Wille verwirklicht werden, selbst wenn das bedeutet, sich von der körperlichen auf die geistige Ebene zu begeben und das körperliche Gefährt durch den sogenannten Tod aufzugeben. Völlige Hingabe löscht alle FURCHT aus, stellt VERTRAUEN her und läßt die Kraft ohne Hindernisse fließen. Sie öffnet den Kranken und den Heiler für spirituelle Führung, gibt alle Antworten, die man braucht und stellt FRIEDEN UND HARMONIE her.

Welch schönere und natürlichere Art des Heilens könnte es schließlich geben als die, der Lebens- und Liebeskraft – die uns ja erschaffen hat – einfach zu erlauben, in und durch uns zu fließen und jeder Zelle ihren jungfräulichen Glanz zurückzugeben.

Literatur zu Kapitel 2

1. Goldsmith, Joel S.: *Die Kunst der geistigen Heilung*.Schwab 1985.
2. Fuller, John G.: *Arigo. Surgeon of the Rusty Knife*. New York: Thomas Y. Cromwell 1974.
3. Es gibt viele Bücher über das Leben von Edgar Cayce. Im Englischen zum Beispiel: Gina Cerminara: *Many Mensions*. New York: The New American Library (Manuskript) 1967; Thomas Sugrue: *There is a River*. New York: Dell Publishing 1942; oder Thomas Sugrue: *Stranger in the Earth*. Holt Rinehart & Winston 1948. Auf Deutsch gibt es zum Beispiel: Thomas Sugrue: *Edgar Cayce*. Die Geschichte eines schicksalhaften Lebens. München: Droemer Knaur 1983; Edgar Cayce: *Heilung durch Glauben*. München: Heyne 1992; Edgar Cayce: *Die Heilgeheimnisse des schlafenden Propheten*. Krankheitssymptome und ihre Überwindung. München: Goldmann 1992; Harold J.Reilly und Ruth. H. Brod: *Das große Edgar Cayce-Gesundheitsbuch*. Die verblüffend wirksamen Heilweisen des berühmten amerikanischen Mediums Edgar Cayce. Freiburg: Verlag Hermann Bauer 1991.
4. Fritjof Capra: *Das Tao der Physik*. Die Konvergenz von westlicher Wissenschaft und östlicher Weisheit. München: Scherz 1987, S. 68.
5. Teilhard de Chardin: *The Phenomenon of Man*. New York: Harper and Row 1959 (Erstveröffentlichung in französischer Sprache 1955).
6. Edgar Cayce: *Readings (281–3)*. Veröffentlicht bei der Edgar Cayce Foundation 1971.
7. Ponder, Catherine: *Die Heilungsgeheimnisse der Jahrhunderte*. Die 12 Geisteskräfte des Menschen. München: Goldmann 1992, S. 17.
8. Edwards, Harry: *The Healing Intelligence*. Guildford, England: The Healer Publishing Company 1971, S. 71.

Kapitel 3

Innere Ursachen für Krankheit

Nichts
kann der Macht
bedingungsloser Liebe
widerstehen.

Die meisten von uns sind sich aus eigener Erfahrung bewußt, daß es eine direkte Verbindung zwischen Verstand und Körper gibt. Wenn wir uns ärgern, schießt Blut in den Kopf, und die Muskeln spannen sich an. Wenn wir plötzlich erschrecken, verläßt das Blut den Kopf, und wir werden »blaß vor Angst«. Angesichts eines Notfalls wird die Adrenalinproduktion erhöht, und wir haben plötzlich mehr Energie und Stärke als normal, um mit der Situation fertigzuwerden; beispielsweise kann ein Vater oder eine Mutter plötzlich ein Auto anheben, das auf ihr Kind gestürzt ist. Wenn wir jemand anderem bei einer bestimmten Tätigkeit zusehen, reagieren wir manchmal zuerst mit dem Verstand und dann mit dem Körper, beispielsweise wenn jemand etwas ißt, das wir besonders gerne mögen, und uns das Wasser im Mund zusammenläuft, oder wenn ein Freund stark erkältet ist und allein vom Zusehen und Hören seiner Symptome unsere Augen zu tränen beginnen oder unser Hals wehtut.

Mediziner kennen noch viele solcher Beispiele. Es ist eine bekannte Tatsache, daß der menschliche Körper Kortison erzeugt, um Entzündungen zu bekämpfen, aber kürzlich wurde entdeckt, daß die Menge des produzierten Kortisons mit der jeweiligen geistigen Einstellung zusammenhängt. Wissenschaftliche Untersuchungen haben gezeigt, daß bei einer optimistischen, positiven, glücklichen Lebenseinstellung mehr Kortison produziert wird und bei Depression weniger. Die Geschichte der Medizin ist reich an Beispielen eingebildeter

Schwangerschaften von Frauen, die sich so verzweifelt ein Kind wünschen, daß sie sich selbst einreden, sie seien schwanger. Mit Hilfe ihres autonomen Nervensystems ruft ihr Verstand mehrere Monate lang alle Schwangerschaftssymptome in ihrem Körper hervor, bis ihr Arzt sie schließlich - notfalls mit Hilfe von Ultraschall - davon überzeugt, daß kein Fötus vorhanden ist. Sind die Frauen einmal überzeugt, daß sie kein Kind tragen, kehrt ihr Körper bald in den Normalzustand zurück.

Andererseits gibt es Tausende von Fällen, bei denen ein Paar trotz jahrelanger wiederholter Versuche nicht in der Lage war, ein Kind zu zeugen, und schließlich aus Verzweiflung ein Kind adoptierte. Zu ihrer großen Überraschung erwarten sie dann innerhalb weniger Wochen oder Monate selbst ein Kind. Die durch ihren Wunsch nach einem eigenen Kind erzeugte Anspannung und der wiederholte Fehlschlag blockierten das normale Funktionieren ihrer Körper. War der emotionale Streß einmal beseitigt oder durch die Adoption stark verringert, konnte ein Kind auf natürliche Weise empfangen werden.

Die meisten Mediziner sind sich heute darüber einig, daß viele Krankheiten vom Verstand erzeugt werden und auch auf diese Weise geheilt werden können, durch Suggestionen anderer Menschen und mit oder ohne Hypnose. Gemeint sind viele Hautkrankheiten, Asthma, Herzrhythmusstörungen, Colitis, Migräne, Impotenz, Bluthochdruck und Geschwüre. Schon seit langem erklären Ärzte, daß fünfzig bis sechzig Prozent aller Krankheiten psychosomatisch bedingt sind; das heißt, sie werden vom Verstand oder von den Gefühlen des Patienten selbst erzeugt. In den letzten Jahren haben viele Ärzte sogar von einem Prozentsatz zwischen achtzig und neunzig Prozent gesprochen, und einige habe ich schon persönlich sagen hören, daß *jede* Krankheit auf diese Art entsteht. Diese Beziehung zwischen dem gefühls- oder verstandesmäßigen und dem körperlichen Zustand eines Menschen ist im Osten schon seit Jahrtausenden wohlbekannt.

Der begabte Hellseher Edgar Cayce, der Krankheiten im Trancezustand diagnostizierte, betonte in seinen *Readings* ständig, daß Krankheit im Körper entstehe und nicht eine

Folge äußerer Einflüsse sei; er sagte: »Der Körper ist das Resultat dessen, was der Verstand erschaffen hat«[1]. Im landläufigen Denken nimmt man an, daß es in einigen Fällen einen äußeren Anlaß gibt (zum Beispiel Bakterien), der Verstand die natürlichen Körperabwehrkräfte jedoch davon abhält, den fremden Eindringling zu zerstören, und so die Entwicklung einer Krankheit beginnt.

Es ist deshalb sehr wichtig für den Hilfesuchenden und den Heiler zu versuchen, die Ursache der Beschwerden herauszufinden, anstatt nur die Symptome zu beseitigen. Wird die Ursache nicht erkannt, ist es sehr wahrscheinlich, daß die Krankheit in der einen oder anderen Form wieder auftritt.

In der Regel ist es unabdingbar, daß der Kranke in seinem Leben einige umfassende Veränderungen vornimmt, gleich, ob die Krankheit körperlicher, geistiger oder emotionaler Natur ist. Diese Notwendigkeit zur Neuorientierung im Leben wird von Gerhard Adler in seinem Buch *Studies in Analytical Psychology*[2] sehr schön beschrieben:

> Nur zu oft erwartet der Patient zu Beginn einer Analyse, daß der Psychotherapeut ihn wie durch Zauberei von seinen Symptomen befreit, ohne den Rest seines Lebens, mit dem er ganz zufrieden ist, anzurühren. Der Analytiker wird oft als eine Art »Medizinmann» betrachtet, der die Symptome von außen beseitigen kann. In Wahrheit kann niemand geheilt werden, wenn er nicht dazu bereit ist, eine mehr oder weniger umfangreiche Umstrukturierung seines gesamten Lebens in Kauf zu nehmen. Kurz gesagt: Der Geheilte ist nicht der gleiche Mensch wie vorher, nur seiner Symptome ledig, sondern ein inzwischen anders eingestellter Mensch. Durch die Veränderungen in seinem Leben ist die Notwendigkeit für das Auftreten der Symptome nicht mehr vorhanden. Manchmal kann es sogar geschehen, daß die Heilung nicht das Verschwinden der Symptome mit sich bringt, sondern des durch die Symptome verursachten Leidens, da dieses nun seinen Zweck erfüllt hat.

Obwohl Dr. Adler sich hier auf Patienten mit emotionalen oder mentalen Krankheiten bezog, können seine Worte ebenso auf körperlich Kranke zutreffen.

Meine eigenen bisherigen Studien und meine praktische Erfahrung lassen mich vermuten, daß die wahren Ursachen einer Krankheit sich wahrscheinlich in verschiedene Hauptbereiche unterteilen lassen: Mißbrauch der eigenen Kräfte, negative Gefühle und Einstellungen, Streß, Schuldgefühle, negatives Denken, selbst erzeugte Krankheit, Konflikte mit dem Lebensplan, Karma, Besessenheit und zu lernende Lektionen.

Ich bin weiterhin dabei, dieses komplexe Thema zu untersuchen und will nicht behaupten, daß meine Analyse der Krankheitsursachen umfassend ist. Außerdem kann sie auch nicht alle komplexen psychologischen Wechselbeziehungen erklären, die bei der Entstehung der Ursachen beteiligt waren. Sie umreißt jedoch die Verbindung zwischen Ursache und Wirkung und zwischen Körper und Geist. Außerdem enthält sie einige aktuelle Beispiele. Die Ursache der Krankheit aufzudekken, kann ein längerer Prozeß spiritueller oder psychologischer Beratung und Analyse sein; jedoch zeigen Beispiele aus der Praxis in diesem und den nächsten beiden Kapiteln, daß Geistheilung diesen Prozeß oft spektakulär abkürzen kann.

Mißbrauch der eigenen Kräfte

Manchmal gibt es eine körperliche Ursache für eine Krankheit, aber gewöhnlich hat der Leidende selbst sie unbewußt verursacht. Der Mißbrauch des eigenen Körpers durch den übermäßigen Genuß von Tabak, Alkohol, Essen, Sex und Arbeit oder Schlafmangel, fehlende Ruhepausen oder Erholung in der Freizeit führen schließlich zu einem Aufstand des Körpers. Mit Hilfe von Schmerz, Krankheit oder Behinderung will er sagen: »Hör auf mit dem, was du mir antust, und sei dankbar für alles, was ich für dich getan habe und noch tue«.

Wenn wir zur Verschmutzung von Erde, Luft und Wasser dieses wundervollen Planeten beitragen, den wir mit Milliarden von Menschen und anderen Lebensformen teilen, mißbrauchen wir das, was uns zur Erhaltung unserer Gesundheit gegeben worden ist, und das kann auch zu Krankheiten unseres Körpers führen. Wir müssen in dieser Hinsicht mehr Verantwortung übernehmen.

Negative Gefühle und Einstellungen

Meistens entdeckt man als wahre Ursache einer Krankheit ein negatives Gefühl oder eine negative Haltung, die oft unterdrückt und niemals an die Oberfläche gekommen ist. Manchmal kann jedoch ein negatives Gefühl, das frei ausgedrückt worden ist, die Ursache einer Krankheit sein, denn während es geäußert wird, wird der Körper dadurch starken negativen Schwingungen ausgesetzt, die er nicht ohne Schädigung absorbieren kann. Es gibt zahlreiche Gefühle oder Einstellungen, die für Verstand und Körper schädlich sind; wir werden auf einige davon im folgenden näher eingehen.

Wut, Haß, Feindseligkeit, Groll und verschiedene Abstufungen oder Kombinationen dieser Gefühle können unglaublich destruktiv für denjenigen sein, der sie empfindet. Werden sie ausgedrückt, können sie auch der Person, auf die sie gerichtet sind, Schaden zufügen. Extreme Gefühle, wie der Wunsch, jemand möge tot sein, oder sogar die Absicht, jemanden zu töten, können solch starke negative Energie in dem Menschen freisetzen, der sie empfindet, daß der oder die Betreffende eine tödliche Krankheit, einen tödlichen Herzinfarkt oder schwere Depressionen bekommt.

Anscheinend wirken Wut oder Groll auf Gott oder »das Leben« besonders destruktiv für denjenigen, der diese Gefühle hat, vielleicht deswegen, weil solche Wut wie eine selbsterzeugte, unsichtbare Barriere zwischen dem einzelnen und der Quelle des Lebens wirkt. Nur der Betreffende selbst kann diese Barriere beseitigen.

Eifersucht, Neid, Gier oder Besitzdenken schaffen viel inneres Leid. Buddha sagte, Besitzdenken sei die Hauptquelle aller Sorgen. Ein anderer Übersetzer Buddhas benutzte sogar noch stärkere Worte: Buddha habe gesagt, das Verhaftetsein im Materiellen sei die Quelle allen menschlichen Leidens. Tatsächlich geben wir unsere Freiheit und unseren freien Willen in dem

Maße auf, wie stark wir uns an einen Menschen oder an Dinge binden.

Jesus drückte sich etwas anders aus, als er sagte: »Sammelt keine Reichtümer hier auf der Erde! [. . .] Denn euer Herz wird immer dort sein, wo ihr euren Reichtum habt.« (Matthäus 6, 19 und 21) Diese Reichtümer können materielle Besitztümer, körperliche Empfindungen, Ruhm oder abhängige Beziehungen sein. Die größte Erfahrung von Freiheit besteht darin, die Verhaftung an unseren Körper und an alle Phasen körperlichen Lebens auf dieser Erde aufzugeben; dann haben wir keine Angst vor Verlust, Krankheit oder Tod.

Ängste können sich sehr zerstörerisch auswirken, beispielsweise Angst vor dem Tod, vor Verletzung oder Krankheit, Angst vor dem Verlust geliebter Menschen oder Besitztümer, Angst vor dem Unbekannten. Sorgen und Ängstlichkeit fallen unter die gleiche Kategorie wie Angst, sind jedoch etwas weniger intensiv. Ich erinnere mich an einen Mann, der durch normale medizinische Behandlung von Krebs geheilt worden war, jedoch ohne die Ursache der Krankheit zu suchen oder zu entdecken. Einige Jahre später bekam er Multiple Sklerose. Nachdem er damit einige Zeit gelebt hatte, bat er um Geistheilung, und gleichzeitig begann auch die Suche nach der möglichen Ursache. Bald wurde offensichtlich, daß er sich ständig größte Sorgen über fast alle Aspekte des Lebens machte, gleich ob sie wichtig oder unwichtig waren. Er sah ein, daß sein innerer Zustand sich all die Jahre nicht verändert hatte und wahrscheinlich deshalb auch die Ursache für seine vorherige Krebserkrankung war. Er hörte beim ersten Mal nicht auf die Botschaft seines Körpers, und so mußte sie noch einmal, diesmal auf lautere und eindringlichere Weise, überbracht werden.

Verurteilung und Kritik anderer werden oft von Groll oder Frustration begleitet, wenn der Betroffene die Kritik ignoriert und sich weigert, sich so zu ändern, wie der andere es für richtig hält. Die Aussage der Bibel »Du sollst nicht urteilen« ist ein spirituelles Gesetz, das seine eigenen Auswirkungen hat, wenn es nicht beachtet wird – oft in Form von Krankheit.

Frustration oder Depression können auch daher rühren, daß sich ein Mensch zu hohe Ziele gesetzt hat und sie nicht erreichen kann oder daß es ihm nicht gelingt, die in der Gesellschaft erreichte Stellung aufrechtzuerhalten.

Ungelöste innere oder äußere Konflikte schaffen Spannungen, die mit der Zeit zunehmen und Blockierungen für den Fluß der Lebenskraft im Körper darstellen, so daß Krankheit die Folge ist. Eine Ursache für innere Konflikte, die besonders bei modernen Frauen zu finden ist, liegt in der Promiskuität ihres Sexuallebens, die heute so verbreitet ist. Auf bewußter Ebene möchten sie frei ihren Instinkten folgen können, den Wünschen der Männer nachgeben, um beliebt zu sein oder eine große Anzahl von Männerfreundschaften haben; sexuelle Freiheit wird als Befreiung angesehen. Auf der unbewußten oder einer anderen Ebene ist ihr inneres Wesen damit nicht glücklich; es steht im Gegensatz zu ihren Idealen und ihrer spirituellen Natur oder den Konditionierungen aus ihrer Kindheit, und so entsteht tief innen ein Konflikt. Diese innere Spannung mag ihnen bewußt sein oder auch nicht, aber oft scheint das Ergebnis eine Krankheit ihrer Fortpflanzungsorgane (und der Brust) zu sein, die nicht dauerhaft geheilt werden kann, wenn es zu keiner Veränderung in ihrem Sexualleben oder ihren Überzeugungen kommt. Da Männer im allgemeinen schon immer größere Freiheit und andere moralische Werte für sich in Anspruch genommen haben, scheint diese Art inneren Konflikts bei ihnen weniger oft vorzukommen.

Andererseits kann auch das Gegenteil eintreten. Unterdrückte sexuelle Gefühle können ebenfalls einen inneren Konflikt hervorrufen, der zu Krankheit führt. Wer solche Gefühle hat, besitzt jedoch noch andere Möglichkeiten, die Schwierigkeit zu beseitigen. Es könnte ihm gelingen, einen Weg zum Ausdruck dieser Gefühle zu finden, der nicht in Konflikt mit seinen Idealen oder anderen Gründen für Gefühlsunterdrükkung steht. Er könnte auch seine Energie geistig vom zweiten zum vierten Chakra aufsteigen lassen und sie so in bedingungslose Liebe verwandeln. Vergessen Sie nicht: Es gibt nur eine Energie, und wir können darüber entscheiden, wie wir sie einsetzen wollen.

Lust kann ebenfalls in Verstand und Körper auf viele verschiedene Arten ihre Spuren hinterlassen. Sie kann als intensives Verlangen nach Geschlechtsverkehr mit einem anderen definiert werden, der ohne Liebe, Zuneigung, Wissen über den anderen Menschen, ja sogar ohne ihn zu kennen stattfindet und ohne jegliche Achtung vor den Wünschen oder Gefühlen dieses Menschen.

Depression ist oft das Ergebnis unterdrückter Wut, kann aber auch viele andere Gründe haben. Einer davon ist der Verlust von etwas, wofür es sich zu leben lohnt – ein Mangel an Zielen. Das kann wiederum von der Unfähigkeit herrühren, auf seine innere Führung zu hören, oder davon, darauf zwar zu hören, ihr aber nicht zu folgen. Der Lebenswille ist für die Heilung oder das Überleben absolut notwendig, denn wir haben hier die freie Wahl: Wenn wir sterben wollen, können wir das tun. Dies bedeutet nicht unbedingt, bewußt Selbstmord zu begehen; es kann einfach darin bestehen, jeglichen Wunsch zu leben und alle Anstrengungen aufzugeben, geheilt zu werden oder am Leben zu bleiben.

Ungelöster Kummer oder unterdrückter emotionaler oder geistiger Schmerz muß nicht unbedingt äußerlich erkennbar sein. Nach außen hin kann derjenige trotz psychischer Verletzung den Eindruck von Tapferkeit oder Mut erwecken, aber innerlich kann der Kummer oder Schmerz ein lebenswichtiges Organ buchstäblich auffressen oder einen ungewollten Tumor erzeugen. Selbstmitleid ist eine andere mögliche Form dieser negativen Gefühle und kann ebenso schädlich sein.

Die Beherrschung anderer, Machtgier, fehlgeleitete Aggression, Aufbegehren gegen alle Formen von Autorität (»Ich kann es nicht leiden, wenn jemand mir sagt, was ich tun soll«) sind verschiedene Formen des grundlegenden instinktiven Machttriebes. Wenn man es sich erlaubt, diesen Eigenschaften freien Lauf zu lassen, können sie den, der die Macht ausübt, korrumpieren und zerstören und dem Kontrollierten oft großen Schaden zufügen. Inzwischen ist bekannt, daß dieser Machtkampf in einem Herzinfarkt oder frühem Tod enden kann und nicht im erwarteten Überleben. Die Verbindung zwischen Machttrieb und Herzkrankheit ist logisch, denn das Herz ist das Zentrum der bedingungslosen Liebe, und das »Herzstück« dieser Liebe ist es, dem anderen seine Freiheit zu lassen. Das ist natürlich das genaue Gegenteil davon, Macht über den anderen auszuüben. Wenn Liebe unterdrückt wird, kann die Energie im Herzzentrum blockiert werden und so eine Herzkrankheit herbeiführen.

Der Wunsch nach Rache und danach, den, der uns verletzt hat, ebenfalls zu verletzen, kann nur zur Folge haben, Schmerz und Leid zu vermehren, auch wenn man erfolgreich Vergeltung geübt hat. Ein interessantes Beispiel hierfür war der Fall einer jungen Frau, die ein ernsthaftes körperliches Problem hatte, das ihr Arzt nicht heilen konnte. Beim Suchen nach der Ursache erklärte sie, daß sie sehr jung geheiratet und ihr Ehemann sich ihr gegenüber bereits nach sechs Monaten Ehe sowohl verbal als auch körperlich sehr grausam verhalten hatte. Sie hatte das zwei Jahre lang ertragen, ihn dann verlassen und sich scheiden lassen. Seitdem hatte sie mit drei verschiedenen Männern zusammengelebt, jeweils zwei Jahre lang. Danach brach sie die Beziehung immer ab, obwohl jeder der Männer daran festhalten und sie auch heiraten wollte, wenn sie zugestimmt hätte.

Als ich sie fragte, warum sie so handle, dachte sie einen Moment nach und sagte dann: »Ich nehme an, um mich an meinem früheren Mann für das zu rächen, was er mir angetan hat«, also aus dem Wunsch nach Rache. Als ich darauf hinwies, daß sie in Wirklichkeit nicht ihren ehemaligen Mann, sondern die drei Männer getroffen hatte, die ihr gar kein Unrecht angetan hatten, wurde ihr ihr Irrtum plötzlich bewußt. Sie sagte, sie sei sich bisher nicht darüber klar gewesen, daß sie Männer in Wirklichkeit hasse. Es fiel ihr ebenfalls auf, daß sie tief in ihrem Innern eigentlich wußte, welches Unrecht sie diesen anderen Männern angetan hatte, und daß der daraus entstandene gefühlsmäßige und spirituelle Konflikt wahrscheinlich die Ursache ihrer Krankheit war.

Während der anschließenden Heilsitzung visualisierte sie zuerst ihren früheren Ehemann, sprach in Gedanken mit ihm und verzieh ihm. Danach stellte sie sich der Reihe nach die anderen drei Männer vor und bat jeden von ihnen gedanklich um Verzeihung dafür, wie sie sie behandelt hatte. Anschließend erbat sie die Vergebung Gottes und beschloß, sich zu ändern, indem sie nun Liebe statt Haß empfinden und sich für eine neue Beziehung öffnen wollte, die von allen alten Haß- und Grollgefühlen frei sein würde. Das machte den Weg frei, so daß sie die heilende Kraft empfangen konnte und das auch viel bewußter erlebte als während der vorhergehenden Sitzung. Die Heilung, auf die sie gehofft hatte, erfolgte dann innerhalb von wenigen Wochen.

Frustration aufgrund von Handlungen oder Unterlassungen anderer oder aufgrund unserer Unfähigkeit, unsere eigenen Vollkommenheits-Erwartungen zu erfüllen, oder einfach Frustration über die Umstände, in denen wir uns gerade befinden, kann alle möglichen Spannungen im Körper hervorrufen, die wiederum zu Krankheiten führen.

Bei der Suche nach Krankheitsursachen stößt man von Zeit zu Zeit auch auf Unsicherheit, den negativ ausfallenden Vergleich mit anderen und einen allgemeinen Mangel an Selbstwertgefühl. Dieses negative Gefühl nennt man gewöhnlich Minderwertigkeitskomplex. Edward F. Eddinger beschreibt diesen Personentyp in seinem Buch *Ego and Archetype*[3] folgendermaßen:

> Ein solcher Mensch nimmt unbewußt und automatisch an, daß alles, was von ihm selbst stammt – seine größten Wünsche, Bedürfnisse und Interessen – irgendwie falsch und unannehmbar sein müßte. Durch diese Einstellung wird psychische Energie aufgestaut und muß sich auf verdeckte, unbewußte oder zerstörerische Weise Bahn brechen, beispielsweise in Form von psychosomatischen Symptomen, Depressionen oder Alkoholismus.

Dieses schlechte Selbstbild kann den betreffenden Menschen krank machen (siehe »Selbsterzeugte Krankheit«). In anderen Fällen kann es sich in sexueller Promiskuität äußern, einer verzweifelten Suche nach Liebe und Wert. Sie ist selten oder eigentlich nie erfolgreich, da man nur zurückgestoßen und verachtet wird, und sie kann zu Erkrankungen der Fortpflanzungsorgane führen.

Interessant ist, daß genau die entgegengesetzte Situation

ebenfalls den Fluß der Lebensenergie hemmen und Krankheit hervorrufen kann, nämlich das übermäßige Anwachsen des Egos. In der Psychologie nimmt man an, daß ein Machtkomplex aufgrund von starken unbewußten Minderwertigkeitsgefühlen entsteht. Die überlegene Haltung wurde als Verteidigungsmechanismus entweder sich selbst oder anderen gegenüber entwickelt, als der innere Mangel an Selbstwertgefühl offensichtlich wurde. In diesem Fall kann das Gefühl der Überlegenheit für die Entwicklung des Egos des Betreffenden in bestimmten Lebensphasen sehr wichtig sein.

Aus spiritueller Sicht empfinde ich jedoch, daß ein solches Überlegenheitsgefühl eng mit Stolz, Selbstsucht und Selbstüberschätzung verbunden sein kann, wenn ein Mensch die Tatsache übersieht oder ignoriert, daß alles, was wir besitzen – einschließlich unseres Verstands und unserer Talente – und auch gerade die Lebenskraft selbst von Gott als einziger Quelle kommt. Wenn unser Ego annimmt, es sei selbst die Quelle von Weisheit und versorge uns mit allen Segnungen unseres Lebens, dann sind Probleme nicht weit und nehmen oft die Form von Krankheiten an.

Wenn solche negativen Gefühle auftauchen, verursachen sie grundlegende Veränderungen in der Biochemie des Körpers. Das normale Gleichgewicht des Körpers kann die neuen, von vermehrter Magensäure oder höherem Blutdruck erzeugten Bedingungen verkraften, wenn die Gefühle in ihrer Stärke und Dauer begrenzt sind. Nimmt das negative Gefühl jedoch energie- und zeitmäßig größere Ausmaße an, dann sind Krankheit oder Gesundheitsschäden wahrscheinlich die Folge.

In manchen Fällen sieht es so aus, als könne die Unterdrükkung eines *positiven* Gefühls ebenfalls der Auslöser für eine Krankheit sein. Zum Beispiel sprach ich mit einem Mann, der Krebs im mittleren oberen Brustkorb hatte (direkt über seinem vierten Chakra, das das Zentrum bedingungsloser Liebe ist), und er erzählte mir, er würde immer sehr stark mitleiden, wenn Menschen Ungerechtigkeit, Grausamkeit oder Armut ausgesetzt seien, auch wenn er die Betreffenden nicht kannte, sondern lediglich etwas über sie las. Er tat jedoch nie etwas, um solchen Zuständen abzuhelfen. Außerdem hatte er seinen Körper stark durch Tabak und Alkohol geschädigt, so daß dieser wahrscheinlich beschloß, sich an jener besonderen Körperstelle aufzulehnen, da seinem Mitgefühl keine Handlungen folgten und dadurch ein innerer Konflikt entstanden war. In anderen Fällen kann die Unterdrückung positiver Gefühle zu Depressionen führen.

In Kapitel 2 haben wir viele verschiedene lebenserhaltende Systeme des menschlichen Körpers betrachtet. Wenn eines oder mehrere dieser Systeme durch negative Emotionen blokkiert werden, wird der Körper anfällig für Krankheiten. Sein Immunsystem kann die normalen Angriffe durch Bakterien, Krebszellen und Fremdorganismen nicht mehr verkraften, und Krankheit ist die Folge. Wenn spirituelle Kraft die Blockierung auflöst, kann der Körper wieder seine Aufgaben wahrnehmen und sich selbst heilen.

Streß

Moderne Untersuchungen haben ebenfalls gezeigt, daß die Ursache einer Krankheit oft auch in übermäßigem oder langanhaltendem Streß zu suchen ist. Das heutige Leben enthält viel mehr Streßfaktoren als früher – Situationen, in denen ein Mensch sich an soziale, umweltbedingte oder persönliche Umstände anpassen muß, die entweder positive oder negative Veränderungen mit sich bringen. Solche Anpassungen sind natürlich in unterschiedlichem Maße immer nötig; dadurch haben wir Gelegenheit zum Wachsen. Aber wenn die Ausmaße der Anpassung, die von einem Menschen aufgrund seiner Lebensumstände verlangt werden, das übersteigen, was er noch bewältigen kann, wird der dabei entstehende Streß wahrscheinlich seine Gesundheit beeinträchtigen.

Hier einige Beispiele streßverursachender Ereignisse:

- Tod eines geliebten Menschen
- Geburt eines Kindes oder Enkelkindes
- Scheidung oder Trennung
- Heirat oder Wiederversöhnung
- Verletzung oder Krankheit

- Entlassung aus dem Krankenhaus
- Antreten einer Gefängnisstrafe
- Entlassung aus dem Gefängnis
- Erreichen des Rentenalters oder Entlassung
- Beförderung
- Verlust der Arbeitsstelle
- Beginn einer neuen Arbeit
- Wechsel der Beschäftigung
- Umzug an einen anderen Ort aus beruflichen oder sonstigen Gründen
- Verlust von Geld oder Wertsachen
- Plötzlicher Reichtum
- Abtreibung oder Fehlgeburt
- Schwangerschaft
- Übermäßiges Geldausgeben
- Sozialer Aufstieg
- Verlust unterstützender Beziehungen
- Übermäßiger Lärm
- Kind, gleich welchen Alters, verläßt das Elternhaus
- Kind kehrt ins Elternhaus zurück
- Verlust von Privatsphäre oder Lebensraum.

Es gibt noch viele andere Gründe für Streß; sie hängen von der Reaktion des einzelnen auf die unterschiedlichen Ereignisse in seinem Leben ab. Eigentlich kann gar keine umfassende Liste von streßfördernden Ereignissen aufgestellt werden, denn alles, was ein Mensch stressig findet, wird es wahrscheinlich für ihn auch sein.

Der tieferliegende Grund dafür, daß eine bestimmte Situation für einen Menschen mit Streß verbunden ist, liegt in seinem Widerstand oder seiner Unfähigkeit, sich den Umständen entsprechend anzupassen. Wenn er mit der Situation fließen und sich auf sie einstellen kann, indem er den neuen Zustand als Teil seiner Lebenserfahrung sieht, erlebt er viel weniger Streß, und es besteht keine Gefahr einer Erkrankung. In Fällen von extremem Streß (beispielsweise ausgelöst durch den Tod einer langjährigen, geliebten Ehefrau) wird das Annehmen dieser Tatsache anstelle ihrer Verleugnung zumindest den Streß und die Möglichkeit einer Erkrankung vermindern. Wenn zwischen zwei Familienmitgliedern ein enges Band von Abhängigkeit besteht, kann es in manchen Fällen vorkommen, daß der eine übermäßigen Streß empfindet und der andere krank wird. Das herauszufinden kann eine Schwierigkeit darstellen, denn gewöhnlich kommt nur der kranke Mensch zum Heiler, aber man sollte diese Möglichkeit im Auge behalten.

Es ist bemerkenswert, daß Streß sowohl in angenehmen als auch in unangenehmen Situationen entstehen kann, denn in jedem Fall erfordert er Anpassung. Wenn mehrere dieser Ereignisse zur selben Zeit eintreten und/oder sich über längere Zeit hinziehen, kann der Streß zuviel werden, und man wird anfällig für Krankheit oder Gesundheitsstörungen. Natürlich stellt auch die Krankheit selbst eine Streßsituation dar und kann die Heilung verzögern, gleich ob die ursprüngliche Ursache der Krankheit eine andere Form von Streß war oder nichts damit zu tun hatte. In diesen Fällen scheint es möglich, daß das Akzeptieren der Krankheit im Sinne von keinen-Widerstandleisten (aber nicht von Resignation) dem Körper helfen könnte, sich selbst zu heilen, da der von Widerstand oder Verleugnung ausgelöste Streß dann wegfällt.

Wir werden in Kapitel 5 darauf eingehen, wie wir es vermeiden können, durch Streß krank zu werden oder eine Heilung zu verhindern. Aber es gibt eine Situation, in der der Wunsch nach Streßvermeidung als solcher eine Krankheit auslösen kann. Das kann geschehen, wenn ein Mensch so sehr daran interessiert ist, eine größere Veränderung in seinem Leben – wie einen Umzug in einen anderen Teil des Landes – zu vermeiden oder hinauszuschieben, daß er unbewußt eine Krankheit herbeiführt, die die Veränderung unmöglich macht.

Meiner Erfahrung nach stellt sich oft heraus, daß krankheitsverursachender Streß oder unterdrückte Gefühle aus der noch nicht aufgearbeiteten dominierenden Haltung eines Elternteils gegenüber einem erwachsenen Kind entstanden sind. Gewöhnlich hat die Mutter die Tochter kontrolliert, aber manchmal auch die Mutter den Sohn, und viel seltener geht es um die Beherrschung von Sohn oder Tochter durch den Vater.

Söhne und Töchter (diese manchmal mit Hilfe ihrer Ehemänner) scheinen gewöhnlich in der Lage zu sein, sich selbst körperlich, emotional und verstandesmäßig von einem dominanten Vater zu befreien. Vielleicht ist hier die Bindung von vornherein gar nicht so stark wie an die Mutter, die das Kind neun Monate lang in sich getragen und es dann während der ersten Jahre seines Lebens fast ausschließlich allein kontrolliert hat. Wenn die Mutter nicht bereit ist, ihrem Kind die nötige Freiheit zu geben, damit es zu einem unabhängigen, selbständig denkenden Erwachsenen heranwachsen kann, bringt sie es oft fertig, die Kontrolle weit über das Erwachsenwerden des Kindes auszudehnen bis zu ihrem Tod, und in manchen Fällen auch darüber hinaus.

Der Mutter-Tochter-Konflikt tritt leider sehr häufig auf und erzeugt viel Elend und Krankheit, besonders für die Tochter, aber oft auch für die Mutter. Was ist der Grund dafür, daß so viele Mütter nicht bereit sind, ihren Töchtern die Freiheit zu lassen? Ein Grund liegt sicherlich in dem instinktiven Macht- und Besitztrieb, den wir alle in uns haben. Ein anderer besteht in der Angst, den Sinn des Lebens zu verlieren, wenn das Kind sie nicht mehr braucht. Eine Mutter weiß instinktiv, daß sie viel weniger Chancen hat, ihren Sohn zu kontrollieren; oder es kann auch sein, daß sie ihre ganzen Bemühungen auf die Tochter richtet. Oft ist auch Eifersucht mit im Spiel, wenn die Tochter für Männer (und auch den Vater) attraktiver wird als die alternde Mutter. Gewöhnlich besteht der Wunsch, die Tochter solle das Beste vom Leben haben (besonders dann, wenn die Tochter der Mutter sehr ähnlich ist), und die Mutter glaubt fälschlicherweise, das sei nur mit Hilfe von Kontrolle zu erreichen.

Die Folge dieser *an Bedingungen gebundenen* Liebe kann für die Mutter Arthritis oder Herzerkrankung sein, besonders dann, wenn die Tochter sich gegen alle Versuche wehrt, sie unter Kontrolle zu halten. Andererseits hat die Tochter die Möglichkeit, dagegen aufzubegehren oder sich zu fügen. Wenn sie ihre eigene Identität als individueller erwachsener Mensch aufbauen und für ihr Leben selbst die Entscheidungen treffen will, muß sie sich den Forderungen ihrer Mutter widersetzen. Wenn sie das mit Liebe und Vergebung tun kann, wird ihr

Körper darunter nicht leiden; wenn sie jedoch, wie das so oft geschieht, mit Ärger und Groll reagiert und daran festhält, kann ihr Körper diese Gefühle als Krebs manifestieren. Das geschieht besonders dann, wenn ihr Ärger mit Schuldgefühlen über ihr Aufbegehren verbunden ist. Wenn sie sich der Kontrolle ohne äußerlichen Ungehorsam passiv unterwirft, wird sie möglicherweise sehr viel Groll und Frustration empfinden, weil es ihr nicht gelingt, ihre eigene Wahl zu treffen und ihr Leben so zu leben, wie sie es gerne möchte. Das kann sie ebenfalls krank machen.

Manchmal kommt es auch vor, daß das Kind Kontrolle über einen Elternteil ausübt und dieser deswegen einen tiefen Groll hegt. Wegen seines Alters ist der Elternteil jedoch manchmal körperlich oder emotional nicht mehr stark genug, sich der Kontrolle zu entziehen, oder es ist aus finanzieller Abhängigkeit nicht möglich. In der Folge bekommt der Elternteil Arthritis oder eine andere Krankheit.

Kontrolle eines Ehepartners über den anderen kann sich für beide Ehepartner genauso verheerend und krankmachend auswirken. Der kontrollierte Teil unterdrückt vielleicht eine Menge Groll und Ärger, was, wie bereits vorher erwähnt, ein vorrangiger Grund für eine Erkrankung ist. Andererseits kann, wenn einer von beiden sich dagegen wehrt, der daraus entstehende Konflikt derartig negative Gefühle auf beiden Seiten auslösen, daß sie sich als Krankheit für den einen oder für beide manifestieren. Führt der Konflikt wie so oft zur Scheidung, wird der Unterdrückte ein starkes Gefühl der Freiheit und Entspannung verspüren, und die Heilung einer durch den Konflikt verursachten Krankheit wird sich wahrscheinlich automatisch kurz darauf einstellen. Der kontrollierende Teil hat jedoch wahrscheinlich einen (für ihn) wichtigen Daseinsgrund verloren. Dann kann eine Krankheit eintreten oder sich verschlimmern, falls sie bereits besteht.

Es macht mich traurig, das Unglück zu sehen, das durch solche Konflikte verursacht wird, und ich bin sehr glücklich, wenn die Betreffenden die Kontrollmaßnahmen aufgeben und loslassen und Groll und Feindseligkeit auf beiden Seiten durch Liebe und Verzeihen ersetzt wird, wodurch sich die Frustrationen auflösen. Gewöhnlich folgt Heilung dieser Veränderung auf dem Fuße.

Lieben heißt erlauben
Erlauben heißt lieben
Gott liebt
Gott erlaubt

Schuldgefühle

Schuldgefühle stellen eine eigene Kategorie bei der Entstehung von körperlichen oder geistigen Krankheiten oder Gesundheitsschäden dar. Sie sind oft völlig ungerechtfertigt, beispielsweise wenn Eltern sich scheiden lassen oder ein Elternteil Selbstmord verübt, aber ein Kind kann sich trotzdem verantwortlich fühlen. Wahrscheinlich gibt es dafür gar keinen Grund; wenn dieses Gefühl aber nicht mit Hilfe verantwortungsvoller Erwachsener aufgedeckt und verarbeitet wird, wächst das Kind heran und trägt ein solches Schuldgefühl jahrelang bewußt oder unbewußt mit sich herum. Der daraus entstehende innere unterdrückte Konflikt kann sich dann in Form von Krankheit manifestieren.

Andererseits kann das Schuldgefühl auch berechtigt sein. Wenn zum Beispiel ein Mensch einen anderen körperlich, geistig, emotional oder in materieller Hinsicht geschädigt und nichts zur Wiedergutmachung getan hat, wird er deswegen Schuldgefühle mit sich herumtragen, auch wenn er nach außen hin völlig hartgesotten und unempfindsamer erscheinen mag. Je empfindlicher und spirituell entwickelter der Schuldige ist, umso mehr plagt ihn sein Gewissen, und desto größer ist auch sein Schuldgefühl. Da es in diesem Fall durchaus berechtigt ist, wird es auch größere Macht haben, eine Krankheit entstehen zu lassen.

Ein Mensch kann sich jedoch ebenfalls schuldig fühlen, weil er etwas *nicht* getan hat, was sein Gewissen oder seine innere Stimme ihm geraten hat. Vielleicht hat er einem alternden Elternteil nicht die Pflege und Unterstützung angedeihen lassen, die dieser brauchte, oder er hat jemanden, der seine Liebe verdiente, nicht richtig geliebt, oder er hat die zuständigen Stellen nicht informiert, wenn er von einem Fall von Kindesmißhandlung wußte, oder er wollte »sich nicht einmischen« und unterstützte so unbewußt ein Verbrechen. Unter Umständen hat sein Höheres Selbst oder der Geist Gottes ihn schon seit Jahren dazu gedrängt, dem göttlichen Ruf zu folgen und nach der Quelle aller Schöpfung zu suchen, und er hat es nicht getan. Möglicherweise hat er auch sein ganzes Leben damit verbracht, sich körperlichen Vergnügungen hinzugeben und die Bedürfnisse der Menschen um ihn herum mißachtet, im vollen Bewußtsein der Ermahnung seiner inneren Stimme, er solle wenigstens zeitweilig etwas abgeben und anderen dienen.

Ein Mann, der mich wegen verschiedener körperlicher Probleme aufsuchte, hatte fast sein ganzes Berufsleben mit einer Arbeit verbracht, die er gerne und kompetent ausübte. In den letzten Jahren hatte er jedoch für eine Organisation gearbeitet, die ihn aus finanziellen Gründen zu vielen Einsparungen gezwungen hatte, mit dem Ergebnis, daß er wußte, seine Arbeit war voller Fehler und würde nicht von Dauer sein. Seine Schuldgefühle ließen schließlich eine Krankheit entstehen, die ihn dazu zwang, sich vorzeitig pensionieren zu lassen.

Schuldgefühle werden gelegentlich auch durch einen Gewissenskonflikt aufgrund der in der Kindheit vermittelten spirituellen, moralischen und ethischen Prinzipien, die aber heute nicht mehr angewandt werden, verursacht. Selbst wenn die inzwischen gängigen Sitten und die Umgebung oder Gesellschaft, in der der Betreffende nun lebt, ihn davon überzeugen, daß diese Prinzipien für ihn als Erwachsenen jetzt keine Gültigkeit mehr haben, können Schuldgefühle auf einer tieferen Ebene immer noch weiterbestehen.

Jede der angeführten Möglichkeiten kann Schuldgefühle erzeugen, die schließlich in der Form einer körperlichen oder geistigen Krankheit wiederauftauchen.

Negatives Denken

Gedanken sind die stärkste Kraft der Welt; das Universum und alles, was in ihm ist, wurde ja durch die Macht von Gottes Gedanken erschaffen. Jeder von uns ist eine Manifestation Seines Denkens. Selbst wenn die Wissenschaft recht hat mit der Annahme, daß sich der Mensch über Milliarden von Jahren aus einer einzigen Zelle entwickelt hat, muß diese Zelle durch das Denken der göttlichen Intelligenz, die dieses geordnete Universum kreiert hat, erschaffen worden sein. Auch der Plan für die Entwicklung des Menschen muß durch die Denktätigkeit eben dieser Intelligenz entstanden sein.

Alles, was wir als vom Menschen geschaffen ansehen, ist in Wirklichkeit von den Gedanken der Menschen erschaffen worden. Denken Sie zum Beispiel an einen Tisch, ein Gebäude, ein Auto oder ein Flugzeug; die Vorstellung, die Idee entstand zuerst im Kopf eines Menschen und wurde dann von einem anderen mit seinen Händen erschaffen, welche wiederum von dessen Gedanken gelenkt wurden.

Die Macht der Gedanken dürfen wir auch als Krankheitsursache nicht außer acht lassen. Die Überzeugung verbreitet sich immer mehr, daß unser Verstand unseren Körper in jeder Hinsicht kontrolliert. In alten Hindu-Schriften, den *Upanishaden*, steht: »Was ein Mensch denkt, wird er.« In anderen großen Religionen und spirituellen Lehren findet man ähnliche Aussagen. Diese Tatsache ist nirgends offensichtlicher als bei Gesundheit und Krankheit – das, womit sich unser Verstand beschäftigt, wird im Körper manifestiert. Der Einsatz von Biofeedback-Geräten stellt inzwischen den wissenschaftlichen Beweis dafür dar, in welchem Ausmaß der Verstand den Körper kontrolliert. Wenn ein Mensch an ein solches Gerät angeschlossen wird, kann er selbst sehen, daß er mit dem Verstand sein autonomes Nervensystem, seine Bluttemperatur in verschiedenen Teilen seines Körpers und andere bis dahin als unwillkürlich angesehene Prozesse kontrollieren kann.

Eine einfache, aber sehr wirksame Übung, die Sie zuhause mit einem Freund durchführen können, zeigt sehr deutlich die sofort eintretende körperliche Wirkung einer Veränderung im Denken:

> Bitten Sie Ihren Freund, aufzustehen und einen Arm seitwärts auszustrecken, parallel zum Boden und mit nach unten zeigendem Daumen. Nun soll er Ihnen Widerstand leisten, wenn Sie seine Hand fest nach unten zu drücken versuchen. Das ist kein Krafttest, aber Sie sollten genug nach unten drücken, um Ihnen beiden zu demonstrieren, daß er der Kraft nur ein Stück weit widerstehen kann.
> Nun bitten Sie ihn, seine Augen zu schließen und an etwas sehr Trauriges zu denken. Wenn ihm nicht gleich etwas einfällt, schlagen Sie vor, er solle sich vorstellen, jemand, den er sehr liebt, sei bei einem Unfall tödlich verunglückt. Er soll »o.k.« sagen, wenn er das Gefühl von Trauer wirklich empfindet.
> Nun soll er seinen Arm in der gleichen Stellung wie vorher ausstrecken und Ihnen widerstehen, wenn Sie wieder versuchen, seine Hand herunterzudrücken. Sie werden beide merken, daß er es nicht kann, oder daß er jedenfalls nur einen sehr geringen Widerstand entgegensetzen kann. Um ihm nun zu erlauben, seine Stärke wiederzufinden, soll er an etwas denken, das ihn sehr glücklich macht, und Ihnen wiederum mit »o.k.« anzeigen, wenn er dieses Gefühl intensiv empfindet. Nun bitten Sie ihn wieder, seinen Arm auszustrecken, während Sie noch einmal versuchen, die Hand gegen seinen Willen hinunterzudrücken; Sie werden sehen, daß er dem Druck nun mit Leichtigkeit widerstehen kann.

Im ersten Teil des Versuchs waren negative Gefühle mit negativen Gedanken verbunden, und diese Kombination schafft verheerende Kräfte, die uns für Krankheit und Disharmonie anfällig machen. Entsprechend haben Sie im zweiten Teil positive Gedanken mit positiven Gefühlen verbunden, was ebenso kraftvoll ist, jedoch auf heilende und konstruktive Weise. Man kann oft feststellen, daß eine solche Verbindung von negativen Gefühlen und Gedanken bei der Verursachung von Krankheiten eine Rolle spielt und es für den Hilfesuchenden nicht leicht ist, sie zu überwinden.

Zum Beispiel kann jemand einen starken Groll gegen einen Elternteil hegen, der ihn in seiner Kindheit grausam behandelt oder zurückgewiesen hat. Gleichzeitig grübelt der Betreffende oft über die Gründe seines Leidens und durchlebt sie immer wieder, so daß er das negative Gefühl von Groll dadurch ständig verstärkt.

Es gibt einige Situationen, in denen ein negatives Gefühl die körperliche Kraft momentan *verstärkt,* beispielsweise wenn eine Mutter sieht, wie ihr Kind unter einem Auto eingeklemmt ist und ohne nachzudenken hinrennt und das Auto von ihrem Kind weghebt, selbst wenn sie dadurch ihrer Wirbelsäule schweren Schaden zufügt. Das ist jedoch eine nur vorübergehende körperliche Veränderung, und ihre Muskelstärke ist nach Beendigung der Gefahrensituation wieder die gleiche wie vorher oder schwächer. Es ist das ständige Vorhandensein oder Wiederauftreten des negativen Gefühls oder Gedankens, das uns anfällig für Krankheit macht.

Es gibt noch einen anderen Aspekt der Gedankenkraft, und zwar die Auswirkungen der auf einen anderen gerichteten negativen Gedanken auf denjenigen, der sie aussendet. Ein indianischer Medizinmann namens Verrückter Bär, der in Doug Boyds Buch *Rolling Thunder*[4] zitiert wird, drückt das sehr bildlich folgendermaßen aus:

> Das Prinzip von Ursache und Wirkung gilt überall, und es muß immer jemand die Auswirkungen der Machenschaften anderer tragen. Wenn jemand einen destruktiven Gedanken oder Wunsch hegt, muß jemand anderer darunter leiden. Wenn dieser sich verweigert, fällt er auf den Urheber zurück. Natürlich bekommt im Endeffekt jeder das, was er verdient, jeder muß für sein eigenes Verschulden bezahlen. Aber, wie es eben auch mit Geld ist, geht es zuerst einmal herum und erfaßt viele Leute, und es kann ganz schön verwirrend werden. Der Zweck der guten Medizin ist es, alles einfacher zu machen.

Wir dürfen ebenfalls nicht übersehen, daß negative Gedanken und Gefühle ansteckend sein und all jene ungünstig beeinflussen können, mit denen der negativ denkende oder fühlende Mensch in Berührung kommt. Wir haben alle schon erlebt, wie schnell eine fröhliche Stimmung oder positive Einstellung sich verändern kann, wenn jemand auftaucht, der depressiv ist oder negative Gedanken aussendet. Das *muß* uns nicht beeinflussen, wenn wir daran denken, uns zu schützen (siehe Kapitel 8), aber das können wir leicht einmal vergessen, und dann müssen wir die Folgen tragen.

Selbsterzeugte Krankheiten

Es gibt eine Anzahl von Fällen, bei denen Krankheit bewußt oder unbewußt vom Kranken absichtlich erzeugt worden ist, vielleicht um eine Veränderung in seinem Leben, gegen die er sich sehr sperrt, zu vermeiden oder aufzuschieben – zum Beispiel einen vom Arbeitgeber verlangten Wechsel des Arbeitsplatzes. In diesem Fall kann der Arbeitnehmer eine Krankheit bekommen, die den Wechsel unmöglich macht. Ich erinnere mich an den Fall einer Frau, die sehr krank wurde, nachdem ihr Ehemann einen besseren Arbeitsplatz in einer anderen Gegend bekommen hatte. Sie wollte ihre alte Umgebung nicht verlassen und mochte die neue nicht, und so behauptete sie, das Klima am neuen Wohnort mache sie krank. Sie schickte sich an, verschiedene Symptome zu entwickeln, um es ihrem Mann zu beweisen. Schließlich mußte er um Versetzung an seinen alten Arbeitsplatz bitten, um sie zu besänftigen. Und tatsächlich verschwanden alle Symptome, als sie wieder zum vorherigen Wohnort zurückkehrten.

Krankheit kann auch eintreten, um sich aus einer unerfreulichen Situation zu befreien. Migräne kann beispielsweise dabei helfen, den Anforderungen einer anspruchsvollen Familie zu entgehen; ein Schlaganfall kann jemanden der Verpflichtung entheben, für einen tyrannischen Arbeitgeber zu arbeiten.

Eine Krankheitsursache kann auch darin bestehen, daß der betreffende Mensch mit dem Gefühl, nichts wert zu sein, aufgewachsen ist. Er hat das Gefühl, Erfolg, Besitz oder Glück nicht zu verdienen. Sein in der Kindheit entstandenes Selbstbild ist so schwach, daß er sich mit diesen Segnungen einfach nicht wohl fühlt. Wenn sie also eintreten und das Leben es gut mit ihm meint, schafft er sich eine Krankheit, damit er sich schlecht fühlen kann. So beweist er sich selbst, daß er recht damit hat, ein gutes Leben nicht verdient zu haben, und ist trotz der Krankheit zufrieden.

Dann gibt es da noch den Mann (oder die Frau), dessen Konditionierung ihn veranlaßt, immer hart zu arbeiten, um seine Existenz auf der Welt zu rechtfertigen. So wird er dazu getrieben, immer zu viel zu tun, und bekommt einen Herzinfarkt. Nun kann er guten Gewissens das Leben leichtnehmen oder aber die Erde verlassen und damit das ganze Problem aus der Welt schaffen.

Konflikt mit unserem Lebensplan

Jeder Student der Wissenschaften, sei es nun Anatomie, Biologie, Astronomie oder Mathematik, ist sich bewußt, daß es im Universum eine offensichtliche Ordnung gibt. Eine unbegrenzte Intelligenz hat alle Lebewesen auf der Erde erschaffen und steht ihnen immer noch wohlwollend gegenüber, bis hin zum Lebensplan jedes einzelnen Menschen. Obwohl wir den freien Willen besitzen zu tun, was wir möchten, gibt es einen Entwurf für unser Leben, den wir uns ausgewählt haben, um das Wachstum unserer Seele zu fördern und uns die Lektionen beizubringen, die wir zur Weiterentwicklung brauchen.

Wir haben alle ein Höheres Selbst – den göttlichen Funken – in unserem Inneren, das weiß, welche Umgebung und welche Lebensumstände uns am besten dazu befähigen, das für dieses Leben notwendige Wissen und die entsprechende Erfahrung zu erwerben. Nicht immer sind die Umstände nach unserem Geschmack und scheinen sogar manchmal hinderlich zu sein. Vielleicht sehen sie für uns eine Krankheit vor, an der wir eine bestimmte Lektion zu lernen haben. Ob sie jedoch günstig oder hinderlich sind – es entsteht immer dann ein innerer Konflikt, wenn wir von dem Pfad abkommen, den unser Höheres Selbst für uns vorgesehen hat, entweder durch unsere eigenen weltlichen Wünsche oder durch den Einfluß anderer. Dieser Konflikt kann die Wurzel von Krankheit und Unglück sein. Zwei erwiesene Fälle dieser Art von Krankheitserzeugung werden in Kapitel 5 erwähnt.

Ein sehr häufiger Konflikt mit dem Lebensplan ist die Leugnung des Bedürfnisses nach einem göttlichen Schöpfer beziehungsweise der Quelle unseres Lebens und Seins. Auch wenn wir uns dessen nicht bewußt sind, haben wir das innere Verlangen oder die Sehnsucht, uns unseres Eins-Seins mit dem, was uns geschaffen hat, voll bewußt zu sein. Je mehr dieser Impuls unterdrückt oder geleugnet wird, umso mächtiger wird er und stellt eine grundlegende Ursache für viele Krankheiten und nicht eintretende Heilungen dar. C. G.Jung sagte einmal:

> Bei all meinen Patienten in der zweiten Lebenshälfte – also in einem Alter über fünfunddreißig Jahre – gibt es nicht einen, dessen Problem nicht letzten Endes damit zusammenhängt, seinem Leben einen religiösen Inhalt zu geben. [5]

Es ist noch eine andere Tatsache zu berücksichtigen, die auch mit unserem Lebensplan zu tun hat: daß alles eins ist und aus Liebe geschaffen wurde. Alles, was wir bewußt um uns herum wahrnehmen, in aller unbegrenzten Formenvielfalt, ist eine Manifestation dieser Liebe. Getrenntsein ist unmöglich, und viele Handlungen, die gegen uns selbst oder andere gerichtet sind, haben Auswirkungen auf das Ganze. Auch das führt zu Konflikten und schafft Krankheiten.

Diese Ursachen sind weniger leicht zu erkennen als negative Gefühle und Streß, sollten aber auf der Suche nach Krankheitsursachen nicht übersehen werden.

Karma

In einigen Fällen können Krankheit oder Schmerzen das direkte Ergebnis davon sein, daß der Betreffende früher in seinem Leben jemand anderem Schmerz und Leid zugefügt hat, auch wenn er sich dieses Zusammenhangs gar nicht bewußt ist. Nicht nur in der Bibel steht: »Jeder wird ernten, was er gesät hat« (Galater 6, 7), sondern auch in den Lehren aller anderen Weltreligionen ist dieses grundlegende spirituelle Gesetz zu finden. Jesus drückte es auch auf etwas andere Weise aus, als er sagte: »Behandelt die Menschen so, wie ihr selbst von ihnen behandelt werden wollt – das ist alles, was das Gesetz und die Propheten fordern.« (Matthäus 7, 12)

Was ist jedoch mit den Fällen, in denen es so scheint, als habe der Hilfesuchende niemand anderem Schmerz oder Leid zugefügt? Was ist mit Kindern, die noch gar keine Gelegenheit dazu hatten? Vielleicht kamen sie bereits mit einer schweren körperlichen Behinderung zur Welt. Haben das Prinzip oder die Erklärungen des Karma irgend etwas damit zu tun? Ja, denn die oben erwähnten Lehren sagen an keiner Stelle, daß die Ernte unbedingt während des gleichen Lebens stattfindet, in dem mit der Saat begonnen wurde. In diesen Fällen müssen wir also die Möglichkeit von Reinkarnation untersuchen. Darunter versteht man die Überzeugung, daß wir über Tausende oder Hunderttausende von Jahren hinweg viele verschiedene Leben auf dieser Erde verbracht haben, die uns jedesmal Möglichkeiten zum Wachsen und Lernen boten.

Mehr als die Hälfte der Menschheit ist von dieser Vorstellung überzeugt; sogar die frühchristliche Kirche glaubte bis zum sechsten Jahrhundert daran. Einige Kirchenführer dieser Zeit, die positiv über den Glauben an Reinkarnation sprachen, waren Origenes, Nemosias und Hilarius. Der zeitgenössische Historiker Justin der Märtyrer schrieb ebenfalls darüber. Diese Doktrin wurde jedoch unglücklicherweise im Jahr 553 n.Chr. vom Zweiten Konzil von Konstantinopel als Ketzerei gebrandmarkt, da sie die Autorität der Kirche zu unterminieren drohte. Sie stand außerdem im Gegensatz zur Idee der Buße, die in der christlichen Lehre dieser Zeit eine zentrale Rolle spielte; es war zu leicht für die Menschen, die Entscheidung zur Buße zu verschieben, wenn es immer ein anderes Leben gab, in dem man sich darum kümmern konnte – also »mañana« auf die Spitze getrieben!

Es ist jedoch nicht der Zweck dieses Buches, den Leser von

Wahrheit oder Unwahrheit der Reinkarnationslehre zu überzeugen; es gibt eine Anzahl guter Bücher über dieses Thema, in denen diese Theorie durch Beispiele untermauert wird (siehe Bibliographie). Sie wurde hier nur angeführt, um eine weitere mögliche Erklärung für Krankheit und Behinderung zu bieten. Liegt die Ursache einer Krankheit in einem früheren Leben, so muß die Lektion nun durch die Erfahrung dessen, was der Leidende einem anderen Menschen damals zufügte, am eigenen Leibe gelernt werden. Das ist keine Bestrafung – es ist ein spirituelles Gesetz, das in esoterischen Kreisen als das Gesetz des Karma bekannt ist. Es ist dasselbe spirituelle Gesetz wie die Lehre der Christen, daß man erntet, was man gesät hat, außer daß durch Karma die Ernte manchmal auf mehr als ein Leben verteilt wird.

Die wissenschaftliche Lehre der Genetik bietet eine körperliche Erklärung für die Vererbung einer Krankheit oder einer Behinderung oder einer Tendenz zu einem von beiden. Anhänger der Reinkarnationslehre erklären, daß wir uns mit unbewußten Erinnerungen und Mustern aus vergangenen Leben inkarnieren und uns Eltern und Geburtsumstände aussuchen, so daß wir die Erfahrungen machen können, die wir für das Wachstum unserer Seele brauchen. In manchen Fällen kann eine Krankheit oder körperliche Behinderung für diese Lektion nötig sein.

Das Ausgehen von einer rein wissenschaftlichen Erklärung bewirkt, daß ein Mensch, der eine Krankheit oder Behinderung »erbt«, sein Schicksal, sein Pech oder Gott dafür verantwortlich macht. Der Glaube an die Reinkarnationslehre unterstützt den Menschen darin, Verantwortung für seine Situation zu übernehmen. Das braucht nicht mit einem Gefühl der Schuld zu geschehen, sondern eher mit der Entschlossenheit, die Lektion – worin sie auch immer bestehen möge – zu lernen, so daß er über die Notwendigkeit einer Krankheit oder Behinderung hinauswachsen kann.

Eine wichtige Aussage der Lehre vom Karma, die wir uns alle merken sollten, besteht darin, daß wir nicht das Karma einer anderen Person mitzutragen brauchen. Manche Menschen werden von Ängsten, Sorgen und wirklichem

Schmerz erfüllt, wenn sie von der Krankheit oder dem Unglück eines anderen hören und denken: »Das ist ja schrecklich«, selbst wenn sie den Betreffenden nicht kennen. Ein geistiger Lehrer übermittelte mir hierzu durch ein Medium eine Warnung:

> Es ist weder schlecht noch gut, es *ist* einfach. Laß es vorbeigehen, halte es nicht durch Gefühle auf. Es ist genauso ein Urteil, zu sagen »ist das nicht schrecklich«, wenn man sieht, wie jemand auf der Straße erschossen wird, wie zu sagen »dieser Mann ist ein Dummkopf«. Die Ermahnung »Du sollst nicht urteilen« umfaßt alle Arten von Urteil, die es gibt. An der Wurzel der Probleme auf der Erde liegt nicht die Angst, sondern das Fällen von Urteilen; ohne sie gäbe es keine Angst.

Das bedeutet nicht, daß wir kein Mitgefühl mit unseren Brüdern und Schwestern haben oder Hilfe leisten sollen, wo immer es möglich ist; wir sollen nur nicht das Ertragen einer Lektion, die für einen anderen bestimmt ist, auf uns nehmen.

Die Ursache von Krankheiten, Schmerzen oder einer Behinderung, deren Ursprung in einem früheren Leben liegt, muß jedoch nicht immer etwas damit zu tun haben, daß eine Lektion gelernt oder ein Gleichgewicht wiederhergestellt werden muß. Sie kann auch mit der unbewußten Erinnerung an ein Problem oder traumatisches Erlebnis aus jenem Leben zusammenhängen, die noch nicht losgelassen wurde. Hungertod, Kriegsverletzungen oder Folter oder ein in extremer Armut oder einem behinderten Körper verbrachtes Leben können zum Beispiel eine solche Erinnerung hinterlassen.

Bei der Untersuchung der vielen Fälle, in denen ich mit einem Menschen eine Rückführung in vergangene Leben durchgeführt habe, um die Ursache eines Problems in seinem jetzigen Leben zu entdecken, fand ich heraus, daß sie sich in drei Hauptkategorien einteilen lassen:

1. Die offensichtlich karmischen Fälle: Der Betreffende tötete oder verletzte jemand in einem früheren Leben und leidet

nun in diesem Leben auf eine Art, die damit in direktem Zusammenhang steht und dazu dient, das frühere Fehlverhalten zu verdeutlichen. Ein Beispiel wäre der Fall einer Frau, die ihren Mann in einem früheren Leben tötete und in diesem zwei Ehemänner durch frühzeitigen Tod verloren hat.
2. Die Fälle, bei denen das Problem in diesem Leben anscheinend aus einer unbewußten Erinnerung an frühere Leben stammt: Beispielsweise lebte eine Frau in zwei früheren Leben immer allein und hat nun das zwingende Bedürfnis, immer mit jemandem zusammen zu sein. Ein anderer Mensch fühlte sich in drei vorhergehenden Leben den Ereignissen gegenüber hilflos und hat das Gefühl der Hilflosigkeit auch jetzt noch. Ein anderer hatte eine große Abneigung gegen Menschen in drei früheren Leben und empfindet dieses Gefühl auch in diesem Leben.
3. Die Fälle, bei denen Beziehungsprobleme mit Eltern, Kindern, Ehepartnern oder Geliebten in früheren Leben nicht gelöst wurden: Im jetzigen Leben finden sie sich in manchmal ähnlichen, manchmal auch unterschiedlichen Beziehungen mit derselben oder denselben Personen wieder, und das Problem ist immer noch ungelöst. Vielleicht haben sie sogar unbewußt eine tödliche Krankheit gewählt, um die Lösung zu vermeiden. Die Mehrzahl der Fälle aus meiner Praxis gehörten in diese Kategorie.

In den Kapiteln 4 und 5 finden Sie Informationen darüber, wie Sie mit vergangenen Leben in Kontakt kommen und wie Sie mit dem Entdeckten umgehen können.

In diesem Zusammenhang ist es noch interessant, daß sich die Lebenserfahrungen eines Menschen in zwei Hauptkategorien aufteilen lassen, wobei die Intensität der Erlebnisse sehr unterschiedlich sein kann.

a) Manche Menschen haben anscheinend ein schweres Kreuz zu tragen: Es kann sich um ein zurückgebliebenes oder schwerbehindertes Kind, den Tod eines oder mehrerer Kinder, den Verlust eines sehr geliebten Ehepartners durch Tod oder Trennung, eigene schwere Krankheit, Schmerzen oder Behinderung oder ständige Armut oder Entzug materieller Güter handeln.

b) Andere haben einen gesunden Körper, glückliche Ehen, gesunde und intelligente Kinder, und für ihre sämtlichen materiellen Bedürfnisse ist gesorgt, wenn sie sich nur einigermaßen darum bemühen.

Es gibt ebenfalls zwei Arten, wie mit jeder dieser Kategorien von Erfahrungen umgegangen wird. Von denen, die ein schweres Kreuz zu tragen haben, akzeptieren manche es geduldig und klaglos. Sie tun ihr Bestes, es auf unspektakuläre Weise zu überwinden und trotz ihrer Schwierigkeiten und Leiden ein produktives und hilfreiches Leben zu führen. Andere beschweren sich bitterlich, sind eine unnötige Last für ihre Freunde und Verwandten, machen keine Anstrengungen, anderen in dem Maße zu helfen, zu dem sie fähig sind, und üben allgemein einen schlechten und depressiven Einfluß auf ihre Umgebung aus.

Bei denen, die anscheinend alle Segnungen des Lebens genießen, sind manche zutiefst dankbar für ihr Glück und bemühen sich, es mit den weniger Bevorzugten zu teilen. Da sie selbst einen gesunden Körper haben, helfen sie den Kranken und Behinderten; sie teilen ihr glückliches Familienleben mit denen, die einsam sind oder kein solches Umfeld besitzen, und sie teilen ihre materiellen Besitztümer mit den Besitzlosen. Andere wiederum nutzen ihre Situation aus, um sich gehenzulassen, ein durch und durch selbstsüchtiges und selbstbezogenes Leben zu führen und damit ihre Privilegien zu mißbrauchen.

Wenn wir an Reinkarnation glauben, ist es leicht zu verstehen, warum manche Menschen eine schwere Bürde zu tragen haben und andere so gesegnet scheinen. Sicherlich hängt es damit zusammen, wie sie in ihren vergangenen Leben mit ihren Lebensumständen umgegangen sind. Lassen Sie uns das hypothetische Beispiel einer Seele in drei verschiedenen Leben betrachten. Im ersten dieser Leben war der Betreffende grausam zu anderen und schuf damit eine karmische Schuld oder spätere Lektion. Als Ergebnis davon erfuhr er in einem späteren Leben selbst viel Leid. Ertrug er sein schweres Kreuz mit Fröhlichkeit und Charakterstärke, hat er vielleicht mit Erfolg seine Lektion gelernt und sein Karma abgetragen. In einem späteren Leben wird er dann die Harmonie und das Wohlbefinden erfahren, die unser Schöpfer für alle Seine Kinder vorgesehen hat.

Hat diese Seele andererseits ein Leben voller Mitgefühl und Freundlichkeit anderen gegenüber geführt, wird sie wahrscheinlich in späteren Leben reichlich dafür beschenkt werden. Wenn sie dieses Leben jedoch auf hauptsächlich selbstsüchtige Weise verbracht und die Segnungen nur zu ihrem eigenen Vergnügen benutzt hat, müssen ihr in einem anderen Leben einige oder alle dieser Vorteile entzogen werden. Auf diese Art wird sie lernen, dankbar dafür zu sein und mit ihren Brüdern und Schwestern in der einen Familie Gottes zu teilen.

Viele Richtungen der Psychologie gehen von drei wichtigen, äußerst starken, instinktgesteuerten Trieben oder Kräften des Menschen aus:

1. Der Sexualtrieb: Nach Sigmund Freud wird er zur Ursache aller Neurosen und Psychosen, wenn er unterdrückt oder umgeleitet wird; durch seine Auslegung fand Freud Symbole zur Bestätigung seiner Theorie in den Träumen *jedes* Menschen.
2. Der Machttrieb mit dem Wunsch nach Kontrolle über andere und sein Umfeld. Alfred Adler sah das als Ursache aller geistigen Krankheit und allen Übels in der Welt an.
3. Der Überlebenstrieb: Menschen werden von diesem grundlegenden Instinkt dazu getrieben, sich heldenhaft zu verhalten und beachtliche Durchhaltekraft und Stärke zu zeigen, aber auch dazu, bis in die tiefsten Niederungen des Lebens hinabzusteigen. Daher rührt der Machttrieb, da wir glauben, je mehr Macht wir haben, desto eher würden wir überleben.

Während C. G. Jung und andere Psychologen dabei blieben, daß es noch viele andere wichtige Einflüsse im Leben eines

Menschen gibt, sind doch der Drang nach Sex, Macht und Überleben für die meisten bestimmend. Eigentlich haben alle drei Triebe ihre Wurzeln im *Machttrieb*, der daher als der grundlegendste Trieb angesehen werden kann.

Im Zusammenhang damit habe ich die Beobachtung gemacht, daß die beiden am meisten verbreiteten negativen Arten von Karma oder zu lernenden Lektionen, die Menschen aus ihren vergangenen Leben mitgebracht haben, wohl folgende sind:

a) Wie sie den Sexualtrieb in ausgewogener und vernünftiger Art ausleben können, ohne anderen oder sich selbst zu schaden und ihn dennoch nicht künstlich zu unterdrücken, und
b) Wie sie den angeborenen Wunsch nach Kontrolle dazu einsetzen können, sich selbst und nicht andere im Griff zu haben.

Es scheint ebenfalls zuzutreffen, daß diese beiden Punkte oft der Grund dafür sind, daß Menschen negatives Karma in ihrem jetzigen Leben anhäufen, das dann später in diesem oder in einem zukünftigen Leben korrigiert oder abgetragen werden muß. Geht man noch einen Schritt weiter, so zeigt die obige Analyse der grundlegenden Ursachen für Krankheiten oder Beschwerden der Menschen, die wegen Geistheilung zu mir kommen, daß diese beiden Kräfte sehr oft eine Rolle spielen, wobei der Kranke jedesmal entweder der Aggressor ist oder unter der Aggression zu leiden hat.

Besessenheit

Ein anderer möglicher Grund, der von einigen Psychologen, Therapeuten und Geistheilern eher in Betracht gezogen wird, ist der der Besessenheit oder Besetzung durch ein körperloses Wesen: eine Seele, die keinen Körper mehr hat, sich aber immer noch auf der irdischen Ebene befindet und in jemanden, der noch einen physischen Körper hat, hineingeht oder ihn besetzt, was zu Krankheit führen kann. Es handelt sich nicht notwendigerweise um ein dämonisches Wesen, das ausgetrieben werden muß, obwohl das manchmal auch geschieht.

Die am meisten verbreiteten Ursachen für nicht-dämonische Besessenheit oder Besetzung (sei sie versehentlich oder absichtlich) sind:

1. Ein Geistwesen tritt aus Liebe für einen anderen Menschen in dessen Körper ein.
2. Ein Geistwesen hat sich auf den Astralebenen verirrt und weiß nicht, wie es ins Licht gehen kann. Oft ist ihm nicht klar, daß es tot ist oder wo es sich befindet, und es findet einen gemütlichen Platz, indem es in den physischen Körper eines anderen hineingeht. Starke Gefühle wie Wut, Haß, Angst, Schuld oder auch Liebe zur Zeit des Todes können einem normalen Eingehen ins Licht im Wege stehen.
3. Das starke Verlangen eines Geistwesens nach einer bestimmten körperlichen Empfindung wie dem Genuß von Tabak, Alkohol, Drogen oder Sex, wovon es abhängig war, als es noch einen physischen Körper hatte. Durch das Hineingehen in den anderen Menschen kann es die gewünschte Empfindung ersatzweise mittels der sensorischen Ausstattung des anderen Körpers verspüren.

Die Öffnung, durch die eine Wesenheit in einen anderen Menschen eintritt, kann durch unterdrückte negative Gefühle, großen Streß oder Schock, Drogen, Alkohol, Verlust des Bewußtseins oder sogar im Schlaf – besonders wenn er von Alpträumen begleitet wird – entstanden sein. Auch das erinnert uns daran, daß wir uns mit Hilfe von weißem Licht und Gottesbewußtsein schützen müssen.

In Kapitel 4 wird besprochen, wie Sie diese Art von Ursachen erkennen können.

Eine Lektion, die man zu lernen hat

In manchen Fällen können wir eine subtilere Ursache für Krankheit finden. Auf einer inneren Ebene weiß unser Höheres Selbst, welche Lektionen wir für das Wachstum unserer Seele und unsere spirituelle Entwicklung lernen müssen. Daher ist es vorstellbar, daß wir in manchen Situationen unbewußt eine bestimmte Krankheit oder Verletzung auswählen, weil wir wissen, daß sie uns die Gelegenheit und die Bedingungen dafür bietet, diese Lektion zu lernen. Tief innen wissen wir alle, daß wir stehenbleiben und nicht weiterwachsen würden, wenn das Leben immer gleichförmig ohne Herausforderungen oder Schwierigkeiten verlaufen würde. Jeder von uns hat jedoch das innere Verlangen, sich weiterzuentwickeln, und früher oder später wird es sich durchsetzen und uns motivieren, einen Weg einzuschlagen, der uns weiterbringt. Es muß nicht notwendigerweise eine Krankheit oder Verletzung sein, es gibt auch andere, weniger schwierige Wege, aber die meisten von uns scheinen so etwas oder eine andere traumatische Krise zu wählen. Auf bewußter Ebene werden wir alle bestreiten, daß wir uns absichtlich Schmerzen, Leid und Unbequemlichkeiten aussuchen könnten, um eine Lektion zu lernen, aber wenn dann alles vorbei ist und wir ehrlich mit uns selbst sind, werden wir erkennen, daß wir aus dieser Erfahrung eine wichtige Lektion oder sogar mehrere gelernt haben.

Geisteskrankheit

Geisteskrankheit kann durch jeden der in diesem Kapitel besprochenen Faktoren entstanden sein, obwohl es auch noch andere Möglichkeiten gibt.

Eine interessante Theorie geht davon aus, daß Geisteskrankheit einschließlich Schizophrenie oft nur ein Anzeichen dafür ist, daß der Betroffene auf dem Weg ist, ein Medium zu werden oder andere sensitive Fähigkeiten zu entwickeln. Die Möglichkeit, daß es sich wirklich um die Entwicklung solcher besonderen Kräfte handeln könnte, wird ein Stück weit dadurch bestätigt, daß Hellseher sagen, die Aura eines Schizophrenen sei der eines sensitiv begabten Menschen sehr ähnlich. Außerdem wurde beobachtet, daß bei Schizophrenen die Fähigkeit zur außersinnlichen Wahrnehmung über dem Durchschnitt liegt. Die »Stimmen«, die sie hören, und die »Wesen«, die sie sehen, kommen vielleicht aus der geistigen Welt, sind ihnen aber unverständlich und daher auch für andere nicht erklärbar. In der westlichen Welt hält man solche Phänomene für Anzeichen einer Geisteskrankheit, und der Betreffende wird gewöhnlich mit Elektroschocks, Insulin oder Beruhigungsmitteln und anderen Medikamenten behandelt, die diese natürlichen Erscheinungen wirkungsvoll blockieren und das zerstören, was immer diese besonderen sensitiven Fähigkeiten möglich macht.

Andere glauben, daß viele Geisteskrankheiten dadurch entstehen, daß eine niedrige Wesenheit sich der Psyche des Betreffenden bemächtigt und buchstäblich die Kontrolle über seinen Körper und Geist übernimmt. Austreiben der geistigen Wesenheit und Übermittlung von Heilkraft durch Geistheilung scheint in diesen Fällen die geeignetste Methode zu sein.

Außerdem muß man auch die Möglichkeit mit in Betracht ziehen, daß Geisteskrankheit in einigen Fällen eine Art vorübergehend notwendiger natürlicher Heilung ist. Ein Mensch kann sich beispielsweise von der äußeren Welt zurückziehen, weil er sie zu schwierig findet. Diese selbst auferlegte Isolation verstärkt seine Angst, und seine Verwirrung steigt. Die orthodoxe Medizin verabreicht in solchen Fällen hochdosierte Mittel. Ein Psychiater, der viel Erfahrung mit psychotischen Menschen hatte, fand heraus, daß ein natürlicher Heilungsprozeß einsetzen kann, wenn gar keine Medikamente gegeben werden. Er arbeitete geduldig mit den Bildern, die aus den Tiefen der Psyche seiner Patienten kamen und bekam so die nötigen Anhaltspunkte dafür, ihnen bei der Lösung ihrer Schwierigkeiten zu helfen (siehe *Roots of Renewal in Myth and Madness* von John Weir Perry[6]).

In anderen Fällen kann es genügen, daß jemand in die Psychiatrie gebracht wird, wo er den Gefühlen und Ansprüchen des »normalen Lebens« entfliehen kann. Durch diese weniger stressige Situation ohne größere Anforderungen gibt er seinem Körper, seinen Gefühlen, seinem Verstand und seinem Geist die Möglichkeit, sich zu heilen.

Alle Heiler stimmen wohl darin überein, daß Geisteskrankheit langsamer oder in geringerem Maße auf Geistheilung anspricht als körperliche Krankheit. Das ist auch meine Erfahrung, obwohl es durchaus Heilungen von Geisteskrankheiten gegeben hat. Als ich eines Tages darüber nachdachte, bat ich um Führung und empfing die folgende Botschaft von meinen geistigen Führern:

Fälle von Geisteskrankheit sind schwer zu behandeln, da der Verstand den Körper erschafft und auch die Wirklichkeit, die die Seele erlebt. »Wie ein Mensch in seinem Herzen denkt, so ist er.« Einem Menschen kann es also erst dann besser gehen, wenn er bereit ist, sein Denken von dem wegzubringen, was ihn geisteskrank gemacht hat. Mit anderen Worten, das Werkzeug, das er für seine Heilung braucht, ist selbst funktionsunfähig oder reparaturbedürftig.

Zweifle aber nie daran, daß Geistheilung auch den Verstand erreichen kann, sowohl auf bewußter als auch auf unbewußter Ebene, und *du* kannst der Kanal dafür sein. Du mußt den Gedanken aussenden, daß sowohl dein Verstand als auch der deines Gegenübers vollkommen ist und ihr dadurch in der Lage seid, miteinander zu kommunizieren. Stelle dir einen offenen Stromkreis vor, wobei dein Ende mit der universalen Macht verbunden ist. Wenn die Kraft durch dich zum anderen fließt, wird sie seinem Verstand Nahrung, Licht, Energie und Gleichgewicht bringen und diesen Menschen mit dem göttlichen Verstand in Verbindung bringen, der bereits in ihm ist, aber unter einer Last von Negativität, vergangenen Erfahrungen und Gedanken, Hoffnungslosigkeit und Angst begraben liegt. Bringe ihm bei, daß er das alles loslassen muß, und daß darunter der andere Verstand liegt. Auch wenn er zu dir um Hilfe gekommen ist, glaubt er nur selten, daß seine Schwierigkeiten mit dem Verstand geheilt werden können, weil man ihn gelehrt hat, etwas anderes zu glauben. Du mußt in Verbindung kommen mit der Stärke, Weisheit und Harmonie, die du in seinem inneren Tempel finden wirst, wenn du danach suchst.

Hier in der geistigen Welt haben wir Spezialisten, die in solchen Fällen helfen können, wenn du sie darum *bittest*. Die Farbe, die sie benutzen, ist reines Weiß.

In manchen Fällen, in denen Menschen nach euren Standards als geisteskrank betrachtet werden, befinden sie sich eigentlich eher in Übereinstimmung mit dem Planeten, wissen aber nicht, wie sie das, was sie mit ihren inneren Sinnen sehen und hören, interpretieren oder in das tägliche Leben auf diesem Planeten integrieren sollen, und deshalb sind sie verwirrt. Frage sie dann, was in ihrem Verstand vor sich geht, und du wirst vielleicht in der Lage sein, ihnen bei der Deutung dieser Ereignisse und ihrer Umsetzung in ihrem täglichen Leben zu helfen.

Manchmal sind die Wünsche und Konflikte, die sie aus früheren Leben mitgebracht haben, so groß, daß sie sie als nicht mehr kontrollierbar empfinden; in gewissem Maß ist ihre Krankheit also karmisch, aber das heißt nicht, daß sie nicht geheilt werden kann. Die Heilkraft kann ihnen helfen zu erkennen, was sie bearbeiten, verändern oder transformieren müssen, und wenn sie dieser Führung folgen, wird ihr Verstand geheilt werden.

Natürlich gilt allgemein die gleiche Regel wie bei jeder körperlichen Krankheit oder Behinderung: Erlaube der Kraft einfach, in Übereinstimmung mit dem göttlichen Plan zu wirken, und komme ihr nicht mit deinen eigenen Ideen in die Quere. Hingabe und Liebe sind wie immer die Schlüsselworte, und zwar ohne vorgefaßte Ideen oder Erwartungen bezüglich des Moments oder des Ausmaßes von Ergebnissen. Das Gesamtbild des GANZEN in der Ewigkeit ist wichtig und wird zu gegebener Zeit auftauchen, und nicht die Wirkung, die ihr mit eurem an Raum und Zeit gebundenen Bewußtsein seht.

Phantomschmerz

Phantomschmerz tritt auf, wenn ein Teil des Körpers, etwa ein Arm oder ein Bein, amputiert wurde und der Betroffene weiterhin Schmerzen in dem Glied empfindet, das nicht mehr da ist. Das kann jahrelang, manchmal lebenslang der Fall sein.

Genau wie bei allen anderen Schmerzen und Krankheiten

wird das Problem wahrscheinlich nicht gelöst werden, solange die Ursache nicht aufgespürt und behoben wird. Im Fall von Phantomschmerz hat man herausgefunden, daß mit der Verletzung gewöhnlich irgendeine Art »unerledigter Angelegenheiten« auf verstandes-, gefühlsmäßiger oder spiritueller Ebene verbunden ist.

Wurde jemandem beispielsweise von einem Menschen entweder mit Absicht oder versehentlich eine Verletzung zugefügt, muß der Verletzte diesem vollständig vergeben und ihn mit bedingungsloser Liebe annehmen. Wenn andere Menschen bei dem Unfall oder der Katastrophe starben, bei der es zu der Verletzung kam, muß für ihre Seelen gebetet werden. Außerdem müssen sie gesegnet und mit Licht und Liebe umgeben werden. Manchmal ist ein aufrichtiger Gedenkgottesdienst unter Mitwirkung eines Pfarrers oder Priesters angebracht.

War die Amputation wegen Krebs oder einer anderen Krankheit notwendig, muß, wie in diesem Kapitel bereits beschrieben, die Suche nach der Ursache des Krebses oder der Krankheit begonnen und erfolgreich abgeschlossen werden, worauf in Kapitel 5 noch näher eingegangen wird.

Literatur zu Kapitel 3

1. Cayce, Edgar: Siehe Literatur zu Kapitel 2.
2. Adler, Gerhard: *Studies in Analytical Psychology*. New York: G.P. Putnams Sons 1966, S. 49–50.
3. Edinger, Edward F.: *Ego and Archetype*. New York: G.P. Putnams Sons 1972, S. 56–57.
4. Boyd, Doug: *Rolling Thunder*. Erfahrungen mit einem Schamanen der neuen Indianerbewegung. München: Droemer Knaur 1986, S. 262.
5. Diese Äußerung C.G. Jungs wurde wiederholt in vielen Publikationen zitiert, zum Beispiel in P.W. Martins Buch *Experiment in Depth*. London: Routledge and Kegan Paul 1955, S. 188. Wo und wann sie erstmals gemacht wurde, ist dem Autor nicht bekannt.
6. Perry, John Weir: *Roots of Renewal in Myth and Madness*. San Francisco: Josey-Bass Publishers 1976.

Kapitel 4

Die Suche nach den Ursachen

> Gott ist Liebe.
> Deshalb
> wurden wir durch Liebe erschaffen
> und werden durch Liebe erhalten.

Wie kann ein kranker Mensch die Ursachen für seine Erkrankung herausfinden? Geht er zu einem orthodoxen praktischen Arzt, ist es wahrscheinlich, daß sich die Suche auf physische Gründe wie Klima, Luft- und Wasserverschmutzung oder verseuchte Nahrung, Kontakt mit anderen Kranken, Bakterien oder Viren beschränkt, oder die Erkrankung wird als Erbkrankheit oder Zusammenbruch der normalen Funktion eines Körperteils diagnostiziert. Allgemein wird der Körper also als getrennt von Verstand, Gefühlen und Geist betrachtet.

Vermutet der Arzt, daß die Krankheit psychosomatisch ist, kann er seinem Patienten ein Placebo verschreiben. Ist er der Meinung, daß ein tiefergehendes Problem vorliegt, kann er ihn an einen Psychiater oder Psychologen überweisen, der Gefühle und Verstand dann in die Suche nach den Ursachen mit einbezieht. Gelegentlich kann dem Patienten auch der Gang zu einem Priester oder Pfarrer zur spirituellen Beratung empfohlen werden.

Manchmal beginnt ein Patient, der durch eine bevorstehende Operation in eine Krise geraten ist, dadurch von sich aus, sich mit den gefühlsmäßigen, geistigen und spirituellen Aspekten seines Lebens auseinanderzusetzen. Gelegentlich kann er auf diese Weise die tiefere Ursache selbst herausfinden, mit oder ohne Hilfe eines Beraters, Psychotherapeuten oder Geistheilers.

Leider geben sich auch viele Geistheiler damit zufrieden, nur die Symptome zu behandeln, und halten den Patienten für geheilt, wenn sie verschwinden. Nur zu oft tauchen die Symptome jedoch in der gleichen oder einer ähnlichen Form wieder auf, weil die zugrundeliegende Ursache immer noch vorhanden ist. Diese kann körperlicher, emotionaler, verstandesmäßiger oder geistiger Natur sein, und bevor sie nicht entdeckt und an ihrer Auflösung gearbeitet wird, stellt sich die erwünschte Heilung nicht ein oder ist nur vorübergehend.

Man kann diese Vorstellung dem Betreffenden gut vermitteln, wenn er die Idee akzeptieren kann, daß seine Schmerzen, Krankheiten und Gesundheitsschäden eine Botschaft seines Körpers sind, daß irgend etwas in seinem Leben geändert werden muß, um es mit den spirituellen Gesetzen in Einklang oder Harmonie zu bringen. Als sehr einfaches, aber aufschlußreiches Beispiel kann man anführen: »Wenn Sie die Hand auf einen heißen Ofen legen, werden Sie sehr schnell die Botschaft von Ihrem Körper bekommen, die Hand wegzunehmen, bevor sie teilweise oder ganz verbrannt ist.«

Wenn der Hilfesuchende bereit ist, diese Idee zu akzeptieren – und meine Erfahrung ist, daß fast alle, die die Hilfe eines Geistheilers suchen, dazu bereit sind –, wird er wahrscheinlich sehr motiviert sein, die Suche auf eigene Faust oder mit Hilfe des Heilers zu beginnen. Vielleicht kann er sogar einsehen, daß eine ernsthafte Krankheit wie Krebs eine positive Kraft mit guten statt eine negative mit bösen Absichten sein kann, wenn die ehrliche Anstrengung unternommen wird, der Ursache auf den Grund zu gehen und an ihrer Auflösung zu arbeiten, und so kommt es zu der Transformation, die dieser Mensch für das Wachstum seiner Seele braucht.

Eine der Schwierigkeiten (oder *Nebenwirkungen,* wie die Mediziner dazu sagen) bei schmerzstillenden Mitteln liegt darin, daß sie die Symptome verdecken oder verschleiern, die unser Körper als Warnsignal dafür aussendet, daß etwas in unserem Leben geändert werden muß. Das Ergebnis kann eine noch deutlichere Botschaft in Form eines bösartigeren oder schneller fortschreitenden Symptoms sein, das mit dem Mittel nicht mehr bekämpft werden kann. Wird die Warnung des Körpers weiterhin ignoriert, könnten die Symptome wieder von einem noch stärkeren Mittel unterdrückt werden. Schließlich gibt es einen Punkt, an dem die Mittel nicht mehr wirken, da der Körper stärker ist und darauf besteht, seine Botschaft zu übermitteln, selbst wenn dazu das Leben in diesem Körper beendet werden muß. Dasselbe trifft zu, wenn ein Heiler Schmerz »aus dem Körper zieht«, bevor die Ursache des Schmerzes entdeckt worden ist.

Ich habe herausgefunden, daß die Menschen, die Hilfe suchen, oft bereits *wissen,* was die Ursache ist, die Verbindung zum Körper sehen und selbst wissen wollen, was sie tun können, um sie aufzulösen. Ist ihnen der Grund nicht bewußt, gibt es eine Anzahl von Verfahren oder Hinweisen, mit denen die Ursache herausgefunden werden kann.

Der Zeitpunkt kann wichtig sein

Einer der ersten Hinweise, auf die man achten sollte, ist die Antwort des Patienten auf die Frage, ob kurz vor Ausbruch der Krankheit oder in den zwei Jahren davor in seinem Leben irgend etwas Neues, Ungewöhnliches oder Traumatisches passiert ist. Vielleicht gab es viel mehr Streß, oder jemand tat etwas, das tiefen Groll verursachte, oder der Betreffende verletzte jemanden und entwickelte dadurch Schuldgefühle, oder es gab irgendein anderes Ereignis, das – wie bereits besprochen – die Ursache darstellte.

Die betroffene Körperstelle spricht für sich selbst

Die Stelle im Körper, wo die Krankheit lokalisiert ist, kann wichtige Aufschlüsse über die Ursachen geben. Hier einige Beispiele:

- Eine Herzkrankheit kann von der Unfähigkeit herrühren, Liebe zu empfangen und/oder zu geben. Schilddrüsen- oder Halsprobleme können auf verdrängte künstlerische Fähigkeiten oder unterdrückte Kommunikation hinweisen.
- Ein Gehirntumor kann enthüllen, daß das Gehirn in einer Weise eingesetzt wurde, die dem Lebensplan des Betroffenen widerspricht.

- Sind die Hände durch Arthritis verkrüppelt, kann der Kranke sich überlegen, ob der Gebrauch seiner Hände im Einklang steht mit den spirituellen Gesetzen des Universums oder im Gegensatz dazu. Arthritis des Kiefers kann auf eine zu aggressive Natur hindeuten. Hör- und Sehschwächen können bedeuten, daß es etwas gibt, das dieser Mensch nicht hören oder sehen will, in körperlicher oder verstandesmäßiger Hinsicht.

Eine Frau berichtete, ihr Immunsystem sei sehr schwach, und sie sei für alle Bakterien und Viren sehr empfänglich; auch ihr Körper war durch viele Reizstoffe in ihrer Umgebung angegriffen, und sie litt unter Asthma und Allergien. Ich fragte sie, ob Menschen sie ebenfalls irritierten. »Oh ja«, sagte sie, »ich weiß genau, was Menschen tun oder wie sie sein sollten, und wenn sie dem nicht entsprechen, werde ich gereizt.« Noch beim Sprechen wurde ihr plötzlich die Verbindung klar, und sie wollte sich von nun an sehr bemühen, die volle Verantwortung für ihr eigenes Leben zu übernehmen und das Leben anderer nicht mehr zu beurteilen oder sich darin einzumischen, sondern andere Menschen ihre eigenen freien Entscheidungen treffen und sie ihren freien Willen behalten zu lassen. Es war für sie eine ziemliche Anstrengung, ein lebenslanges Muster zu verändern, aber sie bemühte sich sehr, und es ging ihr daraufhin gesundheitlich bedeutend besser. Leider zog sie um, bevor ich herausfinden konnte, wie die Geschichte ausging.

Wie im Fall von Sally kann die Verbindung auch noch subtiler sein und nur zufälligerweise während einer Heilsitzung zutage treten. Sie kam zu mir und klagte, sie habe seit über einem Jahr große Schmerzen in ihrem rechten Arm, und ihr Arzt habe bis jetzt nichts dagegen tun können. Bei ihrem ersten Besuch gestand sie mir, seit sechzehn Jahren mehr oder weniger ständig in Therapie gewesen zu sein, hauptsächlich wegen zu starker Aggressivität und mangelnder Sensibilität als Folge der Überbetonung ihrer männlichen Seite, aber nun fühle sie sich verwirrt und wisse nicht, welche Richtung sie im Leben einschlagen solle. Im Verlauf unserer Unterhaltung wurde deutlich, daß sie die männliche und weibliche Seite ihrer Persönlichkeit ins Gleichgewicht bringen mußte, da das Pendel nun zu stark auf die weibliche, passive, empfängliche Seite ausgeschlagen hatte.

Zwei Wochen später kam Sally wieder und berichtete, sie fühle sich viel ausgeglichener, habe ein besseres Gefühl für ihre Lebensrichtung und sei nun in der Lage, wichtige Entscheidungen zu treffen; sie hatte jedoch immer noch Schmerzen im Arm. Dieses Mal legte ich während der Heilsitzung meine Hände direkt auf ihren Arm, und sie begann augenblicklich zu weinen und zu schluchzen, ein Gefühlsausbruch, wie er vorher noch nicht aufgetreten war. Hinterher sagte sie mir, das Berühren ihres Arms habe starke Erinnerungen an ihren Vater ausgelöst, den sie sehr geliebt hatte. Sie war auf einer Farm aufgewachsen und hatte ihm oft bei der Farmarbeit geholfen. Sie sagte: »Ich habe mich immer als seine rechte Hand betrachtet.« Als sie das aussprach, wurde uns beiden die Bedeutung dieses Satzes in Verbindung mit den Schmerzen in ihrem rechten Arm und ihrer sehr stark ausgeprägten maskulinen Seite klar.

Sie erzählte mir dann, daß sie sich seit dem Tod ihres Vaters vor siebzehn Jahren nie erlaubt hatte, in irgendeiner Form um ihn zu trauern, da sie das als Widerspruch zu der männlichen Seite ihrer Persönlichkeit empfunden hätte, die damals dominant war. So hatte sie seinen Tod und die Tatsache, daß sie nicht mehr »seine rechte Hand« war, niemals wirklich akzeptiert; vor einem Jahr hatte sich dann der Kummer schließlich in ihrem eigenen rechten Arm manifestiert.

Wir waren beide davon überzeugt, den Schlüssel zur Heilung der Schmerzen in ihrem Arm gefunden zu haben, und durch das Verstehen der Verbindung zu ihrem Vater und das Ausdrücken ihres Kummers während der Heilsitzung hofften wir, daß der Schmerz nun rasch verschwinden würde. Als sie zweieinhalb Wochen später wiederkam, tat ihr der Arm jedoch immer noch weh, und so wurde deutlich, daß die Heilung weiterhin irgendwie blockiert war. Wir setzten die Suche fort und fanden heraus, daß sie eine Menge Groll gegenüber drei Personen empfand:

a) Ihrem Psychologen gegenüber, da sie fand, seine Rechnungen seien zu hoch gewesen, und weil er die Stadt verließ, bevor die Therapie beendet war.
b) Einem Arzt gegenüber, der sie in einer für sie nicht zufriedenstellenden Weise operiert hatte, und
c) ihrem früheren Ehemann gegenüber, dessen Verhalten trickreich und manipulativ war.

Diese Grollgefühle konnten ebenfalls mit den Schmerzen in ihrem Arm in Verbindung stehen. Sigmund Freud fand heraus, daß jemand, der ärgerlich ist, gerne einen anderen schlagen möchte, aber da das als unannehmbares Verhalten empfunden wird, hält er seinen Arm in irgendeiner Weise zurück, zum Beispiel durch Schmerz oder Lähmung.

Die Feindseligkeit gegenüber Sallys früherem Psychologen und dem Chirurgen wurde aufgelöst, indem sie ihnen während der Heilsitzung verzieh. Der Groll ihrem früheren Ehemann gegenüber brauchte etwas mehr Verständnis. Als ich sie daran erinnerte, daß sie mir erzählt hatte, sie hätten die normalen Geschlechterrollen in ihrer Ehe ins Gegenteil verkehrt, indem sie die männliche aggressive Rolle und er die passive und rezeptive übernahm, konnte sie einsehen, daß sein trickreiches Verhalten die einzige Art war, wie er sich unter den gegebenen Umständen benehmen konnte. Ich wies auch darauf hin, daß in der Vergangenheit Frauen immer mehr oder weniger trickreich und manipulativ sein mußten, da die Männer die Kontrolle über das Geld hatten und körperlich überlegen waren. Sie erkannte augenblicklich die Wahrheit dieser Bemerkung und verzieh ihrem Mann ebenfalls.

Diese Grollgefühle stellten offensichtlich den Rest der Blokkierung für die Heilung dar, denn innerhalb einer Woche war der Schmerz verschwunden, und Sally mußte zu keiner weiteren Heilsitzung kommen. Wir werden niemals herausfinden, ob der unausgedrückte Kummer oder der unterdrückte Ärger oder beides wirklich die Ursache der Schmerzen im Arm waren. Ich bin sicher, daß beides die Heilung blockierte und daß selbst dann, wenn der Ärger zuerst entdeckt und bearbeitet worden wäre, keine Heilung eingetreten wäre, bevor der Kummer nicht aufgedeckt und ausgedrückt wurde. Anscheinend lag der Kummer dichter unter der Oberfläche, da er sofort zutage kam, als ich ihren Arm berührte.

Dieses Beispiel zeigt nicht nur, wie die Lokalisierung von Schmerzen oder Krankheiten ein Hilfsmittel zum Aufspüren der Ursache darstellen kann, sondern auch, wie komplex die Ursache manchmal ist – selten ist nur ein einziger Faktor beteiligt. In einigen Fällen ist der Hilfesuchende überzeugt, den Grund seines Problems zu kennen, ist sich aber in Wirklichkeit nur eines Teils davon bewußt, und unter der Oberfläche liegt noch viel mehr verborgen.

Manchmal ist es schwierig herauszufinden, wo genau ein Kranker die Heilung blockiert. Nachdem eine Patientin mich einige Male aufgesucht und jedesmal viele Emotionen entdeckt und zugelassen hatte, die erwünschte Heilung aber immer noch nicht eingetreten war, brachte mich mein geistiger Führer auf eine interessante Methode. Die Kranke und ich hatten beide die Notwendigkeit gespürt, das Herzchakra (das Energiezentrum in der Mitte der Brust) zu öffnen, um mehr bedingungslose Liebe ein- und ausströmen zu lassen. Nach Abschluß des umfassenden Heilungsprozesses, wie ich ihn bereits beschrieben habe, lag sie noch mit geschlossenen Augen auf dem Rücken, und ich hielt meine rechte Hand einige Zentimeter über ihr Wurzel- oder erstes Chakra (das sich an der Basis der Wirbelsäule befindet) und bat sie, ihre eigene Energie an diesem Punkt in ihrem Körper zu spüren.

Nach zwei oder drei Minuten sagte ich ihr, meine andere Hand sei nun über ihrem Herzchakra. Ich bat sie, sich vorzustellen, wie die Energie von der Basis zum Herzen aufsteigt, und ich würde ihr dabei helfen, indem ich mir vorstellte, wie die Energie sich von meiner rechten zu meiner linken Hand bewegte. Nach weiteren zwei oder drei Minuten hielt ich meine Hand über ihr zweites Chakra und wiederholte den Prozeß, dann setzte ich ihn schrittweise für jedes Chakra fort, wobei ich die Energie immer zum Herzchakra lenkte.

Völlig unerwartet brach sie in Tränen aus, als ich meine Hand über ihr sechstes Chakra hielt (zwischen und etwas über den Augen) und sagte schließlich: »Ich fühle mich völlig schutzlos, wenn ich die Energie von diesem Punkt wegnehme«. Ich erklärte ihr, daß wir in unserem Verhältnis zu Gott schutzlos sein und Ihm alles hingeben müssen, wenn wir um geistige Heilung und Führung bitten. Das bedeutet nicht, anderen gegenüber ungeschützt zu sein, sondern nur gegenüber der Quelle unseres Seins. Als sie das verstanden hatte, bemühte sie sich, der Energie zu erlauben, vom sechsten zum vierten Chakra zu fließen, aber es war nicht einfach, und der Prozeß mußte wiederholt werden.

Danach sagte sie, sie habe nun verstanden, daß sie sich hinter ihrem Wissen über Psychologie und Esoterik versteckt und es als Verteidigungsmechanismus benutzt hatte, um sich ihrer eigenen inneren Bedürfnisse nicht bewußt werden zu müssen. Das Ergebnis war körperliche Krankheit.

Bringt die Krankheit irgendwelche Vorteile mit sich?

Ursachen können auch dadurch herausgefunden werden, daß man den Hilfesuchenden fragt, ob er sich schon überlegt habe, welche Vorteile er aus der Krankheit zieht. Zuerst wird er vermutlich sagen, gar keine, und über den Vorschlag sogar aufgebracht sein, aber wenn er sich selbst und dem Heiler gegenüber aufrichtig ist und es irgendeinen positiven Wert der Krankheit für ihn gibt, wird er vielleicht zugeben, daß er dadurch mehr Aufmerksamkeit bekommt oder eine unerwünschte Situation vermeidet oder etwas, das er tun sollte, dadurch aufschiebt.

Brugh Joy[1], ein äußerst fähiger Arzt und Heiler mit tiefem Verständnis für Psychologie und die Verbindung zwischen Verstand und Körper, sagte zu mir, nachdem er die obigen Aussagen gelesen hatte:

> Es gibt *fast* immer einen sekundären Gewinn aus der Krankheit. Das ist kein unwesentlicher, sondern ein wichtiger Punkt bei Erkrankungen.

Überprüfen verschiedener möglicher Ursachen

Eine andere Zugangsweise besteht in der systematischen Überprüfung der verschiedenen möglichen Ursachen, wie in Kapitel 3 aufgeführt. Der Heiler könnte beispielsweise fragen: »Hassen Sie jemanden, oder empfinden Sie Groll oder Feindseligkeit gegenüber einem anderen Menschen?« Ist die Antwort ein klares und ehrliches »Nein«, ist es sicherlich richtig, weiterzusuchen und andere negative Emotionen abzufragen. Ist die Antwort zögernd oder unsicher, finde ich es hilfreich, in diesem Zusammenhang nach bestimmten Beziehungen zu fragen.

Etwa »Was empfinden Sie für Ihren Vater?«; danach die gleiche Frage für Mutter, Bruder, Schwester, Ehefrau, frühere Frau, Kinder und so weiter. Das führt oft dazu, daß Wut oder Groll gegenüber einer dieser Personen zugegeben wird. Bringt die Suche nach negativen Gefühlen keinen Zugang zu den Ursachen, kann über Schuldgefühle, negatives Denken, übermäßigen Streß und Konflikte mit dem Lebensplan gesprochen werden. Das hört sich nach einem ziemlich langen Prozeß an, aber in der Praxis können in diesem Gespräch über negative Gefühle Antworten oder zufällige Bemerkungen direkt zu einer der tieferen Ursachen führen und so das Ganze abkürzen.

Gelegentlich verstärken sich beim Kranken während des Dialoges die Schmerzen, oder sie kehren plötzlich zurück, obwohl sie in einer vorhergehenden Heilsitzung beseitigt worden waren. Das weist wohl fast immer darauf hin, daß wir im Gespräch an dieser Stelle plötzlich auf eine Ursache oder zumindest einen Aspekt davon gestoßen sind. Das ist ein außerordentlich wichtiger Hinweis; daraufhin können die Situation oder Gegebenheiten weiter untersucht werden, von denen gerade gesprochen wurde.

Führt diese Methode nicht zu befriedigenden Ergebnissen, so kann der Heiler anbieten, mit Hilfe einer oder mehrerer der folgenden Methoden weiterzusuchen.

Der Kranke befragt sein Höheres Selbst

In meiner eigenen Praxis habe ich festgestellt, daß einer der besten Wege zum Herausfinden einer Krankheitsursache darin besteht, den Kranken zur Befragung seines Höheren Selbst (oder Gottes in seinem Inneren, wenn ihm dieser Ausdruck lieber ist) zu veranlassen, damit es ihm zeigt, was er über seinen eigenen Weg und seine Heilung wissen muß.

Während des einführenden Gesprächs erkläre ich, daß ich den Kontakt zu seinem Höheren Selbst herstellen werde, nachdem der Heilungsprozeß begonnen hat und er sich in einem wirklich entspannten und aufnahmebereiten Zustand befindet. Nachdem ich einige Zeitlang Liebesenergie durch »Handauflegen« gechannelt habe, erinnere ich den Kranken sanft daran (während meine Hände sich über seinem Herzchakra befinden), innerlich nach der Krankheitsursache zu fragen und für alles, was als Antwort kommen mag, offen zu sein. Sie kann in Form einer Vision, von Symbolen, gesprochenen Worten, inspirierenden Gedanken oder auf andere Art erfolgen. Sie kann sich auch später am Tag einstellen, in einem Traum in der folgenden Nacht oder irgendwann in den folgenden Tagen. Ich erkläre ihm, daß er mir nicht zu erzählen braucht, welche Art von Führung er empfängt, aber wenn er nach der Sitzung darüber sprechen will, kann er das gerne tun.

Das Wunderbare daran ist, daß die meisten eine Art von Führung bezüglich ihrer nächsten Schritte bekommen. Es ist dann natürlich ihre Sache, ob sie diesen Weisungen folgen oder nicht. Wenn ja, wird die gewünschte Heilung wahrscheinlich eintreten oder zumindest beginnen, wobei dann weitere Anweisungen oft in einer späteren Sitzung folgen. Häufig erhalten sie eine Antwort, die sie zu den Ursachen der Krankheit führt, statt nur ein Kurieren der Symptome zu bewirken; die Ursache zu entdecken, ist sehr wichtig, wenn man ein Wiederauftreten der Krankheit vermeiden will.

Da dieser Rat aus dem Inneren des betreffenden Menschen selbst kommt, kann dieser die volle Verantwortung für die Besserung seines Zustandes übernehmen und sich klar darüber werden, daß die Kraft in ihm selbst liegt und er nicht von einem anderen Menschen abhängig zu sein braucht. Das trägt viel mehr zu seinem eigenen Wachstum und zu seiner Entwicklung bei als die Annahme, daß er von jemand anderem Hilfe oder Rat braucht. Außerdem folgt er wahrscheinlich viel eher den Anweisungen seiner eigenen inneren Stimme als denen des Heilers oder eines anderen Menschen.

Entsprechend wird auch dem Heiler die Verantwortung abgenommen, die ja sowieso nicht seine ist, die er aber leicht übernehmen kann, sei es aus unbewußten egoistischen Motiven oder aus Machtgier oder einfach aus dem aufrichtigen Wunsch zu helfen.

Während ich den Kranken anweise, sein Höheres Selbst um Führung zu bitten, spreche ich ein stilles Gebet, daß der Heilige Geist durch sein Höheres Selbst zu ihm und auch gleichzeitig zu mir durch mein eigenes Höheres Selbst sprechen und mir mitteilen möge, ob es noch etwas gibt, was ich tun oder sagen könnte und das hilfreich und in Übereinstimmung mit dem Willen Gottes wäre. Recht oft erfahre ich innere Führung auf diese Art und teile es dem Kranken zu einem passenden Zeitpunkt mit.

Als Alternative kann der Heiler auch versuchen, sich auf das Höhere Selbst des Patienten einzustimmen und auf diese Art Informationen zu bekommen. Bei dieser Methode kann er im gleichen Rhythmus atmen wie der andere, um die Verbindung herzustellen.

Die Antworten, die man erhält, sind selten, eigentlich nahezu niemals dieselben. Das läßt sich an einigen Beispielen gut erläutern.

Alice litt seit über zwanzig Jahren an Depressionen; sie hatte viele Ärzte aufgesucht und verschiedene Therapieformen ausprobiert, einschließlich einer zweijährigen Analyse bei einem Psychiater, aber ohne Erfolg. Geistheilung half zeitweilig, manchmal sogar auf spektakuläre Weise, aber Angst und Unsicherheit kehrten bald wieder. Während weiterer Heilsitzungen machte ihr Höheres Selbst ihr klar, daß die tiefere Ursache mit ihrer Mutter zu tun hatte, die sehr viel Kontrolle über sie ausübte, ihrerseits aber auch voller Ängste und mangelndem Selbstwertgefühl war. Die Mutter schien entschlossen, Alice in einem Zustand der Abhängigkeit zu halten, indem sie ärgerlich auf sie war, ihr abwechselnd Liebe gab und wieder entzog, ihr Angst machte und sie für unfähig hielt. Alice wurde sich langsam darüber klar, daß die Neurose ihrer Mutter wiederum ihren Ursprung im ähnlichen Charakter von deren Mutter hatte. Diese Großmutter war noch am Leben und trug ihren Teil dazu bei, Alices Unsicherheit und Depression zu verstärken.

Andererseits wurde auch offensichtlich, daß Alice im Alter von vierzig Jahren gefühlsmäßig, wenn auch nicht materiell, völlig von ihrer Mutter und Großmutter abhängig war. Sie bat sie ständig um moralische Unterstützung trotz der Tatsache, daß sie von ihnen fast immer genau das Gegenteil bekam. Das verursachte bei Alice viele Rückfälle in schwere Depressionen und Ängste, gerade als sie begann, daraus aufzutauchen. Als sie die Verbindung erkannte, zog sie viele Kilometer weit weg, baute sich ein neues Leben auf und fragte nicht mehr nach Zustimmung für ihre Handlungen. Daraufhin besserte sich ihr Zustand deutlich.

In einem anderen Fall hatte eine stark übergewichtige Frau große Angstgefühle, weil sie als Folge von Emphysem und Asthma kaum Luft bekam; nach der Heilbehandlung stellte sie fest, daß sie viel freier atmen konnte und viel weniger Angst hatte. Die Weisung ihres Höheren Selbst lautete, sie müsse mindestens vierzig Pfund abnehmen. Ich hätte ihr das aus normaler Beobachtung und gesundem Menschenverstand heraus auch sagen können; hätte ich das jedoch getan, würde sie es wohl entweder übelgenommen haben, oder sie hätte mir zugestimmt, und weiter wäre nichts geschehen. Da der Rat aber aus ihrem eigenen Inneren kam, entschloß sie sich, wegen ihres Gewichts etwas zu unternehmen.

Einer jungen Frau mit sensitiven Fähigkeiten, die seit ihrem zwölften Lebensjahr, als sie ein Jahr lang mit rheumatischer Arthritis das Bett hüten mußte, Schmerzen hatte, wurde innere Führung zuteil, die zwar überraschend, aber ihrer Meinung nach auch sehr zutreffend war. Sie erfuhr, daß ihre Krankheit entstanden sei, um ihre Eltern zu zwingen, die Adoption eines kleinen Jungen im Säuglingsalter um ein Jahr zu verschieben und so ein anderes Kind zu bekommen, als sonst der Fall gewesen wäre. Der Altersunterschied zwischen der jungen Frau und dem Kleinen, der schließlich adoptiert wurde, war so groß, daß sie eher eine zweite Mutter als eine Schwester für ihn war. Er war jedoch eine alte Seele, die aus einem früheren Leben eine starke Verbindung zu ihr hatte. Als diese Erklärung einmal empfangen und angenommen war, verschwanden die arthritischen Schmerzen innerhalb weniger Tage.

Eine andere Frau, die schon seit langer Zeit gegen eine schwere Krankheit kämpfte, bekam als Antwort auf eine Frage an ihr Höheres Selbst eine Reihe äußerst interessanter innerer Bilder gezeigt. Bisher hatte sie jegliche Religion abgelehnt und war viele Jahre lang Atheistin gewesen. Bevor sie zu mir gekommen war, hatten andere sie schon darauf hingewiesen, daß sie in spiritueller Hinsicht aufwachen müsse. Das geschah langsam und mit beträchtlichem Widerstand. Nach einigen Heilsitzungen sah sie bei mehreren Besuchen hintereinander die folgenden Szenen, als ich sie anleitete, still um Führung zu bitten:

1. Sie sah Jesus. Sie wies das Bild zurück, und es wurde durch das eines Fisches ersetzt, dem frühen Symbol der Christen für Christus. Wir interpretierten das so, daß es in Ordnung war, Jesus als Mann zurückzuweisen, wenn sie das so wollte, aber sie mußte das Christusbewußtsein in sich selbst akzeptieren.
2. Sie sah eine weiße Taube mit einer roten Rose im Schnabel, was wir als Symbol für den Heiligen Geist ansahen.
3. Sie sah Buddha, wogegen sie ebenfalls Widerstände hatte, und danach viele andere religiöse Bilder oder Symbole.
4. Nichts Besonderes diesmal.
5. Sie hörte eine Stimme sagen: »Du mußt ganz eindrücklich erleben, daß ich, Jesus, es bin, der dich heilt.«

Ungefähr vier Wochen später rief sie an und sagte, sie fühle sich unter starkem Druck bezüglich ihres spirituellen Lebens und wünsche daher keine Fortsetzung der Heilsitzungen. Offensichtlich war sie noch nicht bereit, die Hinweise anzunehmen, die sie von ihrem eigenen inneren Wesen oder ihrem Höheren Selbst erhielt.

Eine andere Person wurde von ihrer inneren Stimme angeleitet, sich vorzustellen, wie ein Fels vom Eingang einer Höhle weggerollt werde und weißes Licht herausströme, und sie hörte die Worte: »Hab keine Angst, ich bin immer bei dir.« Während der nächsten Heilsitzung schlug ich vor, sie solle das Bild der offenen Höhle wieder vor ihrem geistigen Auge auftauchen lassen und darum bitten, daß herauskommen solle, was immer sich in der Höhle befinde. Sie brauchte einigen Mut dazu, aber als sie es tat, sah sie einen riesigen Engel heraustreten, gefolgt von einer normal großen menschlichen Figur – beide waren von Licht erfüllt. Ich schlug vor, sie solle die Höhle betreten und den menschengroßen Führer bitten, sie zu begleiten. Nach einigem Zögern tat sie das und erkannte, daß die Höhle nur von weißem, wolkenartigen Nebel erfüllt war. Diese Erfahrung stellte den Kontakt mit drei geistigen Führern her, die ihr seither immer geholfen haben. Außerdem wurde sie dadurch befähigt, einige nachfolgende und nicht immer angenehme Situationen durchzustehen, indem sie sich ohne Angst hineinbegab.

Ein Mann kam wegen starker Depressionen und dem Verlust spirituellen Glaubens zu mir und sah innere Bilder vom Gleichnis des Verlorenen Sohnes und von vielen geistigen Wesen, die ihn willkommen hießen. Auf diese Weise erfuhr er eine tiefe spirituelle Erneuerung, und seine Depressionen verschwanden. Hier folgen noch einige Beispiele dafür, wie unterschiedlich die empfangenen Botschaften sein können:

- Gib nicht vor, in Bereichen stark zu sein, wo du eigentlich Schwächen hast; laß dir von anderen helfen.
- Sei nicht so hart mit dir selbst.
- Laß die Tränen fließen.
- Spiele Klavier, auch wenn niemand dir zuhört.
- Geh durch die dritte Tür (begleitet von der Vision dreier Türen, zwei geöffnet und die dritte geschlossen).
- Achte auf deine Ernährung (eine häufige Botschaft).
- Löse den Konflikt mit deiner Mutter.

- Meditiere.
- Bedanke dich für alle empfangenen Segnungen.
- Vertraue und laß los.
- Löse die Bindung an beide Elternteile (an einen Zweiunddreißigjährigen).
- Du bist attraktiv und intelligent. Es ist nicht zu spät für Veränderungen.
- Entspanne dich.
- Höre auf deinen Körper.
- Geh hinaus und laß deine Schönheit erstrahlen.
- Langsamer! (zwölfmal wiederholt).
- Stelle dich deiner Angst.

Der Einfluß vergangener Leben

Kommt ein Mensch bereits mit einer Krankheit oder Behinderung auf die Welt, oder ist das Problem »vererbt«, wie die Mediziner sagen würden, dann ist klar, daß es nicht durch seine Gefühle, Gedanken oder Handlungen in Streßsituationen in diesem Leben verursacht wurde. Dann muß untersucht werden, ob die Ursache in einem früheren Leben zu finden sein könnte. Das kann – gewöhnlich mit Erfolg – auch dann versucht werden, wenn der Betreffende nicht an Reinkarnation glaubt, aber bereit ist, sich einer solchen Untersuchung zu unterziehen.

Zu diesem Zweck bediene ich mich zwei unterschiedlicher Methoden. Die erste besteht darin, den Menschen während der Heilung anzuleiten, sein Höheres Selbst um die Enthüllung eines vergangenen Lebens zu bitten, das beim Verständnis der tieferen Ursache seines Problems hilfreich sein kann. Beispielsweise hatte eine vierzigjährige Frau starke Schmerzen in ihrem rechten Arm, die weder ein Arzt, ein Akupunkteur noch ein Geistheiler heilen konnte. Sie empfing das Bild, wie sie von einem Soldaten angegriffen wurde, der ihren rechten Arm mit seinem Schwert zerfetzte. Zuerst war sie sehr wütend auf den Soldaten, den sie innerlich sah, entschloß sich dann aber, ihm zu vergeben, und die Schmerzen verschwanden und kamen nie mehr wieder. Weitere Untersuchungen ergaben, daß sie diese

Schmerzen im Arm in diesem Leben erst ab dem vierzigsten Lebensjahr empfand, da ihr in genau diesem Alter in jenem früheren Leben die Verletzung zugefügt worden war.

Die zweite Methode, in vergangenen Leben die Ursache eines Problems im jetzigen Leben zu entdecken, besteht in einer Rückführung, die den Betreffenden das entsprechende Leben sehen und durchleben läßt. Das braucht nicht unter Hypnose zu geschehen, obwohl manche Therapeuten das vorziehen; eine geführte Meditation ist jedoch normalerweise ausreichend (siehe Bibliographie über Bücher und Kassetten zu diesem Thema). Meiner Erfahrung nach sind ungefähr fünf von sechs Menschen in der Lage, vergangene Leben auf diese Art erfolgreich zu visualisieren. Wenn das nicht funktioniert, blokkieren sie den Prozeß, weil sie Angst haben oder weil sie gar nicht wirklich die Antwort herausfinden wollen. Es könnte auch für das Wachstum ihrer Seele verkehrt sein, die Information gerade jetzt zu bekommen, und die Geistwesen verhindern es dann.

Manchmal durchleben Menschen ein vergangenes Leben, das anscheinend keinerlei Verbindung zu ihrem Problem im jetzigen Leben hat, obwohl wir ausdrücklich um ein dafür aufschlußreiches Leben baten. Ein Grund dafür, daß das gezeigte Leben ziemlich ereignislos und ohne besondere Bedeutung verlief, liegt darin, daß sie nun keine Angst mehr davor zu haben brauchen, ihre Vergangenheit zu erforschen. Wenn beim nächsten Versuch wieder eine Rückführung durchgeführt wird, bekommen sie vielleicht ein sehr traumatisches und scheußliches Leben gezeigt und würden dann womöglich aus Angst den »Film« vorzeitig anhalten, wenn er ihnen gleich zu Anfang gezeigt worden wäre. Da die erste Rückführung aber angstfrei verlief, können sie nun auch mit der dramatischeren umgehen.

Eine andere Erklärung kann sein, daß jemand das Betrachten eines wichtigen Lebens blockiert, weil er es sich eigentlich gar nicht ansehen will. Manchmal schämt man sich instinktiv wegen eines solchen Lebens, hat aber keinen Widerstand dagegen, ein »harmloses« Leben auftauchen zu lassen.

Durch diese eingebauten Schutzmechanismen scheint es sehr

unwahrscheinlich, daß die Untersuchung eines vergangenen Lebens irgendeinen Schaden anrichten kann, vorausgesetzt, der Berater hilft beim Wiederauftauchen aus dem veränderten Bewußtseinszustand und bei der Verarbeitung der Erfahrung. Außerdem ist sich der Betroffene (falls er sich nicht in Tiefenhypnose befindet) immer bewußt, wo er ist und was er tut, und der Prozeß kann jederzeit angehalten werden, wenn jemand spürt, daß mehr auftaucht, als er bewältigen kann. Ist jemand auf seiner inneren Reise an einem Punkt angekommen, wo er eine Szene oder ein Ereignis des vergangenen Lebens auftauchen sieht, sollten keine Vermutungen angestellt, sondern nur Fragen gestellt werden wie »Was haben Sie an?« oder »Was können Sie sehen?« oder »Was tun Sie gerade?«. Wenn nichts Wichtiges mehr an diesem Punkt der Rückführung aufzutauchen scheint, wird er angeleitet, auf drei zu zählen und dabei zum nächsten wichtigen Punkt jenes Lebens weiterzugehen, und dann werden wiederum Fragen gestellt. Mit anderen Worten: Selbst wenn vor meinem inneren Auge ein Eindruck aus diesem vergangenen Leben auftaucht, gebe ich ihn niemals als Vorschlag oder Möglichkeit an den Patienten weiter. Alles muß aus ihm selbst kommen. Ist die Schau dieses Lebens beendet, leite ich ihn an, in den Raum zu gehen, in dem wir uns alle zwischen den einzelnen Leben befinden. Von dort aus hat er die Möglichkeit, sich ein weiteres früheres Leben anzusehen, wenn er will, das vielleicht noch mehr Verständnismöglichkeiten für sein Problem bietet. Zur Beendigung der Rückführung wird er schrittweise in den normalen Bewußtseinszustand zurückgeführt und »erwacht« ohne Schaden oder Beeinträchtigung.

Besessenheit oder Besetzung durch eine Wesenheit

Einige der Zeichen, die *möglicherweise* auf Besessenheit oder Besetzung durch eine Wesenheit hindeuten, sind:

1. Ein Mensch nimmt die Eigenschaften eines Verstorbenen an, vor allem, wenn das kurz nach dessen Tod geschieht.
2. Plötzlicher Wandel der Persönlichkeitsstruktur. Beispielsweise eine plötzliche Hinwendung zu Alkohol oder Drogen,

obwohl jemand zuvor keinerlei Interesse dafür zeigte, besonders wenn das nach einer Zeit der Bewußtlosigkeit eintritt, nach einer Anästhesie (die gewöhnlich in einem Krankenhaus durchgeführt wird, wo es viele Seelen erst vor kurzem Verstorbener gibt), nach einem Schlag auf den Kopf bei einem Unfall oder nach einer Drogen-Überdosis.

3. Ein Mensch hat unerklärliche Kopfschmerzen oder andere Schmerzen. Hierbei könnte es sich jedoch auch um unbewußte Erinnerungen an Verletzungen oder Tod in einem früheren Leben handeln.
4. Plötzliches Einsetzen einer Phobie, die zuvor noch nie aufgetaucht ist.
5. Ein Mensch hat viele Persönlichkeiten. Für diese Eigenart ist Besessenheit jedoch nicht der einzige Grund.
6. Ständige Müdigkeit oder Gedächtnisschwäche, für die es keine medizinische Erklärung gibt.
7. Selbstmordgedanken.
8. Ein Mensch hat einfach das Gefühl, nicht mehr die alleinige Kontrolle über seinen Körper zu haben.

Die besetzende Wesenheit kann den Betreffenden dazu bringen, die Krankheit zu übernehmen, an der die Wesenheit gestorben ist, und/oder auch die Schmerzen, die sie empfand. Es gibt viele andere Arten, wie eine Wesenheit das geistige, emotionale oder körperliche Leben dieses Menschen einschneidend erschweren kann, beispielsweise durch die Übernahme der Suchtstruktur der Wesenheit während ihrer letzten Inkarnation.

Die Begegnung mit einem Geistführer

Manchmal wird der Hilfesuchende es leichter finden, innere Führung zu erfahren, wenn er vom Heiler auf eine innere Reise geführt wird, bei der er seinem Geistführer begegnen und ihn um Hilfe bitten kann. Entweder am Ende der Heilsitzung, wenn der Hilfesuchende völlig entspannt ist, oder während einer anderen Gelegenheit im Anschluß an einen Entspannungsprozeß kann der Heiler ihn sanft anleiten, sich einen

Spaziergang alleine in einem Feld, am Meer oder in den Bergen vorzustellen, beispielsweise folgendermaßen:

»Stellen Sie sich vor, wie Sie durch ein Feld gehen – alles ist ganz ruhig – die Sonne scheint, aber es ist nicht zu heiß – Sie sehen einige wunderschöne Wiesenblumen im Gras (längere Pause). Nun gehen Sie weiter und hören in der Ferne das leise Rauschen des Meeres – es wird langsam lauter, je näher Sie den Klippen kommen (längere Pause). Nun stehen Sie oben auf der Klippe und sehen den Ozean unter sich – er hat eine wunderschöne blau-grüne Farbe und weiße Schaumkronen auf den Wellen, wenn sie sich am Strand brechen – langsam gehen Sie auf einem kurvenreichen Pfad an der einen Seite der Klippen hinunter – wenn Sie unten sind, ziehen Sie die Schuhe aus und fühlen den warmen weichen Sand zwischen ihren Zehen (längere Pause). Der Strand ist menschenleer – Sie sind ganz allein – während Sie auf das Wasser zugehen, sehen Sie einen kleinen Sandhügel dort. Er hat gerade die richtige Höhe, um sich bequem anlehnen zu können – setzen Sie sich hin, lehnen Sie sich zurück und nehmen Sie sich Zeit, um sich auszuruhen (längere Pause).

Wenn Sie nun wieder aufs Meer schauen, sehen Sie ein kleines Segelboot auf sich zukommen (längere Pause). Bald können Sie einen Menschen an Bord erkennen; zuerst sehen Sie nicht genau, ob es ein Mann oder eine Frau ist, aber als das Boot näherkommt, können Sie das erkennen und auch, wie groß die Person ist und was sie trägt (längere Pause). Schauen Sie sich die Haarfarbe an und auch den Gesichtsausdruck (längere Pause). Nun ist das Boot am Strand angekommen, und die Person steigt aus und kommt auf Sie zu – stehen Sie auf und gehen Sie auf diese Person zu, um sie zu begrüßen – es ist Ihr Geistführer. Fragen Sie ihn nach der Ursache Ihrer Krankheit und bitten Sie ihn, Ihnen alles mitzuteilen, was Sie für die Heilung wissen müssen.«

An diesem Punkt sollte der Heiler fünf oder zehn Minuten in Stille verstreichen lassen, damit der Patient einen inneren Dialog mit seinem Geistführer halten kann. Dann bitten Sie ihn leise, sich zu verabschieden und den Führer wieder gehen zu lassen, wenn das nicht schon geschehen ist, und dann wieder die Klippen hinaufzusteigen und das Feld zu überqueren. Falls tatsächlich ein Dialog stattgefunden hat, soll der Patient ihn sich aufschreiben, bevor er mit dem Heiler weiter darüber spricht. So wie wir die Einzelheiten eines Traums vergessen können, wenn wir ihn nicht gleich aufschreiben, können wir auch vergessen, was sich hier ereignet hat und vielleicht später unschätzbar wichtig wird.

Meiner Erfahrung nach ist jeder bei diesem Prozeß einem freundlichen Führer begegnet, auch wenn er zuerst Angst hatte, als eine andere Person auftauchte. Gewöhnlich ist der Dialog mit einem Geistführer bedeutungsvoll und hilfreich. Als Beispiel möchte ich Ihnen meine eigene Erfahrung mitteilen, die ich nicht während einer Heilsitzung, sondern während eines Kongresses mit fünfhundert Teilnehmern hatte. Die Vortragende führte uns in einer aktiven Imagination durch einen Wald und über eine Wiese zu einem kleinen See; dort sollten wir einige Augenblicke ins klare Wasser blicken, danach aufschauen und sehen, wer sich auf der anderen Seite befand; dann sollten wir dieser Person unseren größten Wunsch mitteilen.

Als ich ins Wasser schaute, sah ich viele kleine Menschen; sie lachten und waren glücklich, umarmten sich gegenseitig und liefen hin und her; alles war voller Freude. Ich sah auf und erblickte zu meiner Überraschung Jesus, der seine Arme nach all diesen Menschen und nach mir ausstreckte, und wir empfingen Segnung, Liebe, Vergebung und Heilung. Ich teilte ihm dann meinen größten Wunsch mit: ein Kanal für Heilungen zu sein. Jesus sagte: »Schau noch einmal in den See.« Ich tat es und erblickte traurige, unglückliche, kranke und behinderte Menschen; sie standen am Wegesrand und konnten nicht mehr weiter; offensichtlich gab es ein großes Bedürfnis nach Heilung.

Ich blickte nochmals auf und sah, wie Jesus seine Hände direkt nach mir ausstreckte; Strahlen voller Licht und Energie kamen aus seinen Händen auf mich zu; ich empfand wirklich, wie die Energie als elektrische Ladung durch meinen Körper floß. Mein Herz war von Dankbarkeit erfüllt, als mir klar wurde, daß Jesus mir meinen Wunsch zu erfüllen versprach, obwohl er nichts mehr sagte. Das Versprechen wurde zehn Monate später eingelöst, als Menschen begannen, zu mir zu kommen und um Hilfe zu bitten, und es traten viele Heilungen ein.

Hören auf den inneren Lehrer

Wir haben alle einen inneren Lehrer, Führer oder eine innere Stimme, und es ist nicht immer nötig, eine solche geführte Meditation durchzuführen, wenn wir ihm begegnen oder uns Rat von ihm holen möchten. Manchmal brauchen wir nur ruhig dazusitzen und kurz über das Problem zu meditieren, während wir innerlich darum bitten, die Ursache gezeigt zu bekommen, um dann auf die Antworten unseres Führers zu hören.

Träume

Durch ihre Träume erfahren Kranke oft die Ursache ihrer Krankheit, aber sie vergessen sie, schenken ihnen keine Beachtung oder wissen nicht, wie sie sie deuten sollen. Wenn eine Ursache durch eine der bereits genannten Methoden nicht gleich erkannt werden kann, ermutige ich den Betreffenden, ein Traumtagebuch zu führen und mir alle Träume zu erzählen, die er nicht versteht. Manchmal wird die Ursache und sogar das Mittel zur Heilung auf diese Weise entdeckt. Kapitel 10 enthält einige Richtlinien für die Deutung von Träumen und weitere Informationen zu diesem Thema.

Kann der Hilfesuchende sich zwar an seine Träume erinnern, aber darin anscheinend keine Hinweise auf die Ursache entdecken, kann man ihm vorschlagen, kurz vor dem Einschlafen um einen Traum zu *bitten,* der ihm die Ursache der Krankheit klarmacht. Das ist natürlich keine neue oder moderne Methode: Sie werden sich daran erinnern, daß wir im Kapitel über die Geschichte der Geistheilung erfuhren, daß bereits vor dreitausend Jahren in den griechischen Tempeln der Heilung die Patienten angeleitet wurde, einen Traum zu erbitten, um Ursache und Heilung für eine Krankheit zu sehen, und ein Priester am nächsten Tag bei der Deutung half.

Ein Bild malen

Eine andere Methode, die manchmal beim Verständnis der Ursachen einer Krankheit hilfreich ist, besteht darin, den Kranken zu ermutigen, einfach das zu zeichnen oder zu malen, was aus seinem Pinsel oder Stift herausfließen will – also keine Wiedergabe von Dingen, die er jetzt oder in der Vergangenheit gesehen hat, sondern ein wirkliches freies Fließen ohne logische Gedanken, so daß seine tiefsten Gefühle oder Antriebe sich ausdrücken können. Man kann die Kranken – besonders kranke Kinder – auch einfach ihre Gefühle, die Schmerzen oder die Krankheit selbst zeichnen oder malen lassen. Hinterher können Heiler und/oder »Maler« sich das Bild auf meditative Weise anschauen, jedoch nicht mit der Vorstellung, es zu analysieren, wie es ein Psychologe tun würde, sondern um die Intuition des »Malers« sprechen zu lassen und ihm vielleicht einige Hinweise auf die Ursache der Krankheit zu geben.

Eine Sitzung bei einem Sensitiven

Wenn in einem wirklich schwierigen Fall alle diese Methoden nicht zu helfen scheinen (vielleicht weil der Kranke sich der Suche nach der Ursache widersetzt), kann der Heiler eine Sitzung bei einem anerkannten Sensitiven vorschlagen, mit dem speziellen Ziel, der Ursache auf den Grund zu kommen; der Kranke kann sich jedoch auch hier innerlich widersetzen, wenn er will.

Hypnose

Als letzte Möglichkeit kann sich der Kranke um die Hilfe eines anerkannten und vertrauenswürdigen geprüften Hypnotiseurs bemühen, der helfen kann, die Antworten auf bestimmte Fragen in Hypnose zu finden.

Gebet

Während des Heilungsprozesses kann der Heiler darum beten, daß der Hilfesuchende die Ursache gezeigt und die Stärke bekommt, die er für die notwendigen Veränderungen in seinem Leben braucht. Der Heiler kann ihn auch anleiten, um innere Führung bei der Suche nach den Ursachen zu bitten und ihm erklären, daß das besser ist, als einfach nur um Heilung zu beten. Kreist das Beten nämlich ständig um die Krankheit oder ihre Symptome, hat das die Tendenz, ihr Vorhandensein im Bewußtsein oder Unterbewußtsein des Betreffenden zu verstärken, während die Bitte nach der Erklärung der Ursachen und das Offenbleiben für die Antwort keine solch negativen Eindrücke hinterläßt. Ist die Ursache einmal entdeckt, kann der Kranke im Gebet um die Kraft und den Willen bitten, sie aufzulösen.

Was tun, wenn die Ursache offenbar entdeckt wurde?

Ist die Ursache einmal aufgedeckt, hat der Kranke immer noch die Wahl, ob er etwas zu ihrer Beseitigung tun will oder nicht. Im Grunde trifft er eine Entscheidung darüber, ob er krank bleiben oder gesund werden will; er kann sich auch für den Tod entscheiden. Wie ich in Kapitel 6 zeigen werde, gibt es viele Gründe, warum manche Menschen auf Geistheilung nicht ansprechen, und fast alle davon haben mit der Entscheidung des Kranken zu tun.

Ich habe die interessante Beobachtung gemacht, daß Kranke manchmal während der Heilsitzung nicht spüren, daß irgend etwas in ihrem Körper vorgeht, wenn sie nicht die tiefere Ursache herausgefunden und sich mit ihr auseinandergesetzt haben. Sie spüren dann auch keine Wärme, Druck oder Kribbeln als Ergebnis der Wirkung der Energie, die der Heiler durch seine Hände für sie channelt.

Hat der Heiler jedoch einmal die wirkliche Ursache ausgemacht, und der Kranke hat mit den notwendigen Veränderungen in seinen Gedanken, Einstellungen oder Überzeugungen begonnen, dann spürt er oft die Wirkung der für ihn gechannelten Kraft. Das ist ein weiterer wichtiger Hinweis darauf, daß die gefundene Ursache die richtige ist. Es ist allerdings nicht immer der Fall, denn manche Menschen spüren die Auswirkungen der Liebesenergie von Anfang an, und andere empfinden gar nichts, obwohl sie geheilt worden sind; es geschieht jedoch häufig genug, um es hier anzumerken.

Gründe zum Weiterleben finden

Meiner Erfahrung nach können die meisten Methoden zum Aufspüren einer Krankheitsursache auch dazu dienen, daß der Kranke mit ihrer Hilfe sein Lebensziel oder neue Gründe zum Weiterleben findet. Das ist besonders wichtig, vor allem für die Menschen, deren Krankheit als tödlich oder unheilbar diagnostiziert wurde. Damit Heilung erfolgreich ist, muß der Kranke bewußt oder unbewußt die Heilung und das Leben bejahen; ohne Ziel und Zweck ist das selten der Fall.

Wenn in einem Fall also eine solche Motivation nicht vorzuliegen scheint, sage ich dem Hilfesuchenden, er solle gegen Ende der Heilsitzung innerlich sein Höheres Selbst oder den Heiligen Geist bitten, ihm den Willen Gottes für sein Leben zu offenbaren – auf welche Weise könnte er der Welt dienen? Gleichzeitig oder später, wenn ich die Ruhe dazu habe und allein bin, bitte ich mein Höheres Selbst oder den Heiligen Geist, mir alles mitzuteilen, was für den anderen in dieser Hinsicht hilfreich sein könnte.

In einigen Fällen wurden neue Ziele entdeckt, oder für den Betreffenden tauchte ein neuer Lebensinhalt auf; das stellt oft einen Wendepunkt bei seiner Rekonvaleszenz dar.

Sterbende

Ist es den Versuch wert, einen Sterbenden mit der Suche nach den Ursachen seiner tödlichen Krankheit zu belästigen? Ich glaube, daß ein Angebot zur Hilfe bei einer solchen Suche – außer wenn der Kranke so schwach ist, daß die Anstrengung ihm großes Unbehagen bereiten würde – aus den folgenden Gründen gemacht werden sollte:

1. Für Gott ist nichts unmöglich, also ist ungeachtet der Umstände, des Augenscheins und der medizinischen Diagnose eine Besserung durch Geistheilung immer eine Möglichkeit, und die Chancen stehen besser, wenn die Ursache bereits herausgefunden wurde.
2. Das Verständnis der Ursachen kann es dem Kranken ermöglichen, noch eine Veränderung zu bewirken und in Frieden zu sterben. Wenn die Ursache beispielsweise Haß oder Groll auf einen bestimmten Menschen ist, kann die Möglichkeit von Liebe und Verzeihen angeboten werden. Ist das Problem ein Schuldgefühl, kann der Kranke entweder den anderen direkt um Verzeihung bitten oder das innerlich mit Hilfe der Visualisierung tun und danach die Vergebung Gottes erbitten (siehe nächstes Kapitel).

Kapitel 5

Auflösung der Ursachen

Der Schlüssel
zur Geistheilung
ist
bedingungslose Liebe

Wurden die Ursachen erst einmal gefunden, muß etwas unternommen werden, um sie aufzulösen. Zuerst hatte der Kranke die Wahl, ob er die Ursachen überhaupt finden wollte, und er hat sich zur Mitarbeit an der Suche entschlossen; nun hat er wieder die Wahl, ob er die nötigen Veränderungen in seinem Leben vornehmen möchte oder nicht. Wenn er sich der Ursachen einmal bewußt ist, wird ihm oft klar werden, was genau er unternehmen muß, aber in anderen Fällen kann es auch weniger deutlich sein. Eines ist sicher: Die Ursachen kamen aus ihm selbst, und das Potential für die Heilung stammt aus derselben Quelle. Deshalb wollen wir im folgenden noch einmal die Ursachen betrachten, diesmal im Zusammenhang mit Lösungsmöglichkeiten.

Negative Gefühle

Scheint die Ursache einer Krankheit Haß, Wut oder Groll gegenüber einem anderen Menschen zu sein, besteht der erste Schritt für den Kranken darin, dem anderen all das zu verzeihen, was er getan oder auch nicht getan hat und was zu dem negativen Gefühl führte. Verzeihen ist ein wichtiger Bestandteil des Heilungsprozesses und eine Lektion, die die meisten von uns in diesem Leben mehr oder weniger zu lernen haben.

Die Notwendigkeit von Vergebung ist ein spirituelles Gesetz. Als Petrus Jesus fragte: »Herr, wenn mein Bruder an mir schuldig wird, wie oft muß ich ihm verzeihen? Siebenmal?« »Nein, nicht siebenmal«, antwortete Jesus, »sondern siebzigmal siebenmal!« (Matthäus 21–22) – womit er meinte: genau so oft, wie er dich angegriffen hat. Jesus gab uns das beste Beispiel (er führte immer aus, was er lehrte), als er sagte: »Vater, vergib ihnen! Sie wissen nicht, was sie tun« (Lukas 23, 24) – genau in dem Moment, als sie ihm Todesqualen bereiteten durch die Nägel, die sie in seine Hände und Füße trieben.

Erst wenn man wirklich verziehen und das Ereignis so gut es geht vergessen hat, wird es möglich, die Energie der negativen Gefühle in positive Energie zu verwandeln, bedingungslose Liebe zum Verursacher der Wut zu senden und damit die Heilung vollständig zu machen.

Um den Willen zur Vergebung im Kranken zu verstärken, warte ich bis fast zum Ende des Heilungsprozesses, denn dann ist der Patient sehr entspannt, und sein Energiefeld hat sich ausgedehnt. Ich halte meine Hände über sein Herzchakra und bitte ihn, sich diejenigen, denen gegenüber er Wut empfindet, mit seinem inneren Auge vorzustellen und mir zu sagen, wenn er soweit ist. (Fällt Visualisieren zu schwer, bitte ich ihn, einfach zu fühlen, sich vorzustellen oder zu empfinden, wie der andere vor ihm steht.) Dann soll er dem anderen Menschen innerlich und so aufrichtig wie möglich vergeben für alles, was er getan, unterlassen oder gesagt hat und was beim Kranken Wut oder Groll auslöste. Anschließend bitte ich ihn anzuhören, was der andere zu sagen hat. Das kann zu einer neuen Art von Verständnis führen.

Nun schweige ich einige Minuten lang, damit er das alles ausführen kann, und sage ihm dann, er solle bedingungslose Liebe zu dem anderen Menschen senden, sie vielleicht als purpurfarbenes Licht visualisieren, das von seinem Herzzentrum zu dem des anderen strömt. Dann bitte ich ihn, sich selbst zu verzeihen, was genauso wichtig ist. Einige Menschen haben mir selbst gesagt, es sei ihnen unmöglich gewesen, dem anderen zu verzeihen, *bevor* sie sich nicht selbst vergeben hatten. Anschließend schlage ich vor, diesen Prozeß einundzwanzig Tage lang täglich im Anschluß an eine kurze Entspannung und Meditation zu wiederholen. Nur eine einzige Visualisierung während der Heilsitzung durchzuführen, ist anscheinend nicht ausreichend, um das Muster einer Wut zu verändern, das monate- oder jahrelang eingeschliffen ist. Einundzwanzig Tage lang die Wut auf diese Weise in Liebe zu verwandeln, macht die Veränderung jedoch vollständig und löst das Problem. Manchmal werde ich gefragt: »Warum einundzwanzig Tage?« Ich denke, einundzwanzig ist drei mal sieben, und diese Zahlen haben beide eine spirituelle Bedeutung und sind in den Schriften vieler Religionen und auch in der Natur zu finden. Außerdem ist die Idee der Wiederholung an einundzwanzig Tagen in einigen anderen neueren Schriften ebenfalls aufgetaucht.

Nach Ablauf dieser Zeitspanne hat der Betreffende vielleicht den Wunsch, seine Verzeihung durch einen Brief, ein Telefongespräch oder eine persönliche Begegnung auszudrücken oder sogar gewisse Schritte zu unternehmen, um seine Liebe zu zeigen. Interessant ist, daß sogar ohne solche äußeren Aktivitäten der Mensch, dem man verziehen hat, die Veränderung gewöhnlich unbewußt bemerkt und von sich aus, ohne zu wissen warum, Schritte zur Versöhnung unternehmen wird.

Von zwei wunderschönen Fällen von Vergebung war ich sehr berührt: Ein Reporter des Magazins »Time« interviewte zwei zehnjährige kambodschanische Jungen, die beide vor zwei Jahren ihre Eltern im Krieg verloren hatten, in einem Fall mußte der Junge es sogar mit ansehen. Sie wurden dann zur Arbeit auf den Feldern gezwungen und wären fast verhungert. Auf die Frage, ob sie beide Rache wollten, sagten sie: »Ja«. Als man sie jedoch fragte, was sie darunter verstünden, sagte der eine: »Das bedeutet, daß ich aus meinem Leben das Beste machen muß.« Der andere meinte: »Es bedeutet, daß sich ein schlechter Mensch bessern muß.«

Manchmal ist es notwendig, nach der Aufdeckung des negativen Gefühls, das die Krankheit verursacht hat, weiterzusuchen bis zum Ursprung dieses Gefühls, damit eine Veränderung stattfinden kann. Wenn beispielsweise der Kranke unter Angstgefühlen leidet und kein aktueller Grund dafür zu bestehen scheint, kann man ihn ermutigen, weiter zurückzudenken, vielleicht bis in seine Kindheit, um traumatische Erfahrungen aufzudecken, die Angst hinterlassen haben könnten. Kann er sich an ein solches Ereignis erinnern, sollte er es sorgfältig untersuchen und geistig noch einmal durchleben, ohne Widerstand dagegen aufzubauen, auch wenn es sehr schmerzhaft ist (erinnern Sie sich daran, daß Widerstand den Schmerz verstärkt). Ist vollständiger oder teilweiser Widerstand dagegen vorhanden, die Erfahrung noch einmal zu durchleben, kann es besser sein, diesen Vorgang zwei- oder dreimal zu wiederholen; dadurch tritt die Ursache der Angst voll ins Bewußtsein, und ihre Energie wird aufgelöst.

Die Vergangenheit ist nur insofern real, als sie im Bewußtsein des einzelnen bis in die Gegenwart getragen wird. Das bedeutet, daß sie von dem Betreffenden verändert oder umgewandelt werden kann, wenn dieser es möchte. Mit Hilfe seiner Vorstellungskraft kann er die Erfahrung in seinem Kopf so wiedererschaffen, wie er es gerne hätte, und damit seiner Erinnerung die in den tatsächlichen Ereignissen festgehaltene Energie entziehen.

Manchmal ist der tiefere Grund für Angst auch darin zu finden, daß ein Mensch eine schlechte Meinung von sich selbst und so eine falsche Fassade für seine Person geschaffen hat. Damit versucht er, das zu verstecken, was er für seine Minderwertigkeit hält. Ein solcher Mensch ist sich seiner Lebenstäuschung wohl bewußt und fürchtet sich deswegen ständig davor, daß sein Schwindel entdeckt und er selbst entblößt und abgelehnt wird. Ein großes Problem bei Unwahrheiten ist, daß man sich ständig daran erinnern muß, welche Täuschung erschaffen wurde, so daß sie aufrechterhalten werden kann. Kann ein Mensch dazu gebracht werden, die Nutzlosigkeit der falschen Fassade und die damit verbundene Angst vor Entdekkung einzusehen, so kann er vielleicht lernen, diese Fassade durch die Erkenntnis zu ersetzen, daß er ein Kind Gottes mit vielfältigen Talenten und einem Lebenssinn ist, den nur er selbst erfüllen kann. Meditation über Wahrheit als Wesensmerkmal oder Eigenschaft Gottes hilft ebenfalls, das Bewußtsein des Menschen von der Ebene von Angst und Täuschung auf die von Vertrauen und Wahrheit anzuheben. Ist dieser Bewußtseinswandel vollzogen, können die Ursache der Angst und die Krankheit, die daraus entstanden ist, beseitigt werden.

Die Ursache für Angst kann natürlich auch noch offensichtlicher sein. Wenn jemandem beispielsweise gesagt wurde, er habe Krebs, wird das bei den meisten Menschen Angst hervorrufen. Es wurde sogar behauptet, die Beseitigung der Angst sei schwieriger als die des Krebses an sich. Meine Frau entdeckte für sich selbst eine interessante Methode, solche Angst aufzulösen, als sie befürchtete, krebskrank zu sein. Ihre Angst basierte auf Symptomen, nicht auf einer medizinischen Diagnose, und stellte sich später glücklicherweise als unbegründet heraus. Ich habe diese Methode in verschiedenen ähnlichen und andersgelagerten Fällen erfolgreich angewandt:

Nach dem bereits beschriebenen heilenden Vorgang des Handauflegens, wenn die von Angst erfüllten Patienten sehr entspannt und empfänglich sind, bitte ich sie, ihre Augen zu schließen und im Geist das Wort ANGST in entsprechenden Farben und mit großen Buchstaben auf eine Oberfläche ihrer Wahl zu malen oder zu schreiben. Nun sollen sie das Bild sorgfältig untersuchen und feststellen, wo und wie es an ihrer Person festgemacht ist; meist sehen sie Stricke, Ketten oder ein anderes Material, das das Wort mit einer Körperstelle verbindet. Dann sage ich ihnen, sie sollen in ihrer Vorstellung ein passendes Werkzeug nehmen, damit die Fesseln durchschneiden und zusehen, wie das Wort davonschwebt. Geschieht das nicht, dann sollen sie alles tun, was ihnen in diesem Moment angemessen erscheint, um das Wort auszulöschen.

Im Fall von Krebs könnte sich an diesen Vorgang anschließen, daß die Patienten in ihrer Vorstellung das Wort KREBS mit großen Buchstaben schreiben oder malen und dann ebenso damit verfahren wie mit dem Wort ANGST Vielleicht muß dieser Prozeß bei aufeinanderfolgenden Besuchen ein- oder zweimal wiederholt werden, aber schließlich wird sich ein Gefühl von Frieden und Vertrauen einstellen, das viel zu einer erfolgreichen Heilung beiträgt.

Die Stelle oder Stellen am Körper, an denen das Wort mit ihnen verbunden ist, und die Oberfläche, auf die sie es in ihrer Vorstellung gemalt haben, geben ebenfalls wichtige Aufschlüsse darüber, welcher Körperteil, welche Körperfunktion, gedankliche Vorstellung oder welches Gefühl mit dem Wort verbunden ist, das sie visualisieren. So erhalten sie wertvolle

Informationen, mit denen sie bis zur völligen Auflösung ihres Problems, was es auch immer sein mag, weiterarbeiten können. Zum Beispiel malte eine Frau das Wort auf ein Bild ihres eigenen Hauses und war darüber sehr verwundert. Als ich darauf hinwies, daß das Haus ihr eigenes Heim war, wurde ihr sofort klar, daß sie nicht für sich selbst Angst vor Krebs hatte, sondern für ihre kleinen Kinder. Sie hatte ihre eigene Mutter durch einen Autounfall verloren, als sie drei Jahre alt war, und danach eine sehr unglückliche Kindheit gehabt. Sie hatte Angst, ihre Kinder würden ebenfalls so leiden müssen, falls sich ihr Krebs als tödlich herausstellte.

Bei einem anderen Fall von Angst, der nicht mit Krebs zusammenhing, wurden die Worte ANGST und WUT einzeln visualisiert, und jedes schien mit dem Geburtskanal dieser Frau verbunden zu sein. Ihr ging auf, daß die Ursache ihrer Angst in der Angst ihrer Mutter während ihrer Geburt lag, die sehr schwierig gewesen war. Die Ursache ihrer eigenen Wut hingegen lag in der Frustration, die sie zur Zeit ihrer Geburt wegen ihres lange dauernden und so qualvollen Eintritts in diese Welt empfunden hatte.

Bei einer jungen Frau lag das Problem in extremer Unsicherheit, die ihr Vater während ihrer Jugend noch verstärkt hatte. Die Frau hatte keine Schwierigkeiten, das Wort UNSICHERHEIT zu visualisieren und die wenigen Fesseln durchzuschneiden, die sie sah. Als ich sie jedoch bat, sich das Wort VERTRAUEN vorzustellen, fand sie das sehr schwierig – die ersten Buchstaben verschwanden immer wieder, bevor sie das Wort zu Ende schreiben konnte.

Ich habe noch eine andere Methode, Ängste aufzulösen: Ich bitte die Betreffenden einfach, sich ihre Angst vorzustellen und mir mitzuteilen, was sie sehen. Das entsprechende Bild oder die Bilder, die vor ihrem inneren Auge auftauchen, können die Ursache ihrer Angst in größerem Maße verdeutlichen als je zuvor. Ich betone, diese Bilder seien ein Teil von ihnen selbst und mache den Vorschlag zu versuchen, Liebe für die Bilder und die darin enthaltenen Symbole auszustrahlen und mir mitzuteilen, was dann geschieht. Fast immer haben sich nach ein paar Minuten die Bilder in etwas weniger Bedrohliches oder sogar Schönes und Liebenswertes verwandelt. Auf diese Weise bekommen die Menschen mehr Verständnis für das, was hinter ihrer Angst liegt, und können vielleicht auch Möglichkeiten zu ihrer Auflösung erkennen.

Hat die eigene Psyche das Bild auf diese Weise erst einmal verändert, verändert sich auch die emotionale und verstandesmäßige Einstellung, und nach der Sitzung ist viel oder alle Angst verschwunden. Sie wurde ebenso wie das veränderte Bild in positive Energie umgewandelt.

Während der ganzen Zeit, wenn der Patient durch diese Visualisierungen geht, halte ich meine Hände einige Zentimeter über sein Herzzentrum und channele die Heilenergie für ihn. Die Kombination seiner eigenen veränderten Energie und der Energie, die durch mich fließt, stellt eine viel intensivere Kraft dar als die mit der negativen Emotion verbundene. Das führt zum Eintreten der Energieumwandlung.

In anderen Fällen kann der tieferliegende Grund für Wut in körperlichen oder seelischen Mißhandlungen während der Kindheit liegen. Leider eskalieren die Fälle von Kindesmißhandlung sehr stark in unserer Zeit, die so geprägt ist von schnellen Veränderungen, hoher Scheidungsrate und überwältigender Angst vor einer atomaren Katastrophe. Solche Erfahrungen ans Licht zu bringen, sie zu untersuchen, ohne etwas zu unterdrücken, und dann die Wut zu transformieren, indem man demjenigen Liebe und Verzeihung sendet, der den Schmerz verursacht hat, ist der schnellste Weg, die Ursache der Krankheit zu beseitigen, wie schwer es einem auch fallen mag.

Angst wird oft durch Spannung hervorgerufen und diese wiederum durch zu oberflächliches Atmen. Der Ausspruch »Ich hielt vor Angst den Atem an« verdeutlicht diese Tatsache sehr gut. Es ist hilfreich, tief und langsam zu atmen und so Spannung und Angst loszulassen. Mit Hilfe des Atems können auch negative Gefühle im Keim erstickt werden, wenn der Betreffende bewußt genug ist, ihr Auftauchen zu merken. Er sollte in diesem Moment tief durchatmen, den Atem nach jedem Einatmen einige Sekunden anhalten und dann langsam ausatmen.

Brugh Joy, ein spiritueller Lehrer auf hoher Bewußtseinsstufe und Autor des Buches *Weg der Erfüllung*, lehrt, daß die bei negativen Gefühlen beteiligte Energie ihren Sitz im Bereich des Solarplexus hat (drittes Chakra) und zur Energie bedingungsloser Liebe umgewandelt werden kann, die sich auf der Höhe des Herzens befindet (viertes Chakra). Das kann geschehen, indem man sich innerlich vorstellt, wie die Energie von der dritten auf die vierte Ebene entlang der Wirbelsäule hochsteigt und während dieses Vorgangs umgewandelt wird. Diese Methode kann auch benutzt werden, um überschüssige Energie von anderen Chakren (beispielsweise sexuelle Energie vom zweiten oder sensitive Energie vom sechsten Chakra) auf die sichere Ebene des vierten Chakras zu leiten.

Ist die Krankheitsursache anscheinend nicht verarbeiteter Kummer, sollte dem betreffenden Menschen gesagt werden, daß es völlig normal ist, nach dem Verlust eines geliebten Menschen Schock, Wut, Selbstmitleid und Kummer zu empfinden. Für seinen physischen Körper kann es jedoch zerstörerisch wirken, wenn der Kummer zu lange andauert. Drei bis sechs Monate sind wohl ein ziemlich guter Zeitraum, um diese Emotionen zuzulassen, und der Prozeß an sich ist schon heilsam. Sicherlich ist das viel besser, als ständig das Gefühl zu unterdrücken, sich dem Verlust nicht zu stellen und sich und anderen vorzumachen, der Verlust mache keinen Unterschied im Leben.

Nachdem dieser Zeitraum des Loslassens vorbei ist, ist es jedoch wichtig, die Tatsache zu *akzeptieren*, daß der geliebte Mensch keinen physischen Körper mehr hat, jedoch auf der geistigen Ebene noch sehr lebendig ist und der auf der Erde Zurückgebliebene ihm später wiederbegegnet, wenn er ebenfalls die Erde verläßt. Solange verbleibt der Trauernde noch auf der irdischen Ebene, wo er noch seinen wie auch immer gearteten Dienst an der Menschheit zu verrichten und seine Lektionen zu lernen hat. Je mehr er sich mit dem *jetzigen Leben* beschäftigen kann, umso weniger wird er den Verlust beklagen. Außerdem ist zu beachten, daß viele der auf der geistigen Ebene angekommenen Wesen oft durch Medien sagen ließen, daß unser Kummer ihr Vorankommen auf der geistigen Ebene behindert.

In Kapitel 3 wurden Urteile über oder Kritik an anderen als mögliche Krankheitsursache erwähnt, und zwar wegen des Grolls oder der Frustration, die der Beurteilende empfindet. Ständiges Urteilen stellt auch eine andere Form des Machttriebes mit seinen Auswirkungen der versuchten oder ausgeübten Kontrolle über andere dar. Damit kann der Heiler so umgehen, daß er bei dem Betreffenden Verständnis dafür weckt, daß dieser das, was er in anderen sieht, auch in sich selbst finden kann, sonst würde er es nicht wiedererkennen. Tatsächlich handelt es sich um eine Projektion von Teilen seiner eigenen Psyche auf andere Menschen.

Manchmal wird die Beurteilung oder Projektion von einem intensiven Gefühl begleitet; der Beurteilende wird zornig oder aufgebracht, wenn ein negativer oder unerwünschter Persönlichkeitsaspekt projiziert wird. Andererseits können auch positive oder erwünschte Aspekte projiziert werden, wenn das Gefühl in übermäßiger Anhänglichkeit oder Anbetung des anderen Menschen besteht. Diese emotionale Ladung kommt daher, daß der Projizierende dieselbe charakteristische Gewohnheit oder Eigenschaft ebenfalls in sich trägt, sich dessen aber nicht bewußt ist; er hat sie in seinem Bewußtsein nicht zugelassen. Das Unbewußte greift zu dieser Projektion, um zu versuchen, das Bewußtsein zu erreichen, indem es den anderen als Spiegel oder Reflektor benutzt, in der Hoffnung, daß der Betroffene die projizierten Anteile als seine eigenen erkennen möge.

Auch wenn die Beurteilung oder Kritik nicht gefühlsmäßig aufgeladen ist, kann sie doch eine Projektion sein. Der Beurteilende bildet sich eine Meinung über den anderen, die auf seiner eigenen Lebenserfahrung und seiner eigenen psychologischen Struktur basiert. Er betrachtet andere Menschen sozusagen durch seinen eigenen Filter. Außerdem hat er vielleicht auch nur ein sehr begrenztes Wissen über die Psyche des anderen, dessen Handlungen oder Gewohnheiten unter Umständen auf frühe Kindheits- oder spätere Erlebnisse zurückzuführen sind, die denen des Beurteilenden so unähnlich sind, daß dieser sie nicht verstehen kann. Hier können sogar Einflüsse eine Rolle spielen, die aus einem anderen Leben mitgebracht wurden und dem Betreffenden gar nicht bewußt sind.

Die psychologische Lösung bei dieser Art von Krankheitsursache besteht darin, den Beurteilenden so deutlich wie möglich die Eigenschaften des anderen benennen zu lassen, die er am meisten verurteilt, so daß er genau weiß, worum es sich handelt. Dann kann er seine Projektionen wieder zurücknehmen, sich ihrer ganz bewußt werden und sie wieder in sich selbst aufnehmen, wo sie hingehören. Auf diese Weise kann er Energie sparen, die durch die Beurteilung anderer und die daraus entstehenden Frustrationen vergeudet wird. So hat er die Wahl, etwas zu unternehmen, um diese Dinge bei sich selbst zu verändern. All das ist jedoch leichter gesagt als getan.

Vom Standpunkt geistiger Heilung aus gesehen, ist es jedoch besser, das ganze Problem auf die höhere Ebene der bedingungslosen Liebe zu heben. Der Betreffende sollte daran denken und sich innerlich vorstellen, wie die für die Beurteilung und Frustration benötigte Energie vom Solarplexus-Zentrum (drittes Chakra), wo sie sich zusammenballt, zum Herzzentrum aufsteigt (viertes Chakra) und in bedingungslose Liebe verwandelt wird (siehe Bild auf S. 303). Besitzen wir die Fähigkeit, bedingungslos lieben zu können, haben wir nicht länger den Wunsch, andere zu beurteilen, zu kritisieren oder zu kontrollieren – wir lieben sie so, wie sie sind, und das Göttliche, das jeder Mensch, auch der Beurteilende, in sich trägt, wird stillschweigend anerkannt.

Streß

Wird als Krankheitsursache übermäßiger Streß festgestellt, muß der Kranke stressige Situationen in seinem Leben untersuchen und entscheiden, wo er den Streß vermindern oder beseitigen kann, indem er bestimmte Veränderungen in seinem Leben vornimmt. Das kann beinhalten, seine Bedürfnisse, Ziele und Einstellungen neu zu bewerten und neue Prioritäten zu setzen. Gibt es Situationen, die er selbst nicht ändern kann, weil er keine Wahl hat, muß er lernen, Geduld und Gleichmut zu entwickeln und das Leben ohne Widerstand oder Kampf so zu nehmen, wie es kommt. Oder mit den Worten des bekannten Gebets:

Gott,
gib mir die Gelassenheit,
 Dinge hinzunehmen,
 die ich nicht ändern kann;
den Mut,
 Dinge zu ändern,
 die ich ändern kann;
und die Weisheit,
 das eine vom anderen zu unterscheiden.

Ist ein geliebter Mensch gestorben, können wir das nicht ändern, aber wir können durch den Trauerprozeß gehen, bis wir den Kampf gegen Gott aufgeben und die Tatsache der notwendigen Trennung akzeptieren. Vielleicht gelingt es uns zu sehen, daß sie nur vorübergehend ist; daß wir den geliebten Menschen auf der geistigen Ebene wiedertreffen werden, wenn wir selbst ebenfalls unseren physischen Körper verlassen haben.

Haben wir unsere Arbeit verloren, können wir alle notwendigen Schritte unternehmen, um eine neue zu finden, und dann die Zeit dazwischen als positive Möglichkeit annehmen, unsere Ziele, Fähigkeiten und Wünsche neu zu bewerten und eine wohlverdiente Ruhepause einzulegen. Auch hier besteht das Geheimnis in der Annahme der Situation ohne körperlichen oder geistigen Kampf und ohne Streßerzeugung.

Körperentspannung, sportliche Betätigung, Meditation und das Mitteilen unserer Gefühle in der streßgeladenen Situation können uns ebenfalls dabei helfen, mit Streß umzugehen, den wir nicht beseitigen können. Die Entwicklung, Ausübung oder der Genuß kreativer Aktivitäten wie Kunst, Musik und Schreiben sind weitere hilfreiche Wege der Streßreduzierung, solange man nicht perfekt sein will oder die Ergebnisse dieser Unternehmungen wiederum kritisch beurteilt.

Manche Arbeitgeber mit Weitblick haben bereits erkannt, daß übermäßigem Streß im Leben ihrer Angestellten vielleicht besser mit bezahlten Urlaubstagen zur Streßreduzierung begegnet werden sollte, als darauf zu warten, bis der Betreffende krank wird, um freie Tage zu bekommen. Diese Möglichkeit, vorbeugenden Urlaub zu nehmen, kann an sich schon zusätzlichen Streß bei Menschen verhindern, die sich schuldig fühlen, wenn sie »krank« sind und das – entsprechend der landläufigen Auffassung des Wortes – nicht wirklich der Fall ist.

Oft wird durch die Reaktion auf Streß die Situation noch schlimmer, die Chance zum Krankwerden erhöht und die zum Gesundwerden verringert. Zum Beispiel sind die Folgen von exzessivem Streß oft unmäßiges Essen, Alkohol- oder Drogenmißbrauch, Rauchen, Rückzug in die Isolation, Depression, Überarbeitung, übermäßige sexuelle Aktivität oder Schlafstörungen, die gewöhnlich den bewußten oder unbewußten Versuch darstellen, sich nicht mit der stressigen Situation auseinandersetzen zu müssen.

Eltern-Kind-Konflikte

Wo liegt die Lösung, wenn man herausfindet, daß eine Krankheit durch negative Gefühle oder Streß entstanden ist, die wiederum aus einem Konflikt zwischen Eltern und Kindern stammen? Hat ein Elternteil sich um Hilfe an den Heiler gewandt, kann der Heiler zuerst einmal darauf hinweisen, daß die Tochter oder der Sohn Gottes Kind ist und nicht das seine oder ihre. Die Eltern sind die Hüter des Kindes, nicht seine Besitzer. Ihnen wurde das große Privileg zuteil, eine Seele zu befähigen, auf diese Welt zu kommen, um ihre Entwicklung fortzusetzen. Sie sollen dieses Kind während seiner frühen Jahre behüten, beschützen und ihm körperliche, geistige und spirituelle Führung angedeihen lassen, so gut sie es vermögen. Aber nach und nach, wenn das Kind heranwächst, müssen sie die Kontrolle lockern.

Ist das Kind bereits selbst erwachsen, hat es ein eigenes Leben zu leben, eigene Lektionen zu lernen und muß seinem eigenen spirituellen Weg folgen; es hat ein Recht darauf, von jeglicher Kontrolle frei zu sein, sei sie körperlicher, geistiger, emotionaler oder finanzieller Art, denn sie könnte sein Wachstum und die vollständige Verwirklichung seines Potentials behindern. Am schönsten ist es, wenn nur noch bedingungslose Liebe das Bindeglied zwischen Eltern und erwachsenen Kindern darstellt; in einer solchen Beziehung werden Glück und Harmonie für alle Beteiligten herrschen.

Sehr schön wird das vom *Propheten* in dem gleichnamigen Buch von Kahlil Gibran[2] ausgedrückt:

> Eure Kinder sind nicht eure Kinder.
> Sie sind Söhne und Töchter der Sehnsucht des Lebens nach sich selber.
> Sie kommen durch euch, aber nicht von euch.
> Und obwohl sie mit euch sind, gehören sie euch doch nicht.
> Ihr dürft ihnen eure Liebe geben, aber nicht eure Gedanken,
> Denn sie haben ihre eigenen Gedanken.
> Ihr dürft ihren Körpern ein Haus geben, aber nicht ihren Seelen,
> Denn ihre Seelen wohnen im Haus von morgen, das ihr nicht besuchen könnt, nicht einmal in euren Träumen.
> Ihr dürft euch bemühen, wie sie zu sein, aber versucht nicht, sie euch ähnlich zu machen.
> Denn das Leben verläuft nicht rückwärts, noch verweilt es im Gestern.

Ich finde nicht, daß ein Kind den Eltern irgend etwas schuldet. Wenn Unabhängigkeit, Individualität und Freiheit dem Kind liebevoll beigebracht werden und die Kontrolle Schritt für Schritt nachläßt, wenn es älter wird, empfangen normalerweise die Eltern ihrerseits bedingungslose Liebe vom Kind, und die Beziehung zwischen dem erwachsenen Kind und den Eltern wird von Freude und Harmonie geprägt sein.

Ist die Kontrolle jedoch offensichtlich, oder ist ein Elternteil wirklich davon überzeugt, keine Kontrolle über seinen Sohn oder seine Tochter auszuüben, der Heiler jedoch den Eindruck hat, daß eine vielleicht unbewußte Kontrolle dem Kind oder dem Elternteil Probleme bereitet, kann er diesem (während des Heilprozesses) vorschlagen, sich sein Kind innerlich vorzustellen und zu beobachten, ob er zu sehr an es gebunden ist. Wenn das der Fall ist (manchmal tauchen Schnüre, Stricke oder Ketten auf), wird er aufgefordert, sich in Gedanken ein Instrument auszuwählen und all diese Verbindungen durchzuschneiden.

Sind die Fesseln sehr stark, muß dieser Prozeß möglicherweise bei anderer Gelegenheit noch einmal wiederholt werden. Auffällig ist, daß fast jeder, bei dem ich diese Methode anwandte, sofort in der Lage war, diese Bande (die sehr unterschiedlich beschaffen sein können) wahrzunehmen und in der Vorstellung mitzuhelfen, sie zu durchtrennen, was von großen Gefühlsausbrüchen begleitet sein kann. Es ist ein unglaubliches Ereignis, die Erleichterung mitzuerleben, die der Elternteil schließlich dadurch empfindet, auch wenn es am Anfang oft schmerzlich sein kann. Die Söhne oder Töchter überkommt ein Gefühl von Frieden, auch wenn ihnen häufig nicht bewußt ist, was überhaupt passiert ist und sie vielleicht sogar Tausende von Kilometern entfernt sind; sie werden trotzdem Erleichterung spüren, sobald der Elternteil sie mit Hilfe von Gedanken und Visualisierungen in die Freiheit entlassen hat.

Sind Sohn oder Tochter zum Heiler gekommen, und eine zu starke Bindung an einen Elternteil hat sich als Ursache der Krankheit herausgestellt, können sie während des Heilungsprozesses ermutigt werden, mit Hilfe derselben Visualisierungsmethode die Bande zu durchtrennen und ihre Freiheit zu erlangen. Dann sollten sie in Gedanken den Eltern verzeihen und ihnen bedingungslose Liebe senden, so daß alle Wunden, die vielleicht durch das Durchtrennen der Bande entstanden sind, heilen können. Wir haben im Leben immer eine Wahl, und Söhne und Töchter müssen erkennen, daß sie sich diese Beherrschung ausgesucht haben, aber tatsächlich Freiheit dadurch erlangen können, wenn sie sich entscheiden, frei zu sein. Das kann eine der wichtigsten Lektionen sein, die sie in diesem Leben zu lernen haben, und aus einer solchen Erfahrung können sie Kraft schöpfen. Jeder von uns ist verantwortlich für sein eigenes Leben und für kein anderes; das bedeutet nicht, daß wir es in selbstsüchtiger Weise ablehnen sollen, unserem Nächsten eine helfende Hand zu reichen, aber es bedeutet in der Tat, ihn sein eigenes Leben frei leben zu lassen, während wir die volle Verantwortung für unser eigenes übernehmen. Durch das Akzeptieren der Dominianz eines anderen Menschen behindern wir das Wachstum seiner Seele und unserer eigenen mehr als es zu fördern.

Meiner Erfahrung nach kann diese Methode des Durchtrennens der ungesunden Bande oder Verbindungen durch Visualisierung noch dadurch verstärkt werden, daß der Betreffende anschließend darum bittet, ein weißes Licht möge zwischen ihm und dem anderen erscheinen, und sich das gleichzeitig vorzustellt. Nur bedingungslose Liebe kann diesen Lichtschirm durchdringen, alle anderen Bindungen oder Verhaftungen können jedoch nicht eindringen, seien es nun die der Kontrolle oder des Kontrolliert-Werdens oder die sexuellen, emotionalen oder geistigen Ursprungs. Mit anderen Worten, dieser zusätzliche Schritt kann unternommen werden, wenn die Methode des Visualisierens zur Auflösung folgender Verbindungen benutzt wird: a) einer Eltern-Kind-Dominanz, b) einer immer noch bestehenden Bindung an einen früheren Ehegatten oder Geliebten, c) Angst oder eines anderen negativen Gefühls, d) einer Bindung an die Vorstellung, eine bestimmte Krankheit zu haben oder e) von irgend etwas, das ein Mensch aus seinem Leben entfernen möchte.

Konflikte innerhalb einer Familie werden nicht immer dadurch verursacht, daß ein Mitglied ein anderes zu kontrollieren versucht, obwohl das sehr oft vorkommt. Es gibt auch die Situation, daß ein oder mehrere Familienmitglieder all ihre Probleme auf ein bestimmtes Mitglied, oft ein Kind, projizieren. Dieses Familienmitglied ist sich gar nicht bewußt, was da vor sich geht und hält die Probleme für seine eigenen hält. Das Kind kann dadurch sehr unglücklich werden, aus reiner Selbstverteidigung sogar sein ganzes Selbstbewußtsein verlieren und neurotisch, psychotisch oder autistisch werden.

Ich erinnere mich da an eine junge Frau, die von Geburt an Kinderlähmung hatte. Sie erzählte mir, sie sei in der Annahme aufgewachsen, die Ursache aller Probleme in ihrer Familie – sowohl auf seiten der Eltern als auch der Geschwister – zu sein, worüber sie während ihrer ganzen Kindheit sehr unglücklich war. Mit neunzehn Jahren verließ sie schließlich das Elternhaus und schlug sich mühsam alleine durch, in dem Glauben, sie habe ihre Eltern nun all ihrer Schwierigkeiten enthoben. Zu ihrer großen Überraschung stellte sie fest, daß die Probleme der einzelnen Familienmitglieder genauso weiterbestanden wie vorher. Nach und nach ging ihr auf, daß sie keine Schuld an den Problemen der anderen hatte, sondern auf ihre Weise begabt und attraktiv war und trotz ihrer körperlichen Einschränkungen ein glückliches, unabhängiges Leben führen konnte. Die Familien- und Eheberater wissen heutzutage sehr genau um diese Möglichkeit und bestehen daher oft darauf, die ganze Familie kennenzulernen und nicht nur das Familienmitglied, das zu ihnen um Hilfe gekommen ist. Daher kann es einige Fälle geben, in denen ein Geistheiler empfehlen sollte, daß der Hilfesuchende zur Feststellung der Krankheitsursache eine professionelle Familienberatung aufsuchen sollte.

Schuldgefühle

Wird eine Krankheit durch Schuldgefühle verursacht, sollte als erstes darauf hingewiesen werden, daß solche Gefühle anderen Menschen keinen Schaden zufügen (abgesehen davon, daß wir alle miteinander verbunden und somit alle betroffen sind). Es ist jedoch ebenfalls klar, daß sie für beide Seiten absolut zu nichts nütze sind und dem, der die Schuldgefühle hat, *wirklich* schaden. Daher gibt es allen Grund für den Versuch, sie aufzulösen, und keinen Grund, das nicht zu tun.

Kann die Tat, die zu dem Schuldgefühl geführt hatte, wiedergutgemacht werden, beispielsweise indem gestohlene Dinge oder Geld wieder zurückgegeben werden, sollte das möglichst persönlich und mit der Bitte um Entschuldigung erfolgen. Ist das nicht möglich, wie bei körperlichen, geistigen oder emotionalen Schmerzen, die jemandem zugefügt wurden, oder nicht wiedergutzumachendem Schaden, sollte der Versuch unternommen werden, das angerichtete Unglück so weitgehend wie möglich rückgängig zu machen. Danach sollten wir uns aufrichtig und persönlich bei dem Geschädigten entschuldigen und um Verzeihung bitten. Das ist nicht einfach, aber absolut notwendig, wenn wir unseren inneren Frieden wiedererlangen wollen.

«Wenn du zum Altar gehst, um Gott deine Gaben zu bringen, fällt dir dort vielleicht ein, daß dein Bruder etwas gegen dich hat. Dann laß deine Gabe vor dem Altar liegen, geh zuerst zu deinem Bruder und söhne dich mit ihm aus. Danach kannst du Gott dein Opfer darbringen.« (Matthäus 5, 23–24)

Die Kahunas lehrten auch die Möglichkeit, daß der einem anderen zugefügte Schaden (der nun schon irreversibel ist) wiedergutgemacht werden kann, indem wir anderen Menschen Gutes tun und damit einen Ausgleich schaffen.

Ein anderes weises Verfahren besteht darin, Gott oder den universellen Schöpfer allen Seins um Verzeihung zu bitten, denn wann immer wir unsere Brüder und Schwestern verletzen, verletzen wir auch Gott. Die Bibel weist deutlich darauf hin, daß Gott immer bereit und willens ist, uns in dem Maß zu vergeben, wie wir auch anderen vergeben, aber wir müssen zuerst darum bitten und dann die Vergebung auch annehmen. Wenn jemand Ihnen etwas schenken will, kann das schließlich auch erst geschehen, wenn Sie es annehmen. Zum Abschluß des Ganzen vergibt der Schuldige auch sich selbst, was vielleicht am schwersten fällt. Das zu unterlassen, nützt niemandem und bedeutet, daß man es besser zu wissen glaubt als Gott.

Es kann vorkommen, daß die Adresse des Menschen, dem wir Unrecht getan haben, nicht bekannt oder er bereits verstorben ist, und der Schuldige könnte meinen, daß er deshalb das Gefühl der Schuld nicht überwinden könne. Der Heiler sollte ihm versichern, daß dem nicht so ist; denn Wiedergutmachung – falls möglich – kann auch an die Erben des Verstorbenen oder an eine entsprechende Ersatzperson gerichtet sein. Der sich schuldig Fühlende kann den Abwesenden oder Verstorbenen visualisieren, seinen Kummer über das Vorgefallene ausdrücken und um Verzeihung bitten. Anschließend kann er auch Gottes Vergebung erbitten und sie annehmen. So kann Menschen mit Schuldgefühlen verständlich gemacht werden, daß sie doch eine Wahl haben: Sie können sich entweder mit diesen Gefühlen herumplagen und an den Folgen leiden oder sie auf die genannte Art auflösen.

Das Beichten von Vergehen gegenüber anderen oder Gott – ein sehr wichtiger Bestandteil der Religionsausübung in der römisch-katholischen Kirche – hat viel dazu beigetragen, die körperliche und geistige Gesundheit der Mitglieder dieser Kirche zu erhalten. C.G. Jung sagte einmal in einem Interview, Katholiken bräuchten keine Psychoanalyse, da sie die Beichte hätten. Nach der Reformation waren Priester als Beichtväter nicht mehr Bestandteil der protestantischen Kirchen; Psychologen und Psychiater nahmen aber später ihren Platz ein, in letzter Zeit auch Geistliche mit einer Zusatzausbildung als Berater. Auch bei der Beichte ist die Reinigung ohne Reue, Wiedergutmachung (wenn möglich) und Bitte um Vergebung sowie deren Annahme nicht vollständig.

Ein weiterer Faktor ist untrennbar mit den Faktoren Schuld und Vergebung verbunden: Die Notwendigkeit, anderen auch für all das zu vergeben, was sie uns unserer Meinung nach angetan haben. Jesus leitete uns an, im Vaterunser zu sagen: »Vergib uns unsere Schuld, wie auch wir jedem verzeihen, der uns Unrecht getan hat«, und fügte hinzu: »Wenn ihr den anderen verzeiht, was sie euch angetan haben, dann wird auch euer Vater im Himmel euch eure Schuld vergeben. Wenn ihr aber den anderen nicht verzeiht, dann wird euer Vater euch eure Verfehlungen auch nicht vergeben.« (Matthäus 6, 12, 14–15). Wollte Jesus einer seiner Lehren besonderes Gewicht verleihen, wiederholte er sie in etwas anderen Worten, wie er es auch in diesem Fall tat.

Diese Überlieferung mag sich anhören, als ob Jesus meinte, daß Gottes Liebe in diesem Zusammenhang an Bedingungen geknüpft sei. Wahrscheinlich war ursprünglich gemeint, daß wir, wenn wir anderen nicht vergeben, nicht in der Lage sein werden, Gottes Vergebung anzunehmen, obwohl sie uns immer gewährt wird, wenn wir darum bitten.

Daher sollte ein Mensch, der von seinen Schuldgefühlen frei werden möchte, sein Innerstes gründlich daraufhin untersuchen, ob er selbst feindselige Gedanken hegt, Groll empfindet oder etwa nicht bereit ist, anderen – einschließlich der Person, die er verletzt hat – zu vergeben. Entdeckt man solche Gedanken, müssen sie durch Gedanken der Vergebung, der Harmonie und Liebe ersetzt werden, denen gegebenenfalls Worte und Taten folgen müssen.

Einmal kam eine junge Frau zu mir, die neun Jahre lang immer wieder in der einen oder anderen Form Probleme mit ihren Fortpflanzungsorganen hatte; nun sollte sie operiert werden, um eine Zyste von einem Eierstock zu entfernen und einer Eileiterentzündung beizukommen, die auf Medikamente nicht angesprochen hatte. Bereits nach der ersten Heilsitzung nahmen die Schmerzen deutlich ab, aber sie wußte, daß sie noch lange nicht wirklich geheilt war, und ich hatte das Gefühl, daß wir in unserem Vorgespräch die Ursache noch nicht aufgedeckt hatten.

Weitere Gespräche vor der zweiten Heilbehandlung ergaben, daß die Probleme angefangen hatten, kurz nachdem ihr Stiefvater mit ihr Geschlechtsverkehr begonnen hatte, als sie erst dreizehn Jahre alt war. Damals war sie ein schüchternes und unschuldiges Mädchen und machte sich nicht klar, daß das falsch war. Natürlich versuchte er sie vom Gegenteil zu überzeugen und stellte es lediglich als eine Art hin, ihr seine Liebe zu zeigen. Daher erzählte sie niemandem etwas davon, und es ging einige Zeit so weiter, bis sie entdeckte, was sie sich damit eigentlich antat, und seine weiteren Annäherungen zurückwies. Mit sechzehn Jahren verliebte sie sich in einen Jungen ihres Alters und heiratete ihn. Da sie in ihrer Ehe keine sexuellen Probleme hatte, gab es keinen Grund für sie, eine Verbindung zwischen ihren gegenwärtigen Gesundheitsproblemen und dem früheren Vergehen ihres Stiefvaters herzustellen.

Als ich den zeitlichen Zusammenhang der Dinge erkannte, fragte ich sie, ob sie noch Gefühle der Wut oder des Grolls gegen ihren Stiefvater wegen seines Verhaltens hege. Sie entdeckte einige, aber nicht viele. Ich fragte weiter, ob sie sich wegen ihrer Rolle bei dem Ganzen schuldig fühle; sie sagte nein, da sie erst später herausfand, daß es nicht richtig war. Ich nahm jedoch an, daß sie trotzdem auf einer unbewußten Ebene Schuldgefühle empfand, da sie niemals mit ihrer Mutter oder irgend jemand anderem darüber gesprochen hatte. Als sie darüber nachdachte, kamen die Schmerzen, die während der Sitzung am Vortag fast verschwunden waren, verstärkt zurück, und wir wußten, daß sicherlich ein Zusammenhang bestand.

Während der zweiten Heilsitzung taten wir zweierlei:

a) Ich bat sie, ihren Stiefvater zu visualisieren und dann nachzusehen, ob zwischen ihnen noch Bindungen bestünden (was auch der Fall war), diese zu durchtrennen und ihn mit bedingungsloser Liebe und ihrer Vergebung seines Weges ziehen zu lassen, was sie auch konnte.
b) Ich bat sie, sich auf sich selbst zu konzentrieren und Gottes Vergebung zu erbitten, in der Gewißheit, daß Er sie nicht verurteilen würde und immer bereit war zu vergeben, wenn man Ihn darum bat. Sie tat das im Stillen und empfand als sofortige Reaktion eine sehr starke und intensive Vibration, die durch meinen Körper in ihr Herzzentrum (wo sich meine Hände befanden) und durch ihren ganzen Körper ging. Wir hatten beide keinen Zweifel daran, daß ihr Gebet positiv beantwortet worden war und daß sie nun nur noch das Geschenk annehmen und sich selbst vergeben mußte. Die Heilung trat ein, eine Operation war nicht mehr nötig, und als ich ein Jahr später mit ihr sprach, waren keine Symptome mehr aufgetreten.

Ich habe hier viel von Verzeihung und der Bitte um Vergebung gesprochen, weil ich herausgefunden habe, daß sie zu den wichtigsten und wirkungsvollsten geistigen Instrumenten für eine Heilung gehören, die die Menschheit kennt. Außer in den bereits erwähnten Fällen habe ich auch ansonsten häufig erlebt, wie es zu wunderbaren geistigen, emotionalen und körperlichen Heilungen kam, nachdem der Kranke aufrichtig verziehen und um Vergebung gebeten hatte. Wie aus den Berichten von Menschen hervorgeht, die jahrelang eine Therapie gemacht haben, wird diese Methode leider nur selten von anderen Therapeuten angewandt.

Negatives Denken

Wenn sich herausstellt, daß die Ursache einer Krankheit in den Denkmustern des kranken Menschen zu suchen ist, muß er sich klarmachen, daß er – wenn er will – die völlige Kontrolle über seine Gedanken und immer eine Wahl hat und daß er – wie schwer es auch für ihn sein mag – die Richtung und den Inhalt seiner Gedanken ins Gegenteil dessen verkehren muß, was seine Probleme verursacht hat. Dazu braucht er wahrscheinlich viel Geduld, Übung und Willenskraft, aber wieder liegt die Heilung in ihm selbst und kommt nicht von außen.

Energie folgt den Gedanken, ob sie nun positiv oder negativ geladen sind. Wir haben bereits erklärt, daß der menschliche Körper aus Abertausenden von Atomen besteht, von denen jedes wiederum aus vielen Teilchen zusammengesetzt ist, die sich mit großer Geschwindigkeit nach einem bestimmten Muster bewegen. Doch diese Bewegung oder Schwingung ist so langsam, daß unser Körper unseren Sinnen fest erscheint. Dieses Muster kann durch negatives Denken verändert werden, so daß Krankheit oder Gesundheitschäden auftreten. Durch positives Denken kann erneut ein gesundes, harmonisches Muster hergestellt werden. Gott schuf das Universum und den Menschen durch Gedankenkraft und ordnete die Atome zu einem schönen, ordentlichen und harmonischen Muster an. Die Annahme liegt daher nahe, daß gedankliche Harmonie und Einstimmung auf den höheren Geist automatisch die Atome eines kranken Körpers wieder in das ursprüngliche Muster zurückversetzen und Heilung die Folge ist. Da die atomaren Teilchen sich ständig in Bewegung befinden und selbst auch aus Energie bestehen, kann die Heilung augenblicklich einsetzen, wenn die Gedanken entsprechend verändert werden.

Eine der besten Methoden, die Angewohnheit negativen Denkens umzukehren, besteht in der Äußerung von Affirmationen. In Kapitel 10 wird unter der Überschrift *Den Inhalt des Unterbewußtseins ändern* noch ausführlicher auf diesen Punkt eingegangen.

Konflikt mit dem Lebensplan

Manchmal wird deutlich, daß eine Krankheit dadurch bedingt ist, daß ein kranker Mensch seinem vorbestimmten Lebensplan nicht folgt. Heilung kann in diesem Falle offensichtlich nur dann eintreten, wenn der Betreffende alle Anstrengungen unternimmt, sich auf diesen Plan einzustimmen, denn er weiß intuitiv und instinktiv, daß er ihm folgen sollte. Das kann einige drastische Veränderungen in seinem Leben mit sich bringen, vielleicht auch ein geringeres Einkommen, aber sehr wahrscheinlich werden Gesundheit und Harmonie die Folge sein.

In seinem interessanten Buch *Psychotherapie gegen den Krebs*[3] beschreibt Dr. Lawrence LeShan den Fall eines jungen Anwalts, bei dem sich ein großer Gehirntumor entwickelt hatte, der mit Medikamenten oder chirurgischen Eingriffen nicht mehr zu behandeln war. Man hatte ihm gesagt, daß er wahrscheinlich nur noch wenige Monate zu leben habe. Auf der Suche nach einer Alternative bat der Kranke den Psychotherapeuten LeShan um Hilfe. Dieser fand heraus, daß der Mann als Kind schüchtern und in sich gekehrt war, obwohl er außergewöhnlich musikalisch begabt war. Er wurde Anwalt, um dem Wunsch seines Vaters nachzukommen, und heiratete das Mädchen, das seine Mutter für ihn ausgesucht hatte. Er glaubte, die Liebe anderer nur gewinnen zu können, wenn er tat, was man von ihm erwartete, und opferte dafür seine eigenen Träume. Als er von Dr. LeShan lernte, daß er um sein Leben kämpfen konnte, gab er seine juristische Karriere auf, wurde Berufsmusiker in einem Symphonieorchester und ließ sich von seiner Frau scheiden. Danach löste sich sein Tumor nach und nach von selbst auf.

Bemerkenswert ist in diesem Fall, daß ein wichtiger Punkt dabei auch ein unbewußter innerer Konflikt war, der durch die vom Sohn zu passiv hingenommene elterliche Dominanz hervorgerufen wurde.

Dr. Brugh Joy beschreibt in seinem inspirierenden Buch *Weg der Erfüllung*[1] den drastischen Wandel in seinem eigenen Leben, vom Führen einer äußerst erfolgreichen medizinischen Praxis bis zum Beginn seiner persönlichen Suche nach Transformation. Kurz nach seinem fünfunddreißigsten Geburtstag wurde ihm bewußt, daß er an einer chronischen, immer wieder aufflammenden Bauchspeicheldrüsenentzündung litt, die häufig mit Schmerzen einherging und mit medizinischen Mitteln allein nicht zu heilen war. Die Wahrscheinlichkeit war hoch, daß er daran sterben würde, und die Schmerzanfälle wurden immer häufiger. Fünf Monate später erlebte er in einer Meditation einen ungeheuer starken Energiewirbel und hörte eine laute Stimme sagen: »Deine Ausbildung und Erfahrung als orthodoxer Mediziner sind abgeschlossen. Sie sind vorbei. Die Zeit ist gekommen, da du aufbrechen und deine Seinsheit erneut einer tieferen Verpflichtung und Tätigkeit widmen mußt.«

Er gehorchte der Stimme sofort und machte sich auf eine Reise der Entdeckungen und des Lehrens, die faszinierend zu lesen ist. Interessant daran ist, daß seine Krankheit in dem Moment geheilt wurde, als er die Führung annahm und dem Lebensplan folgte, der ihm offenbart wurde. Fünf Jahre später waren immer noch keine Schmerzen oder anderen Symptome der Krankheit zurückgekehrt.

Ein anderes Beispiel ist der Fall einer Studentin, die zu mir kam, weil sie ununterbrochen weinen mußte und keine Ahnung hatte, warum. Sie war im großen und ganzen glücklich, und keine plötzliche Tragödie war über sie hereingebrochen. Während unseres Gesprächs stellte sich jedoch heraus, daß sie eine geborene Künstlerin war und sich niemals glücklicher fühlte, als wenn sie malen oder zeichnen konnte; sie ging völlig darin auf und fühlte sich mit sich selbst in Frieden. Ihr war jedoch klar, daß es ihr sehr schwerfallen würde, nur mit der Kunst ihren Lebensunterhalt zu verdienen, deshalb machte sie eine Ausbildung auf einem anderen Gebiet, um eine weitere mögliche Einnahmequelle zu haben. Da diese Ausbildung sehr schwierig war, blieb ihr keine Zeit mehr für die Kunst. Meine Vermutung war, daß ihre Energie dadurch völlig blockiert wurde. Wenn sie sie wenigstens zeitweilig wieder »fließen« lassen könnte, müßten die Tränen nicht mehr als Ersatz fließen. Sie folgte meinem Rat, und bald versiegten die Tränen.

Karma

Ist eine Krankheitsursache karmisch bedingt, wird Geistheilung, wie bereits erwähnt, wenig Erfolg haben, solange die Lektion nicht gründlich gelernt worden ist. Das bedeutet nicht, daß solche Fälle hoffnungslos sind. Es wird uns gesagt, daß die bedingungslose Liebe anderer Menschen uns möglicherweise dabei helfen kann, die Last des Karma zu verringern und die Annahme der karmischen Lektion zu beschleunigen.

Eine andere Möglichkeit, karmisch bedingte Schmerzen zwar zu lindern, aber nicht aufzulösen, wird in *Das Wassermann-Evangelium von Jesus dem Christus*[4] beschrieben. Jesus erzählte von einem Mann, der blind geboren wurde, weil er in einem anderen Leben grausam gewesen war und so das Augenlicht eines anderen zerstört hatte. Jesus sagte weiter:

> Wir können nicht die Schuld des Bruders tilgen. Doch wir können mit dem Wort den Leidenden von seinen Qualen, seiner Pein befreien. Ist er frei von seinen Qualen kann er seine Schuld im selbstgewählten Dienst am Nächsten sühnen.

Mit anderen Worten: Die Heilung von karmabedingter Krankheit und Leid ist möglich, wenn der Leidende bereit ist, sein ganzes Leben dem Dienst am Nächsten zu widmen.

Es gibt drei weitere Möglichkeiten, mit Ursachen umzugehen, die auf frühere Leben zurückgehen. Die erste besteht einfach darin, sich des entsprechenden Ereignisses in dem früheren Leben und der Verbindung zu diesem Leben bewußt zu werden; alles, was vorgefallen ist, als Beobachter zu sehen, so daß der Schmerz nicht noch einmal durchlebt werden muß, und dann zu verstehen, daß alles in einem vergangenen Leben und nicht in diesem stattfand und das jetzige Leben dadurch nicht unbedingt beeinträchtigt werden muß. Leidet ein Mensch zum Beispiel in diesem Leben unter Migräne, entdeckt er vielleicht durch Rückführung in ein früheres Leben, daß er durch einen Schlag auf den Kopf oder Kopfschuß gestorben ist oder sein Schädel verletzt oder zerschmettert wurde. Sich dessen bewußt zu werden und es loszulassen, kann schon alles sein, was nötig ist, um die Kopfschmerzen loszuwerden.

Die Bewußtmachung dieser Art von Verbindungen zu vergangenen Leben ist auch sehr effektiv bei der Auflösung von Phobien im jetzigen Leben, wie beispielsweise Klaustrophobie, Agoraphobie, Angst vor Feuer, Wasser oder Höhe und ähnliches. Zu mir kam einmal eine junge Frau, die große Angst hatte, sich in geschlossenen Räumen aufzuhalten. Eine Rückführung in frühere Leben brachte zutage, daß sie zweimal erstickt war, in einem Fall langsam in einem Steinsarkophag.

Die zweite Methode, mit einer aus der Vergangenheit stammenden Situation umzugehen, besteht darin, sie so zu behandeln, als würde sie in der Gegenwart stattfinden. In der geistigen Welt gibt es weder Zeit noch Raum, und deshalb kann es genauso wirksam sein, jemandem jetzt zu vergeben oder seine Vergebung für ein Ereignis zu erbitten, das sich vor 2000 Jahren zugetragen hat, als ob das Erlebnis erst gestern stattgefunden hätte. Das wird auch am Beispiel der Frau mit den Schmerzen im rechten Arm verdeutlicht, das ich in Kapitel 4 beschrieben habe. Manchmal ist eine Kombination dieser beiden Methoden nötig, um das Problem zu lösen.

Die dritte Methode besteht in der Erkenntnis, daß es möglich ist, die Vergangenheit, ja sogar vergangene Leben, zu verändern, da die Vergangenheit nur im Gedächtnis des Betreffenden existiert und solange unbewußt bleibt, bis die Rückführung stattfindet. Wenn man daher mit Hilfe von Vorstellungskraft und Visualisierung einen anderen Schluß für ein Leben erschafft, dessen ursprüngliches Ende ein Problem im jetzigen Leben verursachte, kann die Ursache aufgelöst werden. Das klingt vielleicht merkwürdig, aber glauben Sie mir, es funktioniert. Hier ist ein Beispiel:

Ein Mann bekam von Zeit zu Zeit unkontrollierbare Wutanfälle, die zu dem auslösenden Ereignis in seinem Leben in keinem Verhältnis zu stehen schienen. Als ich ihn in drei verschiedene vergangene Leben zurückführte, fand er heraus, daß er jedesmal mit einem Gefühl großer Wut gestorben war. In einem dieser Leben war er auch sehr wütend auf Gott, weil Er die Situation, die ihn so aufregte, »zugelassen« hatte. Ich schlug vor, er solle für jedes dieser Leben ein anderes Ende schaffen, so daß er in Frieden sterben könne. Er folgte meinem Rat und wiederholte die Visualisierung einundzwanzig Tage lang jeden Tag; danach erfüllte ihn in seiner unbewußten Erinnerung ein Gefühl des Friedens, und die exzessiven Wutanfälle hörten auf.

Wesenheiten zum Gehen bewegen

Vermutet man in einem Fall als Krankheitsursache Besessenheit oder Besetzung durch eine oder mehrere körperlose Wesenheiten, können sie auf folgende Weise zum Gehen bewegt werden:

1. Hat die Suche die Möglichkeit der Besetzung durch eine oder mehrere bekannte, bereits verstorbene Seelen – beispielsweise Ehemann oder Großmutter – ergeben, so fragen Sie nach den Namen dieser Personen, damit sie direkt angesprochen werden können.
2. Bitten Sie den Hilfesuchenden, mehrmals tief und langsam ein- und auszuatmen und sich dann so weit wie möglich zu entspannen (Hypnose ist nicht notwendig).
3. Nun soll er sich ein weißes Licht vorstellen, das sich von seiner Körpermitte aus nach und nach im ganzen Körper ausbreitet. Ist der ganze Körper davon erfüllt, soll sich das Licht noch etwa einen Meter über den Körper hinaus ausbreiten, bis er sich ganz von einem Kokon aus weißem Licht umgeben fühlt. Machen Sie währenddessen dasselbe.
4. Handelt es sich vermutlich um bekannte Wesenheiten, fragen Sie sie der Reihe nach namentlich, ob sie anwesend sind. Antworten sie »Ja« mit der Stimme des besetzten Menschen, führen Sie das Gespräch mit ihnen weiter und fragen sie, ob sie wissen, wo sie sind; betonen Sie, daß sie das Leben des Menschen, den sie besetzt haben, stören und ihr eigenes spirituelles Fortkommen behindern, und daß es für sie nötig ist und sie es auch verdient haben, weiterzugehen ins Licht, wo sie viel glücklicher sein werden und weiterkommen können, anstatt festzusitzen wie im Moment.
5. Es ist sehr wichtig, den Besetzten und die Wesenheit zur Mitarbeit zu bewegen. Fragen Sie ihn daher, ob er bereit ist, die Wesenheit loszulassen; lautet die Antwort, wie fast immer, »Ja«, fahren Sie mit der nächsten Frage fort. Ist sie aus einem bestimmten Grund »Nein«, wie etwa bei einer Mutter, die den Kontakt zu ihrem verstorbenen Kind nicht verlieren will, dann müssen Sie den Betroffenen zu überzeu-

gen versuchen, daß es genauso in seinem Interesse wie in dem der Wesenheit liegt, diese gehen zu lassen. Danach fragen Sie die Wesenheit, ob sie bereit ist, den Menschen zu verlassen. Manchmal ist die Antwort »Ja«, manchmal aber auch »Nein«, da die Wesenheit Angst vor dem Unbekannten hat, Angst davor, die Bequemlichkeit des Bekannten zu verlassen, oder Widerstände dagegen, die Ersatzbefriedigung ihrer Wünsche durch Alkohol, Drogen und so weiter aufzugeben. In diesem Fall muß das Gespräch fortgesetzt werden, bis die Wesenheit zum Gehen bereit ist.

6. Bitten Sie die Wesenheit dann, zum Licht hinaufzusehen. Wenn sie es sehen kann, auch wenn es nur ein winziger Punkt ist, soll sie es weiter anschauen, bis es immer größer wird, was sicher geschehen wird. Dann soll sie nach ihren Geistführern Ausschau halten, die immer auf sie warten, um ihr weiterzuhelfen. Wenn sie nun die Hände ausstreckt, kann sie die Hände ihrer Geistführer fassen und mit ihnen ins Licht gehen.
7. Wenn die Wesenheit gegangen ist, bitten Sie den Betroffenen, sich noch einmal, wie eingangs beschrieben, das weiße Licht vorzustellen, das sich in seinem Innern ausbreitet.

War dieser Prozeß erfolgreich, so fühlt sich der Betreffende im allgemeinen völlig verändert und drückt dies zum Beispiel folgendermaßen aus: »Ich fühle mich viel leichter« oder »Ein großes Gewicht ist von mir abgefallen« oder »Ich spüre, daß ich nun wieder allein in meinem Körper bin« oder »Ich habe das Gefühl, mein Leben wieder in der Hand zu haben«.

Ich danke Dr. William Baldwin, einem Rückführungstherapeuten, der mich auf die Möglichkeit von Besessenheit oder Besetzung als Krankheitsursache hingewiesen und mich gelehrt hat, wie ich sie – wie oben kurz beschrieben – erkennen und dagegen vorgehen kann. Bei der Austreibung von Wesenheiten spielen jedoch viele verschiedene Aspekte mit, und jeder Fall stellt sich wieder etwas anders dar, so daß ich dem Leser empfehlen möchte, zuerst mehr Erfahrungen zu sammeln, bevor er sich selbst daran versucht.

Unbewußte Vorteile

Fördert die Suche nach der Ursache das Zugeständnis des Kranken zutage, daß er Vorteile aus der Krankheit zieht, wie beispielsweise mehr Aufmerksamkeit oder die Vermeidung einer Situation, die ihm nicht gefällt, dann sollte er sich einmal genau überlegen, was die Krankheit ihn selbst und andere an Schmerzen, Leid und Unbequemlichkeit, aber auch rein finanziell kostet. Hat er sich das bewußt gemacht, so soll er einmal die Vorteile mit den Kosten vergleichen und überlegen, ob es das wirklich wert ist. Manchmal reicht das bereits aus, um die Motivation und den Willen zu einer raschen Genesung zu fördern.

Die Bereitschaft, sich zu ändern

Alles Gesagte setzt voraus, daß der Hilfesuchende willens ist, sich zu ändern. Ich erinnere mich da an einen Mann, der im fortgeschrittenen Stadium einer Krankheit zu mir kam. Er sagte, es sei ihm bewußt, daß die Krankheit durch sein exzessives Rauchen, Trinken und Arbeiten hervorgerufen worden sei; inzwischen hatte er all das völlig aufgegeben und war ziemlich sicher, seine Lektion daraus gelernt zu haben. Er war ebenfalls überzeugt, daß er in keine dieser Gewohnheiten nach seiner Heilung wieder zurückfallen würde. Seine Krankheit verschlimmerte sich jedoch zusehends. Ohne ihn beurteilen zu wollen, gewann ich in weiteren Gesprächen den Eindruck, diese körperlichen Exzesse seien Anzeichen für einen sehr egozentrischen Mann, für den es sehr schwer war, Liebe für andere auf ganz einfache Art und Weise zu zeigen. Ich drängte ihn, bedingungslose Liebe an alle seine Bekannten zu senden und ihr durch kleine freundliche Gesten Ausdruck zu verleihen, wann immer das möglich war. Als wir bei weiteren Sitzungen eingehender darüber sprachen, wurde jedoch deutlich, daß er dazu nicht bereit oder nicht in der Lage war, und innerhalb weniger Wochen starb er.

In einem anderen Fall, bei dem der Hilfesuchende bereit war, sich zu ändern, passierte das Gegenteil. Er kam drei Jahre nach dem Anlegen eines künstlichen Darmausganges zu mir. Diese Operation kann bei einer Darmentzündung erforderlich sein, wobei der Darm durchtrennt und ein externer Plastikbehälter angebracht wird, der die Exkremente aufnimmt. Er muß täglich durch einen neuen ersetzt werden, bis der untere Teil des Darms wieder geheilt ist. In diesem Fall war das noch nicht geschehen, und der Arzt schätzte, daß vermutlich noch ein Jahr vergehen würde, bevor der Darm wieder zusammengefügt werden könnte und der Behälter überflüssig würde.

Als wir über mögliche Ursachen sprachen, erwähnte er, daß er stolz darauf sei, mit welcher Umsicht er sich seine Nahrungsmittel aussuche, so daß er sich eigentlich über die Entzündung wundere. Als er das Wort »stolz« ausgesprochen hatte, empfanden wir beide, daß darin vielleicht ein Hindernis für sein Wachstum liegen könnte, und daß das die Lektion war, die er an der Krankheit zu lernen hatte. Ich betonte, das Gegenteil von Stolz sei Demut, und was könne demütigender sein, als am Bauch einen Plastikbehälter mit sich herumtragen zu müssen, der das enthielt, was sich eigentlich im Enddarm befinden sollte? Er stimmte zu, daß hierin wohl die Antwort läge und beschloß, seine Einstellung in Richtung auf mehr Demut zu ändern. Sechs Wochen später teilte ihm sein Arzt mit, die Entzündung sei ausgeheilt, und die Darmenden könnten wieder zusammengefügt werden.

Da viele Geistheiler wissen, wie wichtig es ist, bei der Suche nach der Ursache einer Krankheit mitzuhelfen, nehmen sie sich vor dem Heilgebet und dem Auflegen der Hände die Zeit, sich die Probleme des Hilfesuchenden oder alles andere, worüber er sprechen möchte und was wichtig erscheint, anzuhören. Der Heiler hilft ihm beim Bewußtwerden seiner Gefühle, indem er lediglich zuhört, weder das Gesagte beurteilt noch dem anderen Ratschläge erteilt, jedoch gelegentlich nachfragt, wenn es angemessen erscheint. Dieses vorbereitende »Leihen eines Ohrs« geschieht aus drei Gründen:

a) Um dem Kranken zu helfen, sich wohlzufühlen und entspannter und empfänglicher zu sein.
b) Um einige Hinweise auf die Ursachen der Krankheit zu

bekommen und damit dem Heiler und dem Hilfesuchenden Anhaltspunkte zu liefern. Beispielsweise tauchen auf seiten des Kranken beim Erzählen seiner Geschichte oft Wut oder Feindseligkeit gegenüber bestimmten Menschen oder Situationen auf, verurteilt oder kritisiert andere Menschen oder die Welt im allgemeinen.

c) Um dem Heiler zu ermöglichen, intuitiv zu spüren, was hinter den Symptomen des Kranken verborgen liegt. Das kann nur dann geschehen, wenn er innerlich ganz offen ist und ohne Wertung zuhört.

Wird ein Psychotherapeut benötigt?

Nach dem Ergründen der Ursache, die vielleicht tief in seinem Unbewußten verborgen lag, benötigt der Kranke möglicherweise Hilfe bei der Überwindung seiner Probleme und der Verwirklichung der notwendigen Veränderungen in seiner Psyche. Er selbst entscheidet, ob er dann den Beistand eines professionellen Psychotherapeuten möchte oder weiterhin Hilfe durch Geistheilung und seine eigenen Gebete und Meditationen sucht.

Indem der Heiler bei der Suche nach den Ursachen hilft und die Notwendigkeit zur Veränderung dieser Ursachen aufzeigt, läßt er den Kranken bei seiner eigenen Heilung mitwirken, was ich für grundlegend wichtig halte, wenn er einen Rückfall vermeiden und die von der Krankheit beabsichtigte Lektion lernen will. Gewöhnlich nehmen sich orthodoxe und auch einige unorthodoxe Mediziner wie Akupunkteure, Reflexologen und leider auch manche Geistheiler nicht die Zeit dazu. Der Patient übergibt dann nur seinen Körper in die Hände des Arztes, Therapeuten oder Heilers und bittet um Heilung; er ist nicht wirklich beteiligt, außer als Objekt der Heilbemühungen. Ist die Heilung erfolgreich, wird er sehr wahrscheinlich sein Leben weiterleben wie zuvor (mit Ausnahme der körperlichen Grenzen, die ihm vom Arzt gesetzt werden), die beabsichtigte Lektion nicht lernen, und aller Wahrscheinlichkeit nach wird das Problem in der einen oder anderen Form sicherlich wiederauftauchen.

Literatur zu Kapitel 5

1. Joy, Brugh W.: *Weg der Erfüllung*. Selbstheilung durch Transformation. Interlaken: Ansata 1993, S. 231.
2. Gibran, Khalil: *Der Prophet*. Wegweiser zu einem sinnvollen Leben. Solothurn: Walter-Verlag 1993, S. 15–16.
3. LeShan, Lawrence: *Psychotherapie gegen den Krebs*. Über die Bedeutung emotionaler Faktoren bei der Entstehung und Heilung von Krebs. Stuttgart: Klett-Cotta 1991[5]
4. Levi: *Das Wassermann-Evangelium von Jesus dem Christus*. Die philosophische und praktische Grundlage der Religion des Wassermann-Zeitalters und der universalen Kirche, aus der Akasha-Chronik, dem Buch göttlicher Erinnerungen, entnommen und aufgeschrieben von Levi. München: Hugendubel 1984, Ch 138, 15–16.

Kapitel 6

Warum wird nicht jeder geheilt?

Bedingungslose Liebe
öffnet das Tor
zur Ganzwerdung

Es ist bekannt, daß nicht bei jedem, der Hilfe bei einem seriösen Geistheiler sucht, befriedigende Ergebnisse erzielt werden. Manche Menschen werden völlig geheilt, manche erfahren eine gewisse Linderung ihrer Leiden, aber bei manchen stellt sich auch keinerlei Besserung ein. Andere hingegen werden anscheinend geheilt, doch die Krankheit tritt später erneut auf. Ich habe zu diesem Thema nur wenige Statistiken finden können. Aus den Statistiken der Episkopalkirche Saint Stephens in Philadelphia, USA, deren Heilgottesdienste ziemlich berühmt sind, geht hervor, daß ungefähr vierzig Prozent der heilungssuchenden Gottesdienstbesucher geheilt werden, die restlichen sechzig Prozent aber nicht. Der verstorbene Harry Edwards, dessen Heilklinik in England und umfangreiche »Fernheilungs-Korrespondenz« (10 000 Briefe pro Woche) weltberühmt sind, schätzte, »daß über achtzig Prozent der Leidenden eine deutliche Linderung oder Besserung verspüren. Über dreißig Prozent davon werden wieder völlig gesund.«[1]

Meine eigene Erfahrung bestätigt diese Zahlen. Ich mache mir über jeden Hilfesuchenden eine kurze Notiz; allerdings kann ich viele Daten nicht verwerten, wenn meine Klienten mich nicht über die Ergebnisse informieren, was häufig vorkommt. In einigen Fällen habe ich über Dritte erfahren, daß manche mir keine Rückmeldung geben, weil sie keine sofortige Heilung verspüren und ohne weitere Anstrengung aufgeben. Andere informieren mich nicht, weil sie geheilt *sind* und kein weiterer Besuch notwendig ist. Sie erachten es nicht für nötig, mich anzurufen oder mir zu schreiben, da ich selten darum bitte (vergleiche hierzu auch den Abschnitt »Nicht an Ergebnissen hängen« am Ende dieses Kapitels). Wenn ich also diejenigen ausschließe, von denen ich im Anschluß an ihren Besuch keine Informationen erhalten habe, wurden in meiner Praxis ein Drittel völlig geheilt, ein Drittel teilweise und beim Rest stellte sich keine Heilung ein.

Tausende von Menschen besuchten die berühmten Heilgottesdienste der verstorbenen Kathryn Kuhlman, aber nur ungefähr hundert gaben jedesmal an, geheilt zu sein. Als Reporter die angeblich Geheilten interviewten, fanden sie heraus, daß viele dieser Heilungen nur eingebildet oder vorübergehend waren. Sie kamen aus dem starken Kollektivglauben heraus zustande, der durch die emotionale Atmosphäre der Gottesdienste und deren Verlauf geschaffen wurde, und vielleicht auch aus dem großen Verlangen der Menschen heraus zu glauben, daß sie geheilt worden sind. Ich kenne persönlich einige, die dauerhaft geheilt wurden, und andere, die viele Male bei diesen Gottesdiensten dabeiwaren, ohne irgendeine Besserung zu verspüren.

Die katholischen Wallfahrtsorte Lourdes (Frankreich) und Fatima (Portugal) sind berühmt für die vielen spontanen und medizinisch nicht erklärbaren Heilungen, die sich dort ereignet haben. Trotzdem ist es eine bekannte Tatsache, daß weniger als fünf Prozent der Menschen, die solche Orte aufsuchen, tatsächlich geheilt werden. Der Grund, weshalb diese Zahl wesentlich niedriger ist als andere, liegt wahrscheinlich darin, daß ein Fall von der Kirche nicht ohne eingehende Prüfung des Krankheitsverlaufs und der Diagnose und anschließende Untersuchung durch ein medizinisches Expertengremium als Heilung anerkannt wird; die anderen Statistiken basieren hingegen fast ausschließlich auf den Angaben der Patienten. Bestimmt finden wirklich viele Heilungen während oder nach dem Besuch solcher Orte statt, werden aber nicht auf diese Art untersucht und festgehalten.

Warum wird nun nicht jeder geheilt?

Wir wissen, daß »für Gott nichts unmöglich ist« (Matthäus 19, 26), was sich in vielen Fällen spontaner Heilungen von fast jeder Art von Krankheit bestätigt hat. Außerdem kann man logischerweise davon ausgehen, daß dieselbe Intelligenz, die unseren physischen, mentalen und spirituellen Körper geschaffen hat, unbegrenzte Macht besitzt, mit deren Hilfe sie jede Krankheit dieser Körper auch wieder beheben kann.

Wir wissen ebenfalls, daß es nur eine Quelle der Energie gibt, und das ist Gott oder die göttliche kreative Intelligenz. In Wahrheit sind Gott und Energie Synonyme, genauso wie Gott und Liebe identisch sind. Sie können sich der Großartigkeit dieser Macht bewußt werden, wenn Sie beobachten, auf welche Art sie wirksam wird. Sind Sie schon einmal während eines heftigen Wintersturms am Meeresufer gestanden und haben die Wellen beobachtet, wie sie gegen die Felsen brandeten, und gleichzeitig gespürt, wie diese Kraft Ihr ganzes Wesen erfaßt? Haben Sie Ebbe und Flut beobachtet und eine leise Ahnung von der gewaltigen Energie bekommen, die nötig ist, um solche Wassermassen zu bewegen?

Vielleicht haben Sie Filme von der Explosion einer Atombombe gesehen, und es hat Ihnen den Atem verschlagen beim Anblick dieser schrecklichen Kraft, die durch die Teilung eines einzigen Atoms freigesetzt wird? Sollten Sie einmal die Gelegenheit haben, einen Vulkan zu beobachten, der gerade ausbricht und Tonnen geschmolzenen Gesteins aus dem tiefsten Erdinneren ausspeit, dann denken Sie an die Kraft, die sich unter der Erdkruste verbirgt und eine solche Explosion möglich macht. Natürlich sind die eigenen Reaktionen bei einem Erdbeben schwer vorauszusehen, aber sollte sich jemals in Ihrer Nähe die Möglichkeit dazu ergeben, bei einem Erdbeben dabeizusein, werden Sie das eindrucksvolle Gefühl unbegrenzter Kraft, die die Erde unter Ihren Füßen bewegt, niemals vergessen.

Dies sind Beispiele für diese eine Energie. Dieselbe Energie steht uns auch für Heilungen zur Verfügung; dann ist sie jedoch gemäßigt und vom Geist gelenkt, so daß jeweils nur die genau benötigte Menge zum richtigen Ort gelangt. Allerdings sind die Ergebnisse nicht immer so gut, wie der Kranke es sich wünscht, oder aber sie sind enttäuschend, weil keine sichtbare Veränderung erfolgt. Dafür gibt es viele Gründe.

Gründe für nicht erfolgte Heilungen

1. Die Furcht und Ängstlichkeit des Kranken können stärker sein als sein Glaube an die Heilkraft Gottes. Das trifft besonders dann zu, wenn ein Geistheiler erst im letzten Moment aufgesucht wird, nachdem der Arzt dem Patienten und seinen Lieben bereits gesagt hat, daß er wahrscheinlich nicht mehr lange zu leben hat. Selbst in solchen Fällen können die Schmerzen jedoch deutlich nachlassen, und den Patienten kann ein Gefühl von Frieden erfüllen; auch wenn sich die Voraussagen des Arztes bewahrheiten und der Patient stirbt, war die Geistheilung dennoch nicht völlig wirkungslos.
2. Der Kranke ist vielleicht nicht offen für den Fluß der göttlichen Kraft, die der Heiler zu ihm lenkt, und behindert ihn möglicherweise sogar. Gott erlegt uns niemals Seinen Willen auf – wir haben immer eine Wahl. Wir sind frei, Seine Liebe und Macht abzulehnen, wir haben jedoch ebenfalls die Freiheit, sie mit Freude und Dankbarkeit anzunehmen.
   Obwohl der aufrichtige Glaube des Kranken an Geistheilung nicht unbedingt für eine Heilung notwendig ist (was sich in vielen Fällen bestätigt hat), ist er sicherlich hilfreich. Widersetzt sich ein Kranker jedoch dem Grundgedanken der Geistheilung, wird er wahrscheinlich jeden Versuch der Heilung völlig zunichte machen.
   Gerade Widerstand ist oft der Grund für Schmerzen – gibt man ihn auf, verschwinden sie. Sie können das an sich selbst ausprobieren, wenn Sie das nächste Mal, wenn Sie Kopfschmerzen haben, folgendes Experiment, am besten zusammen mit einem Freund, durchführen:

   a) Nehmen Sie sich zwei oder drei Minuten Zeit, um Ihren Körper zu entspannen. Halten Sie die Augen während der ganzen Zeit geschlossen.
   b) Stellen Sie sich nun den Kopfschmerz vor; versuchen Sie, ihn bildlich zu sehen. Um es einfacher zu machen, soll Ihr Freund Sie fragen:

- Welche Form hat der Schmerz?
- Wie breit ist er?
- Wie lang ist er?
- Wie tief ist er?
- Welche Farbe hat er?

Betrachten Sie den Schmerz nach jeder Frage erneut und versuchen Sie, die Fragen so genau wie möglich zu beantworten.

c) Halten Sie das Bild einen Moment vor Ihrem geistigen Auge fest; dann soll Ihr Freund jede Frage wiederholen und dabei »jetzt« anfügen (»welche Form hat der Schmerz jetzt?«). Sie beantworten wieder eine Frage nach der anderen, je nachdem, wie der Schmerz in dem Moment gerade aussieht.

d) Wiederholen Sie diesen Vorgang so oft wie nötig, bis kein Bild mehr erscheint, was fast immer der Fall ist. Geschieht jedoch keine Veränderung mehr und das Bild »bleibt stehen«, soll Ihr Freund Sie bitten, sich eine Öffnung in Ihrem Körper nahe dem Schmerz vorzustellen, durch die das noch verbleibende Bild des Schmerzes entschwinden kann.

Falls gerade kein Freund in der Nähe ist, können Sie sich die Fragen auch selbst stellen, obwohl das weniger wirkungsvoll ist. Sie können die Fragen auch mit entsprechenden Pausen für die Antworten auf Band sprechen.

Vermutlich werden Sie bei diesem Experiment feststellen, daß die Form des Kopfschmerzes sich von einer spitzen, eckigen zu einer runden und glatteren verändert, oder von einem kämpferischen und aggressiven Symbol (wie ein Hammer oder Schwert) zu einem friedlicheren oder harmlosen. Es wird immer kleiner werden. Gleichzeitig verändert sich die Farbe von Schwarz, Braun oder einer grellen, intensiven Farbe zu sanften Pastelltönen oder Weiß. Ist das Bild schließlich völlig verschwunden, werden Sie feststellen, daß auch der Kopfschmerz nicht mehr da ist.

Was ist geschehen? Durch das genaue Beobachten der Kopfschmerzen wurde aller Widerstand dagegen aufgelöst, und sie hörten auf zu existieren. Diese Methode wirkt bei allen Arten von Schmerz, auch wenn er schon seit langer Zeit besteht, zumindest in dem Maße, wie der Schmerz durch Widerstand und Anspannung bedingt ist. Meine Frau hat diese Methode kürzlich bei jemandem ausprobiert, der seit Stunden Schluckauf hatte, und es hat auch da gewirkt!

3. Wird sich ein Mensch einmal der möglichen Ursache für seine Krankheit bewußt, beispielsweise Feindseligkeit, Wut, Eifersucht, Kritiksucht und so weiter, muß er anfangen, sein Denken, seine Gefühle, seine Einstellungen oder seinen Lebensstil – je nachdem, was für die Entstehung und den Fortbestand der Ursache verantwortlich ist – zu ändern. Tut er das nicht, wird eine Heilung sehr wahrscheinlich unmöglich oder nur vorübergehend sein.
   Ein Beispiel dafür ist der Fall einer Frau, die in beiden Beinen und Armen starke Arthritis hatte; Gehen und Hausarbeit fielen ihr sehr schwer. Als wir nach der Ursache suchten, erzählte sie mir, ihr Ehemann habe sie viele Jahre lang betrogen, ohne daß sie davon gewußt hat. Als sie die Wahrheit schließlich herausfand, war sie sehr wütend und ließ sich sofort scheiden. Kurz danach begann die Arthritis. Obwohl einige Jahre vergangen waren und sie ihn in der ganzen Zeit nicht gesehen hatte, empfand sie immer noch tiefen Groll gegen ihn.
   Nach der Heilsitzung verschwanden Schmerzen und Steifheit fast völlig, kehrten aber nach zwei Tagen wieder zurück. Das geschah bei drei verschiedenen Sitzungen. In unseren weiteren Gesprächen wurde deutlich, daß sie absolut nicht willens war, den Groll loszulassen und ihrem früheren Mann zu vergeben. Folglich war sie auch unfähig, die Arthritis loszulassen, und die Schmerzlinderung war immer nur vorübergehend. Offensichtlich empfand sie auf einer gewissen Ebene, die »Freude« darüber, am Groll festzuhalten, sei ihr mehr wert als die Folgen in Form von Schmerzen und Leiden.
   Diese Frau möchte, wie viele andere auch, zwar von den *Symptomen* der Krankheit, den Schmerzen, den körperli-

chen Beschwerden oder der Entstellung geheilt werden, aber sie ist offensichtlich nicht willens, auch von der *Ursache* geheilt zu werden, denn das würde bedeuten, ihr Denken oder ihr Leben zu ändern. Also will sie alles beibehalten, »wie es ist«. Geistheilung ist daher bei ihr wirkungslos, denn das geistige Gesetz besagt, jedem Menschen seinen freien Willen zu lassen.

4. Der Hilfesuchende weigert sich vielleicht, nach der Ursache zu suchen – wahrscheinlich aus Angst davor, was er finden könnte. Ein Beispiel dafür ist der Fall eines Mannes, der sich mit einer fortschreitenden tödlichen Krankheit konfrontiert sah. Nachdem alle Anstrengungen, die Ursache zu finden (siehe Kapitel 4), fehlgeschlagen waren, hatten wir beide das Gefühl, ein wirklich tiefes Erlebnis aus der Kindheit oder einem früheren Leben müsse eine Rolle spielen; ich schlug daher vor, er solle sich von einem guten Medium ein *Reading* geben lassen. Das lehnte er ab und meinte, er sei dazu nicht bereit, obwohl er keine Zweifel an den Fähigkeiten oder der Zuverlässigkeit des Mediums hatte. Ich dagegen glaube, er hatte in Wirklichkeit Angst vor dem, was ihm enthüllt werden würde.
5. Der Patient will vielleicht unbewußt gar nicht gesund werden. Stellen Sie sich eine Frau vor, die ihr Leben der Erziehung ihrer Kinder und der Sorge für ihren Ehemann gewidmet hat. Jetzt ist sie fünfundvierzig Jahre alt, und alle Kinder haben das Elternhaus verlassen und sind mit ihrem eigenen Leben beschäftigt – sie brauchen sie nicht mehr. Ihr Mann ist mehr von seiner Arbeit in Anspruch genommen und muß gelegentlich verreisen; also hat auch er offensichtlich ein geringeres Bedürfnis, von ihr beachtet zu werden. Für einen Beruf, für Wohltätigkeitsarbeit oder ein Hobby hat sie sich nie interessiert; so gibt es in ihrem Leben nun nichts Bedeutungsvolles mehr. Sie ist tief verzweifelt. Dieser Streß und die negativen Gefühle lassen in ihrem Körper Krebs entstehen, und ihr wurde gesagt, sie habe nur noch ungefähr ein Jahr zu leben.
   Plötzlich sorgt sich ihr Mann um sie, reist und arbeitet weniger (auch wenn das seinen beruflichen Erfolg in Frage

stellt), bringt ihr Blumen mit, hilft im Haushalt und zeigt ganz allgemein seine Liebe und Besorgnis viel deutlicher. Die Kinder rufen häufiger an, kommen zu Besuch oder zeigen ihr auf andere Weise, daß sie sie lieben, während sie vorher davon ausgegangen sind, daß sie das sowieso wisse und es nicht nötig sei, ihre Gefühle zu zeigen.
Das Leben hat nun wieder einen Sinn für sie; sie genießt die Liebe und Aufmerksamkeit. Daher könnte sie, bewußt oder unbewußt, nicht den Wunsch haben, wieder gesund zu werden und all das wieder zu verlieren. Da wir alle einen freien Willen haben, könnte dieser Wunsch jeden Heilungsversuch, auch wenn sie ihn machen möchte, zum Scheitern bringen.

6. Hat der Kranke die Krankheit bewußt oder unbewußt herbeigeführt, um eine Veränderung zu vermeiden oder aufzuschieben oder um sich einer unangenehmen Situation zu entziehen, wird er wahrscheinlich gar nicht gesund werden wollen, und die Heilung wird nicht erfolgen. Ein Beispiel aus meiner eigenen Praxis war eine Frau, die seit fünf Jahren im Rollstuhl saß. Eine Freundin brachte sie zu mir zu einer Heilbehandlung, aber sie zögerte und hatte viele Zweifel. Ich fragte sie, wofür sie gerne Hilfe hätte. Sie meinte, sie würde gerne von den durch das ständige Sitzen im Rollstuhl entstandenen Schmerzen in Rücken und Gesäß befreit werden. Dann fragte ich sie, ob sie wieder laufen können wolle, und zu meinem Erstaunen sagte sie: »Nein!« Als ich sie nach dem Grund fragte, sagte sie: »Wenn ich wieder laufen könnte, müßte ich wieder zurück in die Tretmühle.« Ich fragte sie, was sie darunter verstünde, und sie antwortete: »Hausfrau sein, für Mann und Kinder sorgen, das Haus in Ordnung halten und all das.« Offensichtlich mußte sie vieles davon nun nicht tun, da es unmöglich war, diese Aufgaben weiterhin von einem Rollstuhl aus zu erfüllen. Stattdessen besuchte sie das College, wurde von freiwilligen Helfern hin- und herchauffiert und in die Seminarräume gebracht, und sie genoß es ausgesprochen.
Ich erklärte ihr, daß es beim Geistheilen keine Erfolgsga-

rantie gibt – vielleicht werde der Schmerz verschwinden, sie aber immer noch nicht gehen können; vielleicht werde sie gehen können, aber immer noch Schmerzen haben; vielleicht werde sie ohne Schmerzen gehen können, oder vielleicht werde überhaupt keine Veränderung eintreten. All das hänge von vielen Faktoren ab (einige davon werden in diesem Kapitel besprochen). Aber wenn es überhaupt wirken solle, sei es unabdingbar, daß sie gewillt sei, *jedes* Ergebnis zu akzeptieren – weder ich noch sie könnten Gott vorschreiben, was zu geschehen habe. Schließlich stimmte sie einer Heilsitzung zu. Sie spürte Energie und ein wenig Muskelaktivität in ihren Beinen, was seit Jahren nicht mehr geschehen war, aber weiter ging sie nicht. Achtzehn Monate später fragte ich schriftlich bei ihr an, ob ich diesen Vorfall in meinem Buch darstellen dürfe. Sie stimmte zu und fügte ihrem Brief eine weitere interessante Einsicht hinzu: »Wenn man es sich genau überlegt, hat es Vorteile, in einem Rollstuhl zu sitzen. Die Menschen sprechen mit mir und hören zu, was ich zu sagen habe; wäre ich im Besitz meiner Kräfte, wäre ich nur ein weiterer Passant! Anscheinend bleiben sie stehen und hören zu, weil *sie* denken, wie wundervoll es ist, daß ich nicht zuhause sitze und versauere.«

Führte der Betreffende die Krankheit aus einem Gefühl der Minderwertigkeit herbei, wird er wahrscheinlich krank bleiben wollen, bis eine andere Schwierigkeit auftritt oder ein Unglück passiert, das an die Stelle der Krankheit treten kann und dem Menschen seinen Mangel an Selbstvertrauen bestätigt.

7. Der kranke Mensch kann unfähig oder nicht willens sein, sein eigenes inneres Bild von seiner Krankheit aufzugeben und es durch das eines krankheitsfreien Körpers zu ersetzen. Die Vorstellung von seiner Krankheit kann so stark sein, daß sie ihn daran hindert, für die vom Heiler gechannelte Heilkraft offen zu sein. Die Heilkraft oder Lebensenergie ist spirituell; ein physischer Körper ist das Ergebnis davon, wie der Verstand des Betreffenden diese Energie geformt oder fixiert hat. Ein Mensch, der sich daran ge-

wöhnt hat, diese Energie mit negativen Bildern zu verbinden, tut dies möglicherweise auch mit der Lebensenergie, die er über den Heiler empfängt.

8. Obwohl der Hilfesuchende keine sichtbare Heilung erfahren hat, kann doch sein Verstand und/oder Geist geheilt worden sein, und das ist für das Wachstum seiner Seele vielleicht viel wichtiger. Wozu ist schließlich ein gesunder Körper gut, wenn in ihm ein verbitterter, egozentrischer Verstand oder ein deprimierter, dunkler Geist lebt? Die körperliche Heilung tritt unter Umständen viel später ein, oder sie findet eben nicht in diesem Leben statt, weil die Behinderung für den Betroffenen eine Übung in Geduld, Demut oder einer anderen Charaktereigenschaft darstellt, die als Ziel der gegenwärtigen Inkarnation notwendig war.
   Außerdem können diese Menschen auch für andere als Beispiel eines großen Geistes dienen, voller Lebensfreude und Segnungen für ihre Mitmenschen trotz ihres körperlichen Zustandes. Ich erinnere mich, wie ich einst eine Frau in mittleren Jahren traf, die seit ihrer Kinderlähmung ab dem zweiten Lebensjahr beide Beine nicht mehr bewegen konnte. Sie strahlte trotz ihrer offensichtlichen Behinderung soviel Freude und Liebe aus, daß sie für alle, die mit ihr zu tun hatten, eine Bereicherung war. Ein wahrer Dienst an der Menschheit.
9. Ist die Ursache einer Krankheit karmisch bedingt, ist eine Heilung solange unwahrscheinlich, bis die beabsichtigte Lektion verstanden und wirklich gelernt worden ist und die Krankheit oder Schmerzen nicht mehr benötigt werden.
10. Die Kahunas auf Hawaii hatten eine andere Erklärung für Behandlungen, die keinen Erfolg zeigen. Sie glaubten, Menschen mit Schuldgefühlen seien nicht in der Lage, diese Art von Heilung anzunehmen oder mit ihrem Höheren Selbst in Verbindung zu treten. Der Betroffene kann sich dieser Gefühle bewußt sein, sie können aber auch tief in seinem Unterbewußtsein verborgen sein. Vielleicht sind sie die Folge von Handlungen, durch die jemand anderer

verletzt wurde, oder sie sind durch eine streng religiöse Erziehung bedingt, die dem Betreffenden viele vom Menschen erstellte Regeln und Vorschriften auferlegte, welche er nicht immer befolgen konnte. Er fühlt sich dadurch nicht bewußt eingeschränkt, hat aber unbewußte Schuldgefühle.

Damit Heilung erfolgen kann, müssen diese Schuldgefühle zuerst bereinigt oder aufgelöst werden. Das Verletzen anderer muß aufhören, und alte Verletzungen müssen wiedergutgemacht werden. Geht das Schuldgefühl nur auf die Konditionierung in der Kindheit zurück, kann es durch das Einhalten von Fastentagen und Gebete oder eine gute Tat an einem Bedürftigen aufgelöst werden.

Sind Schuldgefühle die Ursache einer Krankheit, ist vielleicht noch ein anderer Faktor beteiligt. Viele Menschen haben unbewußt – manche auch bewußt – den Leidensweg als Wiedergutmachung für ihre Sünden gewählt. Ist das der Fall, und sie treffen die Wahl, diesen Weg weiterzugehen, obwohl sie sich dessen bewußt geworden sind und mögliche Alternativen sehen, dann wird Geistheilung wahrscheinlich unwirksam sein. Jeder hat einen freien Willen, und wenn sie sich für diese Möglichkeit entscheiden, wird das respektiert.

11. Der wahrscheinlich häufigste Grund, warum Geistheilung bei manchen nicht wirkt, liegt in der mangelnden Bereitschaft vieler Kranker, konsequent dabeizubleiben. Waren sie ein- oder zweimal beim Geistheiler, ohne eine vollständige Gesundung oder zumindest eine deutliche Besserung erreicht zu haben, geben sie alle Hoffnung auf Heilung auf; sie nehmen einfach an, daß Geistheilung bei ihnen nicht wirkt, und kommen nicht mehr zu weiteren Sitzungen. Jesus heilte immer gleich beim ersten Mal und fast jedesmal augenblicklich. Vielleicht haben sie daher Hoffnung auf ein ähnliches Erlebnis, was aber aus den Gründen, die ich hier angeführt habe, nicht immer möglich ist. Würden sie dabeibleiben und bereit sein, die zur Beseitigung der Krankheitsursache nötigen Veränderungen in ihrem Leben vorzunehmen, würden sie wahrscheinlich eher geheilt wer-

den. Oft besteht die größte Lektion, die wir aus einer Krankheit lernen sollen, in Geduld und im Glauben an die Macht Gottes; gibt der Hilfesuchende zu früh auf, bringt er sich um die Gelegenheit, etwas dazuzulernen.
Andererseits kommen viele Menschen nach der ersten Sitzung nicht mehr zum Heiler zurück, weil ihnen bewußt geworden ist, daß Veränderungen in ihrem Leben notwendig werden, Probleme angegangen werden müssen oder eine eingehendere Suche nach tieferen Ursachen begonnen werden sollte. Sie sind jedoch nicht bereit, diese Anstrengung zu unternehmen.

12. Es kann auch eine Kombination aus zwei oder mehreren der angeführten Faktoren vorliegen – die Möglichkeiten sind unbegrenzt und so verschieden wie die Menschen in körperlicher, emotionaler und geistiger Hinsicht.
13. Heiler werden manchmal gebeten, jemandem zu helfen, der sich bereits auf dem »Flug« zur nächsten Ebene befindet. Seine Zeit ist gekommen, und er hat das zumindest unbewußt auch akzeptiert, aber mit seinem Bewußtsein halten er und die Menschen, die ihn lieben, noch an einer letzten Hoffnung fest und warten auf ein »Wunder«, das nicht sein soll. In einem solchen Fall ist es richtig, daß der Sterbende in die geistige Welt geht, wenn seine Zeit gekommen ist. Wer sind wir denn, daß wir entscheiden wollen, wie lang das Leben eines Menschen auf dieser Erde dauern sollte? Wenn der Zweck einer Inkarnation auf der materiellen Ebene darin liegt, gewisse Erfahrungen zu machen und bestimmte Lektionen zu lernen, um das Wachstum unserer Seele zu fördern und auf dem Weg zur letzten bewußten Vereinigung mit Gott fortzuschreiten, wie wollen wir dann wissen, ob dreißig oder fünfzig auf dieser Erde verbrachte Jahre für irgend jemanden weniger erstrebenswert sind als achtzig?
Hat jemand sein Lebenswerk vollbracht, wird er wahrscheinlich fühlen, daß er bereit und willens ist, diese körperliche Existenz zu beenden, wenn es ihm vielleicht auch schwerfällt, geliebte Menschen zu verlassen. Hat er jedoch Angst vor dem Tod oder hängt zu sehr an materiellen

Dingen oder an seinen Körperempfindungen, verpaßt er vielleicht den angemessenen Zeitpunkt für seinen Abgang. Als Folge dieses inneren Konfliktes erlebt er Krankheit und Schmerzen.

Wenn die geistige Welt wirklich ein solcher Ort der Harmonie und Freude ist, wie uns gesagt wird, dann liegt die Tragik eines »frühen« Todes nicht auf seiten des Sterbenden, sondern auf seiten der Zurückgebliebenen, die an ihm hängen und ihn vermissen. Wäre ihre Liebe für den Verstorbenen wirklich bedingungslos, dann würden sie sich nicht an ihn gebunden fühlen und auch nicht über seinen Tod traurig sein. Die wahrscheinlich negative Reaktion des Lesers auf diese Auffassung zeigt, wie schwer es ist, diesen Zustand bedingungsloser Liebe zu erreichen.

Etwas anderes muß in diesem Zusammenhang jedoch noch angemerkt werden: Wenn ein alter Mensch krank ist, heißt das nicht unbedingt, daß es jetzt Zeit für ihn ist zu gehen. Menschen in einer solchen Situation sage ich immer, daß ihr Körper ihnen etwas mitteilen will, ebenso wie ich das jüngeren Menschen mit gesundheitlichen Problemen sage; und wenn sie nach der Ursache der Krankheit suchen und die Lektion lernen, die ihr Körper ihnen verdeutlichen will, gibt es keinen Grund, warum sie nicht zu der für sie festgelegten Zeit ohne vorherige gesundheitliche Probleme sterben sollten.

Meiner Überzeugung nach können wir alle friedlich ohne Schmerz oder Unbehagen sterben – einfach durch Bewußtseinsverlust, wenn unsere Seele den Körper verläßt. Es kann über die Jahre zu einer leichten Abnahme der körperlichen Stärke und Ausdauer kommen, in dem Maße, wie diese Energien in den geistigen und spirituellen Körper des Betreffenden übergehen. Aber auch die reiferen Jahre eines Mannes oder einer Frau können ihre reichste, kreativste und erfüllendste Zeit sein und sind es meistens. Schließlich ist dann der Zeitpunkt gekommen, an dem der Körper nicht mehr das Gefährt der Seele ist, die dann wieder in die geistige Welt eintritt, ein weiterer Schritt im ständig wechselnden Muster ihrer immerwährenden Existenz.

Wenn es uns gelingt, das Gleichgewicht zwischen der liebevollen Verhaftung an unsere Existenz auf diesem Planeten und dem Wunsch nach dem Dasein auf der geistigen Ebene herzustellen und das Leben als ein Kontinuum zu sehen, dann brauchen wir den Tod weder zu fürchten noch uns danach zu sehnen. Wir ähneln dann einem Astronauten, der an dem Punkt angekommen ist, an dem der Sog der Erdanziehung gerade von der Anziehungskraft des Mondes ausgeglichen wird: Er schwebt mühelos im All und wird nicht von widersprüchlichen Kräften in verschiedene Richtungen gezogen; er befindet sich in absolutem Frieden.

An diesem Ort vollkommenen Gleichgewichts können wir das Leben so fließen lassen, wie unser Schöpfer es geplant hat, in Harmonie mit der Natur und unseren Mitmenschen; wir können unser für dieses Erdenleben gewähltes Schicksal erfüllen und immer bereit sein, zur rechten Zeit in die geistige Welt hinüberzugehen, frei von Angst und unerledigten Aufgaben. Es gibt Berichte von Mystikern des Ostens, die diesen Zustand der Harmonie so meisterhaft beherrschen, daß sie über Hunderte von Jahren ihren Körper verlassen, in die geistige Welt eintreten und wieder zurückkommen können, wie es ihnen gefällt.

Interessant ist auch, daß alle erwähnten Hindernisse für eine Heilung durch die *Wahl* des Kranken entstehen. Auch die, die offensichtlich jenseits seiner bewußten Kontrolle liegen, können aus einer Wahl seines Höheren Selbst entstanden sein, entweder in diesem oder einem früheren Leben. Ich sage Menschen immer wieder, daß wir während unseres ganzen Lebens und in jeder Lage immer eine Wahl haben. Selbst wenn uns eine Katastrophe trifft, die wir offensichtlich nicht abwenden können, haben wir immer noch die Wahl, wie wir darauf reagieren wollen; wir können uns Depressionen und Verzweiflung hingeben und nichts tun, oder wir können sie als eine Lektion sehen, die wir zu lernen haben, und jede geistige und körperliche Anstrengung unternehmen, den Schaden zu beheben oder das Beste aus den neuen Lebensumständen zu machen.

Vorübergehende Heilung

Es kommt vor, daß zeitweilig eine vollständige oder teilweise Heilung der Symptome eintritt, das Problem dann aber in gleicher Intensität mit den gleichen oder anderen Symptomen wiederauftaucht. Ich glaube, daß es dafür zwei Gründe gibt:

1. Manchmal wurde die *Ursache* der Krankheit oder der Beschwerden nicht beseitigt. Wie ich bereits erwähnte, ist die Entdeckung und Auflösung der Ursache einer Krankheit ein sehr wichtiger Bestandteil jeder Art von Heilung.
2. Es kann jedoch auch daran liegen, daß noch keine positive Lebenseinstellung an die Stelle der durch die Heilung beseitigten Negativität getreten ist. Die Krankheit und der innere Konflikt beziehungsweise die unterdrückten Gefühle, die sie verursacht haben, verschlangen eine Menge Energie. Wenn alles aufgelöst worden ist, tritt Heilung ein, aber vielleicht bleibt ein mentales oder spirituelles Vakuum im geheilten Menschen zurück.
   Die Energie, die jetzt frei geworden ist, weil sie nicht mehr für die Aufrechterhaltung der Krankheit oder des Konflikts gebraucht wird, muß in eine neue Richtung gelenkt werden. Kann der Geheilte keine positiven Bahnen für die Energie finden, kann sie ins Negative umschlagen, und die Krankheit oder ein anderes körperliches, geistiges oder emotionales Problem können erneut auftreten. Spirituelle Beratung durch den Heiler oder jemand anderen kann notwendig sein, damit das nicht geschieht.
   Jesus warnte vor dieser Gefahr, als er sagte:
   »Wenn ein böser Geist einen Menschen verläßt, irrt er durch Wüsten und sucht nach einer Bleibe und findet keine. Dann sagt er sich: Ich gehe lieber wieder in meine alte Behausung! Er kehrt zurück und findet alles leer, sauber und aufgeräumt. Darauf geht er hin und sucht sich sieben andere böse Geister, die noch schlimmer sind als er selbst, und sie kommen und wohnen dort. So ist dieser Mensch am Ende schlimmer dran als am Anfang.« (Matthäus 12, 43-45)

Die Seele muß wachsen

Ich glaube, daß die Wichtigkeit des Seelenwachstums den Hintergrund für all diese Erklärungen verschiedener Resultate von Geistheilungsversuchen bildet. Damit meine ich, daß das unterschiedliche Vorankommen verschiedener Menschen beim Lernen der Lektion, die die Krankheit zur Weiterentwicklung ihrer Seele für sie bereithält, der Grund dafür ist, daß manche auf der Stelle, andere nach mehreren Wochen, Monaten oder gar Jahren und wieder andere überhaupt nicht geheilt werden.

Manche Menschen haben diese Lektion bereits gelernt, wenn sie zum Heiler kommen, und brauchen nur noch ein bißchen Energie, um die Muster oder Gewohnheiten ihres Körpers zu verändern. Die Blockade ihres Energieflusses, die durch ihr falsches oder unterdrücktes Denken, Fühlen oder Handeln entstanden ist, ist bereits durch ihr eigenes Wachstum und geändertes Denken vor der Heilungssitzung grundsätzlich aufgelöst worden, oder sie sind bereit, gleich nach der Sitzung mit den Veränderungen zu beginnen; sofort danach oder kurz darauf setzt die Heilung ein. Zur Bestätigung dieser Behauptung kann ich anführen, daß in den meisten Fällen von unmittelbarer Heilung eine grundlegende Änderung der bisherigen Gewohnheiten, Einstellungen oder Lebensphilosophie des Geheilten zu beobachten ist. Mit anderen Worten: Auch auf anderen Ebenen außer der körperlichen setzt eine sofortige Veränderung ein.

Andere Menschen wiederum sind bereit und willens, die der Krankheit innewohnende Lektion zu lernen, brauchen aber einige Zeit, um die erforderlichen Veränderungen in ihrem Leben vorzunehmen. Die Heilkraft, die identisch ist mit Liebe, hilft ihnen, mit ihrer inneren Führung in Kontakt zu kommen und sich zu verändern. Natürlich ist jeder Fall wieder anders gelagert und das Verhalten individuell verschieden. Es ist für mich immer faszinierend zu beobachten, welcher Persönlichkeitswandel bei manchen Menschen mit der Heilung einhergeht.

Manche sind jedoch noch nicht bereit, das aufzugeben, was ihre Krankheit verursacht hat (was immer es sein mag), und daher tritt keine Heilung ein. Vielleicht ist die Lektion schmerzhaft, aber bevor sie nicht gelernt wurde, können die Betroffenen in ihrem Seelenwachstum nicht voranschreiten. Die Krankheit kann sogar die Zerstörung des physischen Körpers zur Folge haben, und die Lektion muß immer noch gelernt werden, entweder auf der geistigen Ebene, oder – was wahrscheinlicher ist – im nächsten Erdenleben. Das ist das spirituelle Gesetz des Fortschreitens und der Rückkehr zum Bewußtsein der Einheit mit Gott.

Wenn wir die vielen verschiedenen Gründe betrachten, warum die Krankheit eines bestimmten Menschen nach einer oder mehreren Heilsitzungen noch nicht geheilt wurde, wird ganz deutlich, daß diese Art von Heilung nie hundertprozentig erfolgreich sein wird. Viele benutzen jedoch die sogenannten Fehlschläge als Erklärung dafür, daß Geistheilung eben nie wirklich vollkommen heilen könne. Sie sagen dann, es sei alles Einbildung, und schütten so das Kind mit dem Bade aus. Das ist schade, aber nicht zu ändern, da auch sie immer eine Wahl haben.

Die völlig verschiedenen Erklärungen für enttäuschende Ergebnisse bei manchen Fällen bestätigen die Aussage, daß wir nicht urteilen sollen. Selbst wenn das unser Recht wäre (was es nicht ist), könnten wir unmöglich alle Einzelheiten des gegenwärtigen und der früheren Leben eines Menschen kennen, die uns zu einem gerechten Urteil führen könnten; nur Gott und das Höhere Selbst des Betroffenen (das Göttliche in ihm) kennen die ganze Geschichte, und nur Gott oder das Höhere Selbst dürfen darüber urteilen, wie er sein Leben gelebt hat.

Nicht an Ergebnissen hängen

Es ist sehr wichtig, daß sich der Heiler von den Ergebnissen unabhängig macht, denn wenn das nicht der Fall ist, ist seine Liebe möglicherweise nicht mehr bedingungslos. Wenn er den Kranken *mit seinem Willen* heilen will, könnte er dessen freien Willen beeinflussen, was selbst Gott nicht tun würde. Hat er durch reine Willenskraft Erfolg, dann hat der andere wahrscheinlich die Lektionen nicht gelernt, die seine Krankheit ihm vermitteln sollte und wohl auch seine eigene innere Führung und Kraft nicht gefunden. In solchen Fällen ist es besonders wahrscheinlich, daß die Krankheit wiederkehrt.

Ist der Heiler den Ergebnissen verhaftet, ist die Wahrscheinlichkeit groß, daß

a) eine erfolgreiche Heilung sein Selbstwertgefühl übersteigert. Er glaubt, *er* habe das Ergebnis herbeigeführt, wo doch nur die Kraft Gottes heilen kann;
b) sich der Heiler im Falle einer nicht eintretenden Heilung Vorwürfe macht und seine Anstrengungen als Fehlschlag betrachtet. Dies kann eine schwere Last für ihn darstellen, vor allem, wenn der Patient stirbt! Natürlich ist er genausowenig dafür verantwortlich wie für eine erfolgreiche Heilung.

Ein Geistheiler dient also nur als Kanal für die Heilenergie und bedingungslose Liebe Gottes und teilt sie mit dem Hilfesuchenden, damit sie so angenommen oder abgewiesen wird, wie das Höhere Selbst des Kranken es entscheidet. Nach Abschluß seiner Tätigkeit löst sich der Heiler verstandes- und gefühlsmäßig völlig von dem anderen Menschen und von allen Veränderungen, die bei ihm auftreten mögen, läßt ihm aber weiterhin bedingungslose Liebe zufließen. Glücklicherweise ist diese notwendige Distanz gerade durch die Tatsache leichter einzuhalten, daß manche geheilt werden und manche nicht, denn das erinnert den Heiler ständig daran, daß er tatsächlich weder mit erfolgten noch mit ausbleibenden Heilungen persönlich etwas zu tun hat. Trotzdem sind Geistheiler selten unbeteiligt, wie sehr sie sich auch darum bemühen mögen, und die meisten freuen sich, wenn jemand unverzüglich und auf spektakuläre Weise geheilt wird; genauso sind sie enttäuscht, wenn anscheinend nichts passiert und der Kranke weiterhin leidet und vielleicht sogar stirbt. Völliger Gleichmut ist kein leicht zu erlangender Bewußtseinszustand.

Ein unabdingbarer Bestandteil dieser wichtigen Lektion über Nicht-Verhaftung besteht darin, dem kranken Menschen völlig die Wahl zu überlassen, ob er leben oder sterben will.

Heiler könnten kein Kanal für die Heilkraft sein, wenn sie nicht großes Mitgefühl für Kranke und Leidende hätten. Ist dieses Mitgefühl jedoch mit der persönlichen Absicht des Heilers verbunden, der Kranke solle ohne Rücksicht auf Gottes Willen und auch darauf, was für die Entwicklung und das Seelenwachstum des Betroffenen am besten ist (was in Wirklichkeit dasselbe ist wie der Wille Gottes), geheilt werden, dann versucht er, dem Kranken seine eigenen Vorstellungen aufzuzwingen, ohne Achtung vor dessen persönlicher Entscheidung. Vielleicht wäre es sogar empfehlenswert, daß der Heiler dem Kranken klarmacht, daß er die Wahl hat, und daß er mit bedingungsloser Liebe jede wie auch immer geartete Entscheidung unterstützen wird.

Das gilt sogar für Menschen, die seit mehreren Tagen oder Wochen im Koma liegen und anscheinend auf die menschliche Stimme nicht reagieren. Sagt man ihnen mit normaler Stimme deutlich, daß sie die Wahl haben, ob sie ihren Körper verlassen und auf die geistige Ebene weitergehen oder in den Körper zurückkehren und das Bewußtsein wiedererlangen wollen, und daß sie sich aus Rücksicht auf die Menschen, die sie lieben, für die eine oder andere Möglichkeit entscheiden sollen, wird diese Botschaft normalerweise durch ihr unbewußtes Selbst hindurch zu ihrem Höheren Selbst gelangen. Ist das der Fall, wird entweder der Tod eintreten, oder sie werden wieder zu Bewußtsein kommen und die Qual der Ungewißheit für alle Beteiligten beenden.

Literatur zu Kapitel 6

1. Edwards, Harry: *The Healing Intelligence*. Guildford, England: The Healer Publishing 1965, S. 103.

Kapitel 7

Engel und Geistärzte

Die spirituelle Heilkraft
war schon immer für dich da,
ist es jetzt auch
und wird es immer sein.

Das Thema dieses Kapitels mag strenggläubigen Christen und auch Menschen, die nicht an ein Leben nach dem Tod glauben, etwas merkwürdig erscheinen, aber lassen Sie uns einmal vorurteilsfrei betrachten, was die Tatsache bestätigen könnte, daß ein Heiler nicht alleine arbeitet.

Engel

In der Bibel kommen nahezu dreihundert Hinweise auf die Existenz von Engeln vor. Im Alten Testament gibt es viele Berichte über Engel, die Männern und Frauen erscheinen, ihnen Botschaften Gottes übermitteln, Menschen aus Katastrophen oder vor Gefahr retten, ihnen in harten Zeiten Trost zusprechen, sie durch schwierige Situationen hindurchführen und Propheten die Zukunft enthüllen. Im Neuen Testament gibt es ebenfalls viele Hinweise auf das Auftreten und Wirken von Engeln im Leben Jesu, seiner Familie und seiner Jünger. Sie erinnern sich sicherlich, daß den Hirten bei Jesu Geburt Engel erschienen und sich auch Maria und Joseph davor und danach bei vielen Gelegenheiten Engel zeigten. Es war ebenfalls ein Engel, der Joseph anwies, er solle das Baby nach Ägypten bringen, um sein Leben zu retten, und ihm später mitteilte, wann eine sichere Rückkehr möglich wäre. Während seiner Lehrtätigkeit sprach Jesus oft über Engel als sehr reale Wesen, und nach seinem Tod erschien seinen Anhängern ebenfalls ein Engel.

Auch der berühmte Evangelist Billy Graham sagt, er sei wirklich davon überzeugt, daß Engel existieren und uns auf viele Arten helfen. Er hat darüber ein Buch mit dem Titel *Angels, Gods Secret Agents*[1] geschrieben.

Die christliche Kirche glaubte viele Jahrhunderte lang an Engel. Nach und nach verschwanden sie jedoch als wirkliche Personen aus der Vorstellung der Menschen und wurden als Phantasiebilder betrachtet. Es gibt jedoch auch heutzutage Menschen, die schon Engel gesehen haben oder sie sehen können und wissen, daß es sie wirklich gibt und daß sie die Aufgabe haben, uns als Teil ihres Dienstes für Gott in vielfältiger Weise zu helfen. Es gibt Schutzengel, die uns beschützen und leiten, und Engel der Heilung, die die Heilenergie der Hilfesuchenden unterstützen.

Das Buch *The Kingdom of the Gods* von Geoffrey Hodson enthält Beschreibungen und farbige Bilder der verschiedenen Engel, die er über die Jahre gesehen hat. Der Titel ist irreführend, da er im Vorwort deutlich klarstellt, daß es nur einen Gott gibt, »eine absolute, unnennbare, unendliche und unveränderliche Quelle und Grundfeste«. Er geht besonders auf die Engel der Heilung ein und sagt: »Sie erfüllen ihre Mission hauptsächlich, aber nicht ausschließlich, mit Hilfe dieser Kraft (diesem Fluß an korrektiver und vitaler Lebenskraft spendender Energie) durch die Wiederherstellung der vollen Funktionsfähigkeit aller betroffenen Chakras und gelegentlich auch durch einen tatsächlichen Austausch der Substanzen in den Energiekörpern, dem Ätherleib und dem physischen Körper der Menschen. Sie schicken jedoch auch einen starken Kraftstrom an reinigender, vitalisierender und heilender Energie aus ihrer eigenen Aura und anderen natürlichen Quellen durch den physischen, ätherischen und Astralkörper und schaffen so die Voraussetzungen, unter denen die natürlichen Ausscheidungs- und Heilungsprozesse die Gesundheit des Kranken vollständig wiederherstellen können.«[2]

Ein anderes Zeugnis über die tatsächliche Existenz von Engeln gibt Flower Newhouse in ihrem Buch *Engel und Devas*. Nach der Beschreibung der vielen verschiedenen Arten von Engeln geht auch sie näher auf die Engel der Heilung ein:

> Ein wertvoller Dienst wird uns von den »Engeln der Heilung« erwiesen. Es ist ihre Aufgabe, die verstopften Gebiete unserer ätherischen Körper wieder zu reinigen, so daß der Fluß der kosmischen Energien sowohl den inneren als auch den äußeren Menschen beeinflussen kann. [. . .] Drei »Engel der Heilung« befinden sich auf jeden Fall um ein Krankenhaus, doch die Gebete der Patienten oder die Bitten der besorgten Verwandten ziehen oft Wesen an, die einzelne Fälle übernehmen. Zuerst stellen sie fest, ob ein Patient von seinem Körper befreit oder geheilt werden soll. Wenn ihre Prüfungen ergeben, daß die Lebensuhr des Patienten noch nicht abgelaufen ist, bringen sie zuerst seine Krankheit zum Stillstand und bemühen sich dann, das Bewußtsein des Kranken zu erleuchten.[3]

In ihrem Buch *The Soul and the Ethic* sagt die bekannte spirituelle Lehrerin und Autorin Ann Ree Colton:

> Jeder von uns sollte versuchen, seine Engel näher kennenzulernen, damit sie ihm etwas über die Schätze seiner Seele beibringen können – denn die Engel sind die Hüter der Schätze der Seele. Wer anfängt, seine Engel als vertraute Freunde anzusehen, dem werden die Engel die Schätze seiner Seele enthüllen; und er wird keinen Zweifel mehr an sich haben.[4]

Die verstorbene Geistheilerin Reverend Dorie D'Angelo glaubte ebenfalls an Engel. Ich fragte sie nach dem Grund, und sie antwortete:

> Weil ich sie gesehen habe, und weil ich gesehen habe, was mit ihrer Hilfe geschehen ist. Jeder Mensch hat einen Schutzengel, und es ist mir eine große Freude, einem Menschen zu helfen, seinen Schutzengel kennenzulernen, wenn er das möchte. Ich habe meinen eigenen bereits gesehen, und er war eine Quelle von Trost und Stärke für mich. Ich kann auch die Schutzengel der Menschen sehen, die zu mir kommen und mich um Hilfe bitten.

Ich fragte Dorie, wie sie die Engel sah und wie sie aussahen:

> Ich kann sie nur mit geschlossenen Augen sehen. Sie sehen ganz ähnlich wie Menschen aus, nur sind sie aus durchsichtigem Licht in verschiedenen Farben und Schattierungen. Sie sind sehr schön und von großer Liebe für die Person erfüllt, die sie beschützen sollen. Es gibt auch Engel der Heilung, die zu Kranken kommen, wenn diese sie um ihre Hilfe gebeten haben.

Ich fragte, ob sie irgendwelche besonderen Vorschläge habe, wie man mit Engeln kommunizieren solle:

> Oh ja! Sie müssen ihnen sagen, was Sie möchten. Sie waren niemals menschliche Wesen, verstehen Sie, und daher wissen sie nicht, was Menschen wollen, wenn man es ihnen nicht ausdrücklich sagt. Am besten ist es, ihnen aufrichtig für all die Dinge in Ihrem Leben zu danken, die Sie genießen, wie Liebe, Freude, Lachen, Frieden und so weiter. Es kommt nicht so sehr auf die Worte an, die Sie benutzen, sondern auf Ihre innere Haltung – Ihre Schwingung. Wenn Sie also dankbar und voller Anerkennung sind, ist es, als ob man einen Schalter am Radio anmacht, und Sie sind in Verbindung mit den Engeln, die wissen, was Sie wollen. Sie können sie auch bitten, vor Ihnen herzugehen, und sie werden den Weg ebnen, gleich ob es sich um eine Reise handelt, eine geschäftliche Transaktion, eine neue Beziehung oder selbst etwas Einfaches wie das Finden eines Parkplatzes. Das funktioniert immer – ich mache das ständig –, und es macht das Leben so viel einfacher.

Geistärzte

Viele Geistheiler geben bereitwillig zu, viel Hilfe von körperlosen Wesen zu empfangen, die während ihres Erdenlebens Ärzte waren und weiterhin den Wunsch haben, kranken Menschen zu helfen, indem sie ihnen von der geistigen Ebene aus Beistand zukommen lassen. Wissen und Fähigkeiten dieser Ärzte haben zugenommen, seit sie sich auf der geistigen Ebene befinden, und sie können auch als Kanal für die Heilkraft dienen.

In manchen Fällen versetzt sich der Heiler in Trance und der Geistarzt »übernimmt«. Eins der offensichtlichsten Beispiele dafür ist der englische Heiler George Chapman. Er versetzt sich in Trance, und ein Geistarzt übernimmt seinen Körper, stellt eine genaue Diagnose und »operiert« dann einige Zentimeter über dem Körper des Kranken, wobei er oft ausgezeichnete Heilungsergebnisse erzielt. Gewöhnlich spricht der Arzt während seiner Tätigkeit laut, wobei er ein medizinisches Vokabular benutzt, das Chapman in seinem Normalzustand absolut unbekannt ist, da er von Beruf Feuerwehrmann war und nur eine einfache Bildung besitzt. Bei verschiedenen Gelegenheiten war außerdem ein in seinem physischen Körper befindlicher Arzt anwesend, der mit dem Geistarzt Fachgespräche führte, wobei dieser sich Chapmans Stimmbänder als Kommunikationsmittel bediente.

Wirklich ungewöhnlich daran ist, daß der »Arzt« sich als William Lang vorstellte, ein 1852 geborener und 1937 verstorbener berühmter Augenarzt. Er war Ophthalmologe am Middlesex-Krankenhaus in London und später an der Moorfields-Augenklinik, ebenfalls in London. Diese Fakten wurden später von der »British Medical Society« bestätigt. Noch bemerkenswerter waren die Gespräche zwischen Dr. Lang, der durch den in Trance versetzten Chapman sprach, und mehreren früheren Patienten und auch einem seiner früheren Studenten, die alle noch lebten und zu Chapman kamen. Dr. Lang erinnerte sich an sie und sprach mit ihnen über Einzelheiten ihres Falles beziehungsweise ihres Studiums, die nur die Beteiligten selbst kennen konnten. Sie bestätigten nicht nur die Wahrheit seiner Aussagen, sondern erkannten auch seine Art zu sprechen und sich zu verhalten wieder. Sie können die ganze Geschichte in dem Buch *Healing Hands* von J. Bernard Hutton nachlesen.[5]

Mehrere Monate, nachdem ich diese Zeilen geschrieben hatte, suchte mich eine mir unbekannte Frau wegen körperlicher Beschwerden auf. Während unseres Gesprächs erwähnte sie zufällig, sie habe vor einigen Jahren bei zwei verschiedenen

Gelegenheiten eben diesen Dr. Lang im Stillen um Hilfe gebeten, was er in beiden Fällen getan hatte. Beim zweiten Mal war auch ein Hellseher anwesend und sah, wie Dr. Lang erschien und diese Frau »operierte«. Das geschah viele tausend Meilen von England entfernt, wo Dr. Lang normalerweise »operierte«. Die Heilung war erfolgreich, und sie konnte auf dem Ohr, auf dem sie jahrelang taub gewesen war, wieder hören. Wir unterhielten uns dann noch über die mögliche Ursache ihrer gegenwärtigen Probleme und fuhren dann mit der Heilsitzung fort.

Am nächsten Tag berichtete sie über eine beträchtliche Besserung einiger Symptome, doch eine Schwellung, wahrscheinlich einer Lymphdrüse, war nicht zurückgegangen. Sechs Wochen später kam sie zu einer zweiten Sitzung und erzählte, ihr Arzt wolle an der Schwellung eine Biopsie vornehmen, sie würde ihre Einwilligung aber nur ungern geben. Diesmal war meine Frau, die ebenfalls Geistheilerin ist, bei der Heilung anwesend, wußte aber nichts von den Dingen, die die Patientin mir vorher über Dr. Lang erzählt hatte. Nachdem wir beide gebetet und »die Hände aufgelegt« hatten, erhielt ich die Botschaft, die Frau solle sich innerlich an Dr. Lang wenden und ihn bitten, bei der Heilung zu helfen. Das tat sie und erzählte später, er sei unverzüglich erschienen, habe an der Schwellung zu »operieren« begonnen und Gewebe entfernt. Meine Frau hatte noch nie zuvor von Dr. Lang gehört und wußte nicht, warum ich die Patientin bat, ihn hinzuzuziehen; sie sagte später, sie sei sich eines Mannes bewußt gewesen, der neben ihr stand und die Frau »operierte«.

Ein anderer bekannter Fall von »Übernahme« eines Menschen durch einen verstorbenen Arzt war der von Arigo, dem berühmten unorthodoxen Heiler aus Brasilien. Er war ein ungebildeter Bauer, konnte jedoch die Krankheiten von Patienten ohne Fragen zu stellen und mit unglaublicher Genauigkeit diagnostizieren. Die Richtigkeit seiner Diagnosen wurde dadurch bewiesen, daß die vor dem Besuch der Patienten bei Arigo von den Hausärzten angelegten Krankenblätter analysiert wurden – Arigo sah diese Blätter nie, sie wurden von wissenschaftlichen Mitarbeitern geprüft. Er hätte sowieso keine Zeit gehabt, sie vor den Heilsitzungen zu lesen, da er durchschnittlich dreihundert Menschen pro Tag behandelte. Das bedeutet alle zwei Minuten einen Patienten, zehn Stunden lang. Da er jegliche Bezahlung oder Geschenke für seine Dienste ablehnte, hatte er außerdem noch eine feste Arbeitsstelle, um seine Familie zu ernähren.

Er führte auch Operationen durch, aber im Gegensatz zu Chapman griff er direkt in den Körper ein. Dabei benutzte er ein nicht desinfiziertes Taschen- oder Küchenmesser, das gerade zur Hand war, doch niemals kam es zu einer Infektion. Er arbeitete auch nicht mit Anästhesie, aber kein Patient empfand jemals Schmerz. Er stellte komplizierte Rezepte aus (auch über unübliche Mittel aus ganz verschiedenen Teilen der Welt) mit unglaublicher Geschwindigkeit und ohne vorherige Untersuchung oder medizinische Falldiskussion.

Arigo sagte, daß er während der Operationen oder dem Ausstellen der Rezepte von einem deutschen Arzt namens Dr. Fritz »übernommen« wurde, und daß dieser es war, der die schnellen Diagnosen stellte, operierte und die komplexen Heilmittel verschrieb. Menschen, die Arigo beobachteten, stellten während der Behandlung von Patienten eine Persönlichkeitsveränderung fest. Er nahm einen brüsken, fast arroganten Ton an, sein Blick veränderte sich, wurde leuchtend und durchdringend, und sein Brasilianisch bekam einen harten, gutturalen Akzent. Sobald er aufhörte, mit Kranken zu arbeiten, war das alles sofort verschwunden, und er nahm wieder seine normale Sprechweise und üblichen Gewohnheiten an. In diesem Fall hat der Geistarzt also wohl seinen Körper und Verstand übernommen, seine Hände geführt und ihm gesagt, was er verschreiben soll.

In einem Interview zwischen einem brasilianischen Arzt und Dr. Fritz, der durch den in Trance befindlichen Arigo sprach, sagte dieser, eine Gruppe verstorbener Ärzte – alles Spezialisten – arbeiteten mit ihm zusammen, um in Christi Namen zu heilen. Die ganze Geschichte kann man in John G. Fullers Buch *Arigo: Surgeon of the Rusty Knife*[6] nachlesen. Leider starb Arigo vor einigen Jahren bei einem Autounfall, so daß weitere Untersuchungen seiner bemerkenswerten, aber äußerst umstrittenen Heilungsfähigkeiten nicht mehr durchgeführt werden konnten.

Als ich mit Dorie D'Angelo über Engel sprach, fragte ich sie auch nach ihrem eigenen ärztlichen Helfer auf der geistigen Ebene. Ich hatte gehört, es sei der verstorbene schottische Arzt Dr. Kirk, der ihr vor zehn Jahren ganz plötzlich erschienen war, als ihr Mann in den Weihnachtsferien schwer erkrankte und kein anderer Arzt aufzutreiben war. Sie erzählte mir, daß Dr. Kirk seit damals immer erschienen sei, wenn sie ihn bat, ihr bei einer Heilung zu helfen. Er übernimmt nicht ihren Körper, wie Dr. Lang bei George Chapman, und gibt ihr auch keine Anweisungen, operativ einzugreifen, wie das Dr. Fritz bei Arigo tat. Stattdessen arbeitet Dr. Kirk am ätherischen Körper des Hilfesuchenden, und Dorie »sieht« mit geschlossenen Augen, was er tut, und beschreibt dabei laut seine Handlungen.

Nachdem wir darüber einige Zeit gesprochen hatten, fragte ich Dorie, ob sie glaube, Dr. Kirk würde erscheinen und uns noch mehr Informationen zu diesem Thema geben. Sie sagte: »Ich weiß nicht, das habe ich noch nie ausprobiert.« Sie schloß aber die Augen, und bald erschien Dr. Kirk und gab uns einige interessante Informationen.

Ich hatte unser ganzes Gespräch sorgfältig mit einem tragbaren Kassettenrecorder aufgenommen, auf einer Seite der Kassette das, was die Engel gesagt hatten, und auf der anderen Seite, was der Geistarzt gesagt hatte; als ich jedoch den Text vom Band übertragen wollte, stellte ich fest, daß die Aussagen der Engel zwar aufgenommen waren, die des Arztes jedoch nicht. Außerdem konnte ich mich an kein einziges Wort von Dr. Kirk mehr erinnern!

Da ich glaube, daß es keine Zufälle in unserem Leben gibt und alles aus einem bestimmten Grund geschieht, meditierte ich über diese Situation und kam zu dem Ergebnis, daß ich das Gespräch wiederholen, aber diesmal Dr. Kirk ganz bestimmte Fragen stellen sollte. Ich schrieb mir also einige auf, und Dorie stimmte freundlicherweise zu, mir ihre Zeit noch einmal zur Verfügung zu stellen, damit wir das Gespräch wiederholen konnten. Als wir das dann taten, wurde mir bald klar, daß bei der Unterhaltung dieses Mal viel verständlichere und wertvollere Informationen herüberkamen als beim vorigen Mal. Es wurde schließlich ein Dreiergespräch, bei dem Dorie sich mit mir und mit Dr. Kirk unterhielt; ich stellte die Fragen an Dr. Kirk, er gab Dorie die Antworten, und sie wiederholte dann für mich, was er gesagt hatte, so daß ich Bescheid wußte und die Antworten aufgezeichnet werden konnten. (Das Tonband funktionierte diesmal perfekt – hatte *er* die Aufnahme beim vorigen Mal gelöscht?) Es folgt die fast wörtliche Abschrift des Gesprächs:

Alan: Bitte Dr. Kirk, jetzt zu uns zu kommen.
Dorie: Danke für Ihr Kommen, Dr. Kirk. Ich weiß, daß Sie heute schon eine ganze Zeitlang hierwaren. Wir hätten gerne Ihre Hilfe, so daß Alan andere Menschen über die Arbeit von Geistärzten informieren kann. Wir würden uns freuen, alles, was Sie sagen möchten, anderen mitteilen zu können.
Alan: Dr. Kirk, ich möchte mich für mein Problem mit dem Kassettenrecorder beim letzten Mal entschuldigen. Außerdem habe ich alles vergessen, was Sie gesagt haben. Vielleicht geschah das, damit ich noch einmal wiederkommen und Ihnen diesmal ganz bestimmte Fragen stellen sollte. Könnten Sie uns bitte sagen, wie Sie Ihre Heilungsarbeit durchführen?
Dr. Kirk: Es gibt eine heilende Schwingungsenergie, die ich durch einen Patienten hindurchschicken kann. Manchmal ist es sehr schwierig, weil die Schwingungsenergie des Patienten eine andere ist - sie ist fest. Ich muß seine Energie verändern, damit die helfende Energie einfließen kann. Das ist sehr schwer, und eine, zwei oder drei Sitzungen reichen dazu oft nicht aus. In anderen Fällen befindet sich der Patient bereits auf dieser Schwingungsebene, und die Heilung kann augenblicklich eintreten.
Alan: Senden Sie diese helfende Schwingungsenergie durch den ätherischen Körper in den physischen?
Dr. Kirk: Ja.
Alan: Werden dadurch die Atome des physischen Körpers auf die des perfekten ätherischen Körpers ausgerichtet?

Dr. Kirk: Ja, genau das will ich damit erreichen. Manchmal klappt es beim ätherischen Körper und wirkt sich dann auf den physischen aus; manchmal wiederum können Gedanken des Patienten die Schwingungsenergie blockieren, und dann passiert gar nichts. Manchmal bleibt die Schwingung solange bestehen, bis sie eindringen und den physischen Körper verändern kann. Sie muß die Schwingungsenergie im physischen Körper verändern.

Alan: Arbeiten noch andere Geistärzte mit Ihnen zusammen?

Dr. Kirk: Ja.

Alan: Sind das Spezialisten, die Sie bei bestimmten Fällen um Hilfe bitten?

Dr. Kirk: Ich rufe sie sehr oft, um mehr Kraft zur Verfügung zu haben, und auch, um noch ein paar Hände zum Helfen da zu haben.

Dorie: Er zeigt mir vier Hände. Manchmal sind drei Wesen da, die mit ihm arbeiten; sie sehen wie große, durchsichtige Figuren aus, aber jedes hat eine andere Lichtfarbe. Eines ist kupferfarben.

Alan: Sind es Engel?

Dorie: Nein. Ich weiß nicht, was es sind; er nennt sie »die Wesen«. Wahrscheinlich sind sie so etwas Ähnliches wie Engel. Wenn er zusätzliche Hilfe braucht, ruft er diese Wesen, und sie stehen dann am Fußende des Patienten, ungefähr einen halben Meter entfernt. Dann sagt Dr. Kirk beispielsweise: »Das hier muß aufgelöst werden, es muß verschwinden, wir brauchen es nicht.« Dann gibt er ihnen etwas aus dem Körper des Patienten, wie einen Tumor oder einen Knochensplitter oder etwas Ähnliches; die Wesen halten ihre Hände darüber, und es löst sich auf. Sie sind erfüllt von einer äußerst starken Kraft, die hartnäckige und schwere Krankheiten erfolgreich heilen kann. Ich habe von diesen Wesen bereits aus anderen Quellen gehört; sie kommen, um zu helfen, aber sie sagen nie etwas, sie erscheinen einfach und tun ihre Arbeit.

Alan: Dr. Kirk, gibt es Krankheiten oder Behinderungen, bei denen Sie nicht helfen können?

Dr. Kirk: Wenn sie in der Vorstellung des Betreffenden so

festsitzen und die gedankliche Form so verhärtet ist, daß sie, nachdem ich sie aufgelöst habe, sofort wiederkehrt – dann ist Heilung schwierig. Knochen können wieder gerichtet werden und heilen; sogar Zahnprobleme können behoben werden.

Alan: Mit anderen Worten, es hängt viel von der Empfänglichkeit und Kooperation des Patienten ab?

Dorie: Ja, sehr viel. Wenn jemand zu mir sagt: »Ich bin schon überall gewesen, und niemand kann mir helfen«, dann schließt dieses »niemand« auch Dr. Kirk ein.

Alan: Mich verwundert eines, Doktor: Manchmal scheinen Sie eine farbige Flüssigkeit, ein Öl oder einen Puder zu benutzen, und gelegentlich auch chirurgische Instrumente. Warum sind diese materiellen Dinge notwendig, wenn wir es doch eigentlich mit der rein spirituellen Heilkraft zu tun haben?

Dr. Kirk: Alles in der physischen Welt hat ein Gegenstück in der ätherischen Welt oder der Welt der gedanklichen Vorstellungen; so wie Sie materielle Gegenstände am physischen Körper verwenden können, können wir das ätherische Gegenstück am ätherischen Körper einsetzen. Wir müssen irgend etwas benutzen, um die Schwingung in den Zellen zu verändern. Wenn ich Dorie zeige, daß ich so etwas wie materiellen Puder, eine Flüssigkeit oder ein Instrument benutze und sie das dem Patienten erklärt, ist er davon überzeugt, daß etwas vorgeht, was ihm logisch erscheint. Auch wenn es in Wirklichkeit gar nicht da ist, so ist es doch in seiner Vorstellung vorhanden.

Dorie: Oft werde ich gefragt: »Dorie, was war das für ein gelbes Pulver, das Dr. Kirk in mein Blut getan hat? Was immer es war, es hat mir sehr gutgetan, und ich wünschte, er würde es nochmals machen.« Aber ich weiß nicht, was er benutzt hat.

Dr. Kirk: Das ist eine gute Frage, Alan, und ich finde sie interessant. Sehen Sie, der Verstand des Patienten, mit dem ich arbeite, ist wie ein Kind, und ein Kind möchte Dinge, Bilder haben. Wenn ich dem Kind etwas gebe, denkt es: »Oh, ja, jetzt geht es mir besser, das hat mir geholfen.« Ich nenne diese Dinge übrigens Spielsachen.

Dorie: Ich wußte nicht, daß Sie mit Spielsachen zu mir kommen, Dr. Kirk!
Alan: Werden Sie jemals müde, Doktor?
Dr. Kirk: Nein, wir werden nie müde. In unserer Welt gibt es keine Zeit, und daher gibt es keinen Grund, müde zu werden; wir haben auch keinen physischen Körper, der uns behindert. Es gibt jedoch einen Begriff von Zeit dahingehend, daß bestimmte Dinge getan werden müssen. Gerade jetzt ist der richtige Zeitpunkt, um dieses Material so schnell wie möglich unter möglichst viele Menschen zu bringen. Die Schwingungen und Energien sind zur Zeit gerade richtig, und es ist auch äußerst notwendig.
Alan: Doktor, Dorie kann Sie sehen, und einige Ihrer Patienten können es auch. Wie kann ich lernen, Sie ebenfalls zu sehen und auch die Geistärzte, die mit mir arbeiten und die andere schon sehen konnten?
Dr. Kirk: In gewisser Weise sehen Sie sie bereits mit Hilfe Ihrer Gefühle. Wenn Sie *glauben,* daß Sie sie sehen können, werden Sie empfänglicher dafür werden. Schließen Sie Ihre Augen, blinzeln Sie ein bißchen und sagen Sie: »Ich möchte euch sehen«, und dann werden Sie wahrscheinlich Licht- oder Farbblitze sehen, und mit der Zeit werden Sie die Geistwesen immer deutlicher sehen können.
Alan: Das sind alle meine Fragen, Dr. Kirk. Gibt es noch etwas, was Sie hinzufügen möchten?
Dr. Kirk: Ja. Es gibt viele Geistärzte, und sie möchten den Menschen in aller Welt helfen; sie stehen für jeden zur Verfügung, der sie um Hilfe bittet; sie sind hier. Sie kommen zu jedem, mit dem sie in Kommunikation treten können. Sie arbeiten mit vielen Menschen, die gar nicht merken, daß Helfer bei ihnen sind. Bei Hilfesuchenden in großer Not ist die Wahrscheinlichkeit höher, daß sie sich des Geistarztes bewußt sind. Heiler, oder besser: Kanäle für Heilung, sollten in guter körperlicher Verfassung sein – dann läßt sich die Kraft leichter übertragen. Je gesünder Sie sind – körperlich, geistig und spirituell –, umso mehr mächtige und starke Wesen und Helfer werden Ihnen beistehen. Wenn Sie in Topform bleiben, werden Sie bessere Verbindungen zu einer größeren Kraft haben.

Jesus war ein strahlend gesunder Mensch, der auf andere eine so große Anziehungskraft ausübte, daß sie ihr Heim und ihre Familie verließen, um ihm ohne Unterkunft oder Essen überallhin zu folgen. Er hatte eine äußerst starke Ausstrahlung und war von einer großen Anzahl von Wesen, Engeln und Menschen umgeben. Je mehr Sie sich dieser magnetischen Vitalität annähern können, umso mehr werden Sie die Kraft anziehen, die Sie auf materieller und spiritueller Ebene brauchen.
Erinnern Sie sich auch daran, daß Sie selbst in jeder Hinsicht immer stärker werden, je öfter Sie die Kraft channeln.
Alan und Dorie: Vielen Dank für Ihr Kommen, Doktor, und für Ihre Mitteilungen.
Dorie zu Alan: Weißt du, alle denken, daß ich den Doktor immer ganz klar sehe, aber so ist es normalerweise nicht, obwohl ich ihn heute sehr deutlich gesehen habe und er sich in den Stuhl neben dich gesetzt hat, was er vorher noch nie gemacht hat. Meistens sehe ich seine Hände oder einen anderen Teil seines Körpers, aber nicht alles.
Neulich war ich sehr müde, also habe ich mich hingesetzt und ihn gebeten, zu kommen und mir etwas Energie zu geben, und weil ich müde genug war, kam er. Dann geschah etwas Erstaunliches: Ich sah ihn so, wie er immer aussieht, ein ungefähr sechzigjähriger Mann, und plötzlich war es, als ob diese Figur sich auflöste und dahinter war diese *wunderbare* Figur aus Licht, nur strahlendes, leuchtendes Licht. Diese Lichtfigur nahm dann meine Hand, zog mich hoch und zeigte mir die Welt. Es war wunder-, wunderschön. Dann kamen wir zurück, ich ging wieder in meinen Körper, und er verwandelte sich wieder in die Figur, die ich vorher gesehen hatte. Da wurde mir klar, daß Dr. Kirk in Wirklichkeit ein Lichtwesen ist, und er zeigte mir das, um mir klarzumachen, daß alle notwendige Kraft durch diese Figur des Dr. Kirk gechannelt wird.

Die meisten Geistheiler, einschließlich vieler philippinischer »Geistchirurgen«, denen ein oder mehrere Geistärzte helfen, sind nicht wie Chapman und Arigo von Wesen »besetzt«. Der

Heiler wird als Katalysator benutzt, und der Geist arbeitet über den ätherischen Körper des Heilers. Manchmal kann der Heiler den Geistarzt sehen und bei der Arbeit beobachten, so wie Dorie, manchmal spürt er auch einfach nur seine Anwesenheit.

Wie ich bereits erwähnte, bat ich einmal einen ausgezeichneten Hellseher zu beobachten, was im Heilungsraum vor sich ging, während ich Heilkraft für jemanden channelte. Er sah während des ganzen Vorgangs viele farbige Energien und Symbole und außerdem die Hände und Arme eines engelhaften Wesens; er sagte, sie waren »kräftig und weiß, mit schillernden, silbrigen, oszillierenden Tupfen oder Sternchen«. Er sah auch die weißen Hände eines Wesens mit purpurfarbenem Überwurf und Kopfbedeckung, ähnlich der grünen Operationskleidung von Ärzten. Interessant war, daß diese Hände erst erschienen, wenn meine Hände sich direkt über dem kranken Körperteil des Patienten befanden (obwohl der Hellseher vorher nicht wußte, welcher Teil das war, und man es auch nicht von außen sehen konnte). Offensichtlich wußten die Geistwesen ganz genau, wo die Kraft gebraucht wurde. Inzwischen haben auch andere Patienten mit übersinnlichen Fähigkeiten Wesen in der einen oder anderen Form gesehen oder sind sich ihrer Anwesenheit bewußt geworden. Manche spürten Hände, die sie berührten, öffneten ihre Augen und sahen, daß meine Hände sich über einem anderen Teil ihres Körpers befanden und ihn nicht berührten. Ein oder zwei Patienten konnten auch mit ihnen kommunizieren.

Woher kommt es, daß diese Geistärzte so viel mehr Heilkräfte haben als zu der Zeit, als sie noch in einem physischen Körper inkarniert waren? Ich glaube, dafür gibt es zwei Gründe. Einer ist, daß sie nach dem Hinübergehen in die geistige Welt weiterwachsen konnten und Fortschritte in ihrem Verständnis und ihrem Wissen gemacht haben. Wäre dem nicht so, hätte das Leben nach dem Tod wenig Sinn oder Zweck. Der andere besteht darin, daß sie in der geistigen Welt Zugang zu Meisterlehrern und Heilern haben, die sie noch nicht erreichen konnten, als sie sich noch in ihrem physischen

Körper befanden, und nun stehen deren Wissen und Fähigkeiten ihnen offen.

Mancher mag sich fragen, warum diese Geistärzte, Heiler und Lehrer bereit sind, der Menschheit auf diese Art zu dienen, anstatt sich auszuruhen und wohlverdienten Frieden und Ruhe dort zu genießen, wo sie jetzt sind. Ich glaube, genau wie wir auf der Erde spirituell wachsen, wenn wir unseren Menschenbrüdern und -schwestern helfen, so wachsen auch sie auf der geistigen Ebene spirituell, wenn sie den Hilfesuchenden auf beiden Ebenen helfen.

Zusammenfassend kann man also sagen: Wenn wir Hilfe von Engeln und/oder Geistärzten möchten, müssen wir um ihren Beistand bitten. Sie wissen und respektieren, daß Gott jedem von uns einen freien Willen gegeben hat. Sie werden uns nicht ihren eigenen Willen oder ihre Wünsche aufdrängen. Andererseits freuen sie sich darauf, uns zu helfen, nicht nur aus Liebe zur Menschheit, sondern auch, weil sie durch den Dienst an Menschenwesen spirituell wachsen und der Realisierung ihrer Einheit mit Gott immer näher kommen. Offensichtlich arbeiten sie selten direkt mit dem Kranken, sondern bedienen sich auch bei Fernheilungen eines Menschen, der ihnen seinen Körper und Verstand als Kanal anbietet. Das ist der gleiche Vorgang wie bei einem menschlichen Medium, das von einem Geistwesen benutzt wird, um mit einem anderen Menschen zu kommunizieren. Wenn wir unsere Bitte an sie mit einem Gebet verbinden, daß Gottes Wille geschehen möge, haben sie die Freiheit, in Übereinstimmung mit diesem Willen zu handeln, und werden nicht von unseren eigenen Wünschen beeinflußt.

Literatur zu Kapitel 7

1. Graham, Billy: *Angels: Gods Secret Agents*. New York: Doubleday and Company 1975.
2. Hodson, Geoffrey: *The Kingdom of the Gods*. Adyar, Madras, Indien: The Theosophical Publishing House 1952, S. IX & 47.

3. Newhouse, Flower: *Engel und Devas*. Grafing: Aquamarin 1993, S.79-80.
4. Colton, Ann Ree: *The Soul and The Ethic*. Glendale, Kalifornien: ARC Publishing Company 1965, S. 81.
5. Hutton, J. Bernard: *Healing Hands*. New York: David McKay Company 1967.
6. Fuller, John G.: Arigo: *Surgeon of the Rusty Knife*. New York: Thomas Y. Cromwell Company 1974.

Kapitel 8

Auch Sie können heilen

Es gibt nur eine
Energie,
und das ist
Liebe.
Alles andere ist
eine Illusion.

Voraussetzungen

Die meisten Geistheiler scheinen sich darüber einig zu sein, daß die Fähigkeit des geistigen Heilens nicht nur einigen wenigen Auserwählten vorbehalten ist, sondern daß jeder Mensch anderen auf diese Weise helfen kann, vorausgesetzt, der angehende Heiler erfüllt die folgenden vier Bedingungen:

1. Sie müssen von dem starken Wunsch erfüllt sein, Kranke zu heilen. Viele Menschen verspüren diesen Wunsch nicht, was an sich nicht weiter schlimm ist; es gibt viele Dienste, die man für das Königreich Gottes tun kann – Heilen ist einer davon. Wer sich berufen fühlt, auf eine andere Weise zu dienen, sollte das tun. Sie müssen jedoch sorgfältig die Motive prüfen, die Ihrem Wunsch, andere zu heilen, zugrundeliegen. Sollten Sie herausfinden, daß diese Motive auch den Wunsch nach Geld, Macht oder Ruhm, nach Befriedigung Ihres Egos oder nach der Erfüllung anderer emotionaler Sehnsüchte beinhalten, dann werden Sie als Kanal für die Heilkraft wahrscheinlich keinen Erfolg haben. Sie könnten sogar die Probleme anderer noch verstärken, anstatt sie zu verringern. Beruht Ihre Motivation hingegen einzig und allein auf der aufrichtigen Liebe zu Gott und Ihren Mitmenschen und dem Wunsch, durch das Channeln von Gottes

Heilkraft – sollte das Sein Wille für Sie sein – einen Dienst am Nächsten zu leisten, dann ist die erste der vier Bedingungen erfüllt.

2. Sie müssen wirkliches Mitgefühl für Kranke und Leidende empfinden. Damit sind nicht Gefühle der Sympathie und emotionalen Zuwendung gemeint, sondern die bedingungslose Liebe zu Gottes Schöpfung insgesamt. Andere Menschen müssen Ihnen als Mitmenschen und vollkommene Kinder Gottes wirklich am Herzen liegen, ungeachtet ihres Alters, ihrer Rasse, Religion, äußeren Erscheinung oder Persönlichkeit.
3. Sie müssen an einen göttlichen Schöpfer glauben, für den alles möglich ist, und mit Ihrem Herzen, Ihrem Verstand und Ihrer Seele völlig davon überzeugt sein, daß es keine Grenze für mögliche Heilungen gibt, wenn die Kraft dieser göttlichen Macht durch Sie gechannelt wird. Alle Beschränkungen, die Sie in Ihrem eigenen Denken aufbauen, werden in Ihren Erfahrungen als Heiler widergespiegelt werden.
4. Sie müssen sich als Kanal für die Kraft Gottes öffnen und darum beten, daß Gott Sie nach Seinem Willen als Kanal für diese Kraft benutzt. Man kann das auch in Bewußtseinsebenen ausdrücken. Menschen sind mit Bewußtsein ausgestattet, aber die Ebene, die sie damit erreichen können, kann bei den einzelnen sehr unterschiedlich sein. Für manche Menschen besteht das Leben hauptsächlich darin, die grundlegenden Bedürfnisse nach Essen, Wohnung, Sex und Überleben zu befriedigen, anspruchslose Routinearbeit zu verrichten und ihre Freizeit zu genießen. Sie haben kaum ein Gefühl für andere Bewußtseinsebenen, für sich selbst, die Empfindungen anderer und spirituelle Einsichten. Am anderen Ende der Skala befinden sich die großen spirituellen Lehrer, deren Bewußtsein von sich selbst, vom ganzen Universum und von der einzigen Quelle sehr hoch ist. Sie verbringen ihr Leben mit dem selbstlosen Dienst am Nächsten, nicht aus Pflichtgefühl, sondern aus Liebe zu Gott und Seiner gesamten Schöpfung.

Den Kanal öffnen

Ich werde oft gefragt, wie ich den Punkt erreicht habe, an dem mir bewußt wurde, daß ich kranken Menschen helfen kann. Das ist nicht leicht in Worte zu fassen, aber ich teile gerne meinen eigenen Entwicklungsprozeß mit, in der Hoffnung, daß andere davon profitieren können. Ich möchte damit keineswegs behaupten, daß dies der einzige Weg ist. Es gibt viele Wege zum gleichen Ziel, und das ist nur einer davon.

Irgendwann merkte ich, daß die ersten drei der erwähnten Bedingungen bei mir vorhanden waren; ich hatte den großen Wunsch, ein Kanal für die Heilkraft zu sein, und wirkliches Mitgefühl für Leidende. Außerdem glaubte ich sehr stark an das Bibelzitat »für Gott ist nichts unmöglich« (Matthäus 19, 26) und auch an die Worte Jesu: »Jeder, der mir vertraut, wird auch die Taten vollbringen, die ich tue.« (Johannes 14, 12). Die vierte Bedingung, sich als Kanal öffnen zu können, war für mich die schwierigste, und ich arbeite immer noch daran; ich bin sicher, daß ich das auch weiterhin für den Rest meines Lebens tun muß. Im folgenden möchte ich die vielen Wege aufzeigen, die ich, häufig gleichzeitig, erforscht habe, und die meines Erachtens alle auf ihre Weise wichtig waren, um an den Punkt zu gelangen, an dem ich heute stehe – wo immer das sein mag!

1. *Beten:* Ich bat Gott darum, mich als Kanal für die Heilkraft zu benutzen, wenn das Sein Wille sei, und mich auf meiner Suche zu leiten.
2. *Meditation:* Ich probierte viele unterschiedliche Methoden aus, einschließlich Einführung in die Transzendentale Meditation. Sie scheinen alle gleich wertvoll zu sein, und ich mache weiterhin meine Erfahrungen damit. Alle Lehrer empfehlen, regelmäßig zur gleichen Tageszeit zu meditieren. Für mich hat sich die Zeit zwischen drei und fünf Uhr nachts als am besten herausgestellt. Die Stille und die friedlichen Schwingungen in dieser Zeit haben einen ganz besonderen Zauber, und ich bin sicher, nicht gestört zu werden.

3. *Kontemplation:* Stille und Frieden bei der Kontemplation sind ähnlich wie bei der Meditation, aber der Geist ist aktiv, nicht still. Manche betrachten eine Blume oder ein anderes Objekt, aber für mich habe ich herausgefunden, daß ein Wort (wie Liebe, Licht, Gott) oder ein kurzer Satz mehr Bedeutung haben, zum Beispiel: »Ich bin ein Kind Gottes«; » ... ist ein Kind Gottes«; »Das Königreich Gottes ist in mir«; »Die Wahrheit macht mich frei«.
4. *Mir meiner selbst bewußt werden:* Ich bemühe mich ehrlich, mich selbst kennenzulernen. Beispielsweise nahm ich an Gruppen teil, die genau zu diesem Zweck angeboten werden (keine Encounter-Gruppen, die kamen mir zu aggressiv und destruktiv vor). Eine meiner ersten Erfahrungen in dieser Richtung machte ich mit *EST,* Werner Erharts Intensiv-Training, um Selbst-Bewußtsein zu bekommen und die Verantwortung für das eigene Leben zu übernehmen. Ich nahm aktiv an allen Gruppenübungen teil, die während der beiden Dreißig-Stunden-Wochenenden durchgeführt wurden, und fand die meisten davon hilfreich; allerdings bekam ich nicht wie viele andere irgendwelche größeren inneren Einsichten. Zu meinem großen Erstaunen fielen zwei oder drei erwachsene Männer sogar in Ohnmacht, nur weil sie zusammen mit fünfzig anderen Menschen aufstehen und etwa zwanzig Minuten lang die anderen zweihundert Workshop-Teilnehmer ansehen mußten.

   Der einzige Inhalt des Trainings, der »bei mir ankam«, war die mit Schimpfworten durchsetzte Ausdrucksweise der Kursleiter, wenn sie einzelne Teilnehmer oder die Gruppe als Ganzes ansprachen. Als ich mich jedoch zwei Jahre später für den Fortgeschrittenenkurs anmeldete, konnte ich meinen Ärger darüber loslassen, und es machte mir nichts mehr aus. Es wurde mir schließlich klar, daß ich, wenn ich auf diese Weise angesprochen wurde, die Wahl hatte, es zu ignorieren oder mich darüber aufzuregen, und daß die anderen die gleiche Wahl hatten und es mich nichts anging, wie sie sich entschieden.

   Das Aufschreiben und Deuten meiner Träume wurde

ebenfalls zu einem wichtigen Bestandteil meiner Suche nach innerer Bewußtheit; bevor ich vor zehn Jahren damit begann, war mir nicht klar gewesen, wieviel Informationen und innere Führung ich durch das Nichtbeachten meiner Träume verpaßt hatte. Inzwischen ist mein Traumtagebuch zu einem wertvollen Werkzeug für mein Wachstum geworden. Außerdem habe ich gelernt, wie wichtig es ist, meine Gedanken zu beobachten und zu versuchen, sie in die richtige Richtung zu lenken, denn »wie ein Mensch in seinem Herzen denkt, so ist er«.
Wenn jemand übermäßig auf das Verhalten, eine Aussage oder ein Wesensmerkmal eines anderen Menschen reagiert, so liegt das, wie Psychologen herausgefunden haben, meist daran, daß genau das, worüber er sich so aufregt oder was ihn so anzieht, auch in ihm selbst vorhanden ist, jedoch unterdrückt oder nie erkannt wurde. Die betreffende Eigenschaft fällt einem beim anderen auf, und die darin enthaltene Energie wird auf ihn »projiziert«. Das Beobachten meiner – positiven und negativen – Projektionen auf andere enthüllte Aspekte meines tieferen Wesens, deren ich mir vorher nicht bewußt war. Sie als zu mir gehörig anzunehmen, war nicht leicht!
Wenn ich während der Meditation auf meinen »inneren Lehrer« höre, empfange ich manchmal hilfreiche Botschaften. Eine, die besonders mit dieser Art von Selbst-Bewußtsein zu tun hat, wurde mir in folgender Form übermittelt:

> Suche weiter nach der Wahrheit über dich selbst.
> Sie scheint dir immer wieder zu entgleiten, aber alles liegt in dir selbst verborgen und wartet nur darauf herauszukommen. Wenn du keine Fragen stellst, wirst du keine Antworten bekommen, gleich zu welchem Thema, und das trifft auch auf dein Bewußtsein über dich selbst zu. Zum Beispiel:
> Was gefällt dir am meisten?
> Was stößt dich am meisten ab?
> Worauf reagierst du besonders positiv?

Worauf reagierst du besonders negativ?
Wovor hast du Angst?
Was magst du?
Welche Wünsche hast du?
Welche Hoffnungen hast du?
Welche Ziele hast du?
Was könntest du entbehren?
Was könntest du *nicht* entbehren?
Was enttäuscht dich?
Was überrascht dich?
Was kritisierst du?
Was findest du gut?
Was möchtest du anderen geben?
Was möchtest du von ihnen bekommen?
Was hat das Leben dich gelehrt?
Was würdest du gerne nochmal machen, aber anders?
Was sind deine größten Fehler?
Was sind deine größten Stärken?
Was bringt dich zum Lachen?
Was bringt dich zum Weinen?
Was gibt dir im Inneren ein warmes Gefühl?
Was läßt dich kalt?
Wenn du alle diese Fragen beantwortest, bekommst du einen ziemlich guten Einblick in dich selbst, und du wirst wissen, woran du noch arbeiten mußt, was du ändern solltest und wo die Konflikte liegen.

Nachdem ich diese Fragen für mich selbst beantwortet hatte, analysierte ich die Antworten, und ein bestimmtes Muster wurde sichtbar, da einige Antworten auf denselben Punkt hinausliefen. Beispielsweise hatte das Leben mich gelehrt, wie wichtig die Liebe anderer ist; worauf ich nicht verzichten konnte, war Liebe, und was ich fürchtete, war der Verlust eines geliebten Menschen. Indem ich die übereinstimmenden oder mehrmals auftauchenden Punkte aufschrieb, konnte ich einen ungefähren Aktionsplan für mich aufstellen.
Ein altes Sprichwort sagt: Geben ist seliger als Nehmen. Es

ist jedoch wichtig, daß wir auch bereit sind, etwas anzunehmen. Wir brauchen Liebe und Energie für unser eigenes Wachstum, und wenn wir nicht bereit sind zu nehmen, wie können andere dann erleben, wie schön es ist zu geben?

Als ich daran arbeitete, mich als Kanal für die Heilkraft zu öffnen, war eine meiner größten Einsichten, daß ich nicht besonders gut darin war, etwas anzunehmen. Bei einem Workshop auf Brugh Joys Ranch in Lucerne Valley brachte er uns bei, wie man die Energie spüren kann, die von unserem eigenen Körper und dem der anderen Teilnehmer ausgeht. Mir wurde bewußt, daß ich die Energie der anderen viel weniger spüren konnte, als sie die von meinen Händen ausstrahlende Kraft. Als ich darüber meditierte, kam ich zu dem Schluß, daß ich mich nicht für die Energie anderer geöffnet hatte; ich beschloß, das in Zukunft zu ändern. Als wir später alle auf dem Boden lagen und klassische Musik hörten, die mit großer Lautstärke gespielt wurde, ging mir plötzlich auf, daß ich mich vielleicht nie wirklich der Liebe Gottes geöffnet hatte. Ich versuchte also, das nun ganz bewußt zu tun und spürte sofort eine Welle von Liebesenergie durch meinen Körper fließen, die mir Freudentränen in die Augen trieb. Es war eine wunderbare Erfahrung, die ich nie vergessen werde.

5. *Hilfe durch ein Medium:* Eine Sitzung mit dem bekannten Medium Ann Armstrong, bei der ich speziell darum bat, mir der psychologischen Hindernisse für mein spirituelles Wachstum bewußt werden zu können, war ein wertvoller Schritt. Ann stimmt sich psychisch auf Schwächen und Stärken ein und nimmt kein Blatt vor den Mund!
6. *Lesen:* Ich habe viele gute Bücher zum Thema Geistheilen durchgearbeitet, und sie waren alle eine große Hilfe; eines davon war das *Neue Testament,* das ich als Grundlagenwerk betrachte. Auch die Lektüre von C.G. Jungs Schriften über Psychologie, Traumdeutung, Parapsychologie und andere Religionen war äußerst aufschlußreich.
7. *Seminare und Workshops:* Ich habe einige besucht, die mit Geistheilung zu tun hatten, unter anderem auch das Pro-

gramm von Dr. Lawrence LeShan, das er in seinem Buch *The Medium, the Mystic and the Physicist*[1] beschreibt, verschiedene Seminare, die von der Außenstelle der »University of California« in Santa Cruz angeboten wurden, und die A.R.E.-Heilkonferenz in Phönix, Arizona. Bei allen konnte ich wertvolle Informationen und Erfahrungen sammeln. Den Durchbruch aber erfuhr ich schließlich bei einem siebzehntägigen »Treffen zur Erlangung höheren Bewußtseins«, das in der Wüste stattfand und von Dr. Brugh Joy, einem herausragenden jungen spirituellen Führer der New Age-Bewegung geleitet wurde. Das war ein wirklich eindrucksvolles und unvergeßliches Erlebnis.

8. *England:* Ich habe verschiedene spirituelle Heilzentren in England besucht und Geistheilern bei der Arbeit zugesehen. In London hatte ich die Ehre, fünf Stunden lang mit Peter Denton zu arbeiten, der damals die Heilklinik der »Spiritualist Association of Great Britain« leitete.
9. *Gebetskreis:* Die regelmäßige Teilnahme am wöchentlichen Heilungsgebetskreis, den Reverend Dorie D'Angelo leitete, war auch ein wichtiger Schritt, um mich als Kanal zu öffnen.
10. *Bedingungslose Liebe:* Wichtig war darüber hinaus, mich selbst und andere bedingungslos zu lieben. Aus vielen Quellen erfuhr ich, daß es schwer ist, andere zu lieben, wenn ich mich selbst nicht liebe, doch das ist nicht immer leicht – vor allem, wenn man sich selbst mit der Zeit besser kennenlernt! Die Liebe für alle Wesen (die in Wirklichkeit die Heilkraft ist) muß bedingungslos, ohne Bindung und Besitzdenken sein und darf keinen Gegenwert erwarten. Es ist mir klar, daß das ein Ziel ist und nicht etwas, das ich schon erreicht habe, aber es lohnt sich, danach zu streben. Geistheilung ist Einheit in Liebe – Einheit mit dem Mitmenschen und mit Gott – , ein Eins-Sein in dem Bewußtsein bedingungsloser Liebe.

Eine interessante Methode, die Entwicklung des Heilungsbewußtseins zu unterstützen, wurde von dem berühmten verstorbenen Medium Arthur Ford vorgeschlagen. Stellen Sie sich vor, Sie seien bei einer der Heilungen von Jesus als Zuschauer dabei. Suchen Sie sich eine aus, die Sie anspricht, lesen Sie die Geschichte in der Bibel mehrmals durch, bis sie Ihnen ganz vertraut ist. Dann setzen Sie sich an einen ruhigen Ort, entspannen sich völlig und atmen leicht und regelmäßig. Stellen Sie sich nun vor Ihrem inneren Auge die Heilungsszene vor – die Gebäude oder die Landschaft, die Menschen, ihre Kleidung und ihre Neugier, als Jesus eintrifft. Stellen Sie sich geistig das Leid und die Hoffnung des Kranken vor, seine Bitte um Heilung und die Unterstützung seiner Freunde. Dann nehmen Sie das Eintreffen von Jesus wahr, seine Kleidung, sein Haar, sein Gesicht, und vor allem seine Augen und die bedingungslose Liebe, die von seinem ganzen Wesen ausstrahlt. Achten Sie darauf, wie sanft sein Verhalten und seine Stimme sind, als er der Bitte um Heilung nachkommt. Beobachten Sie den anfänglichen Unglauben des Kranken, daß die Heilung tatsächlich stattgefunden hat, und dann die Freude und Aufregung, wenn ihm plötzlich klar wird, daß er geheilt ist, und seine anschließende Dankbarkeit und Anbetung. Fühlen Sie die Aufregung und Begeisterung der Menge, in der Sie mittendrin sind. Vergegenwärtigen Sie sich, was in Ihnen vorging, als die Soforterheilung stattfand. Hat es Ihr Leben verändert?

Wenn Sie also ein Geistheiler werden möchten, scheuen Sie keine Anstrengung, um Ihren Bewußtseinsstand anzuheben, damit mehr und mehr Wissen aus Ihrem eigenen Unterbewußtsein und auch aus dem kollektiven oder universellen Unbewußten einfließen kann. Ihr Bewußtsein über Ihr eigenes vielschichtiges Wesen und den göttlichen Schöpfer und Seine gesamte Schöpfung werden dadurch erweitert. Je höher die Ebene ist, die Sie erreichen können, desto größer wird Ihre Fähigkeit sein, sich selbst als Kanal für die Heilkraft zu öffnen. Allerdings kenne ich keine Abkürzung auf dem Weg zur Selbst-Erkenntnis; er muß Schritt für Schritt gegangen werden, oder Schicht für Schicht wie beim Schälen einer Zwiebel, und es kann dabei auch Tränen geben!

Ich möchte hier noch eine Warnung an alle aussprechen, die sich auf der Suche nach einer höheren Bewußtseinsebene befinden und sich als Kanal öffnen wollen. Wenn Sie einen Lehrer finden, der spirituell schon weit entwickelt scheint und sensitive Fähigkeiten hat, unter anderem auch die zum Channeln der Heilkraft (oder auch nicht), dann besuchen Sie unbedingt seine Veranstaltungen oder Übungsgruppen, *aber geben Sie nicht Ihre eigene Kraft an den Lehrer ab.* Ein wahrer spiritueller Lehrer wird das niemals verlangen und es ablehnen, wenn Sie versuchen, Ihre Kraft an ihn abzugeben. Seien Sie vor allem vor denen auf der Hut, die verlangen, daß Sie ihnen – anstatt Gott – vollständig anhängen und die Sie ohne Vorbehalte und Rücktrittsmöglichkeiten ihrer Organisation einverleiben wollen. Manche verlangen sogar, daß ihnen alle eigenen materiellen Besitztümer überschrieben werden, als Beweis für die Nichtverhaftung an Materielles. Die bekannte Tragödie in Jonestown, Guyana, mit über neunhundert Selbstmorden auf Befehl des Sektenführers hat wahrscheinlich vielen Menschen solche Gefahren bewußt gemacht. Der alte Spruch »Macht korrumpiert, und absolute Macht korrumpiert absolut« wurde durch solche Ereignisse immer wieder bestätigt.

Es ist genauso schädlich für einen Lehrer oder Führer wie für Sie selbst, wenn Sie Ihre Kraft für ihn aufgeben. Das zu tun, ist Wasser auf die Mühlen des Machttriebs, eines der stärksten Grundbedürfnisse, die jeder Mensch lernen muß unter Kontrolle zu halten. Vielleicht erinnern Sie sich an die drei Versuchungen Jesu in der Wüste: Eine davon war Satan, der ihm die Macht und Herrschaft über die ganze Welt und ihre Schätze anbot, wenn Jesus sich ihm unterwerfen würde. Geben Sie nie Ihre eigene Kraft ab, außer an Ihren Schöpfer.

Die vielleicht wichtigste und wirksamste Art, Ihr Bewußtsein auf eine höhere spirituelle Ebene anzuheben und so ein offenerer Kanal für Gottes Heilkraft zu werden, besteht darin, oft über Gott und Seine vielen Wesensmerkmale zu meditieren oder nachzusinnen. Einige davon sind Liebe, Licht, Freude, Vollkommenheit, Wahrheit, Friede, Göttlichkeit, unbegrenzte Kraft, unendliche Intelligenz, Gerechtigkeit und Harmonie. Verbinden Sie das mit der aufrichtigen Anstrengung, Ihren Körper, Ihre Gefühle, Taten und Gedanken zu läutern, wird das Bewußtsein allmählich auf eine höhere Ebene angehoben, und viele früheren Wünsche nach körperlichen oder materiellen Freuden verschwinden von selbst. Je klarer Sie als Kanal werden, desto reiner und wirksamer wird die gechannelte Energie sein.

Um Hilfe bitten

Ich glaube, daß »Bittet, und Er wird euch beschenken« (Johannes 16, 24) ein spirituelles Gesetz ist, und wenn Sie nicht um Hilfe und Führung bitten, gleich ob von Gott, Jesus, Engeln oder Geistführern, werden Sie wahrscheinlich auch keine bekommen. Würde Ihnen trotzdem geholfen, wäre das ein Verstoß gegen Ihren freien Willen, eines von Gottes größten Geschenken an die Menschheit. Bitten Sie deshalb um spirituelle Hilfe, Führung und Stärkung, und sie wird Ihnen zuteil werden, wenn auch nicht unbedingt sofort.

Geduld

Welchen Weg Sie auch einschlagen, um sich als Kanal zu öffnen, es wird immer Ihr eigener sein, der sich wahrscheinlich ziemlich von meinem oder dem irgendeiner anderen Person unterscheidet. Man kann jedoch mit Bestimmtheit sagen, daß Sie dabei GEDULD aufbringen müssen. Ziehen Sie nicht das Pflänzchen aus der Erde, um zu sehen, wie es gedeiht. Knospen, Blätter und Blüten werden sich nach und nach entwickeln, wenn es soweit ist. Die Wurzeln wachsen ebenfalls, auch wenn sie äußerlich nicht sichtbar sind. Gott hat dieses Wunder des Lebens in Seiner gesamten Schöpfung, in jeder Pflanze, jedem Tier und jedem Menschen angelegt. Heutzutage ist offensichtlich jeder in Eile, aber die Natur hat es niemals eilig; sie folgt dem ewigen Fluß des Lebens. Werden Sie ein Teil dieses Lebensflusses, und Sie werden in Ihrem eigenen Tempo ein klarer Kanal werden.

Wie fängt man an?

Sie brauchen sich nicht weiter darum zu sorgen, wie Sie beginnen werden, Menschen zu helfen. Wie der alte Spruch besagt:

»Wenn der Schüler bereit ist, wird der Lehrer auftauchen«, verhält es sich auch in diesem Fall: »Die Hilfesuchenden werden kommen, wenn der Heiler bereit ist«. Sie haben Gott und Seine Geistführer gebeten, Ihre Fähigkeiten als Kanal für Seine Kraft zu entwickeln, und sie werden wissen, wann Sie bereit sind, und werden zur rechten Zeit Menschen zu Ihnen führen, denen Sie helfen können.

Wer schon längere Zeit als Geistheiler tätig ist, hat meist die Erfahrung gemacht, daß es gewöhnlich so etwas wie »Anfängerglück« dabei gibt. Das bedeutet, daß am Anfang oft einige schnelle und spektakuläre Heilungen stattfinden, um Sie zu ermutigen und zu befähigen, später auch mit schwierigeren und langwierigeren Fällen umgehen zu können. Sonst könnten Sie vielleicht Ihre Bemühungen aufgeben und meinen, Sie seien nicht zum Kanal bestimmt. Denn erfolgreiche Ergebnisse am Anfang werden Ihren Glauben und Ihre Zuversicht noch verstärken.

Naturtalente unter den Heilern

Was ist mit berühmten Heilern, die diese Fähigkeit schon besaßen, als sie noch ein Kind waren, oder sie später im Leben zufällig entdeckten, ohne irgendeine Anstrengung dafür machen zu müssen? Für sie gilt dasselbe wie für andere Menschen mit großen Begabungen und Fähigkeiten. Einige scheinen damit schon auf die Welt zu kommen, wie Mozart, der schon mit sechs Jahren meisterhaft Klavier spielte, während andere diese Meisterschaft erst später im Leben durch Ausbildung und Übung entwickeln. Ich kenne nur eine befriedigende Erklärung dafür, und das ist die Theorie der Reinkarnation; Mozart war wahrscheinlich bereits in einem früheren Leben ein begabter Musiker und hatte bei Beginn seines jetzigen Lebens viel von diesem Wissen im Unterbewußtsein gespeichert. Entsprechend waren Geistheiler, die diese Fähigkeit besitzen, ohne sich dafür anstrengen zu müssen, wahrscheinlich in einem oder mehreren früheren Leben ebenfalls Geistheiler.

Finden Sie heraus, was für Sie richtig ist

Je mehr Sie lernen, sich als Kanal für die Heilkraft zu öffnen, desto deutlicher werden Sie auf die Methode hingewiesen werden, die für Sie richtig ist. Das kann Fernheilung oder Kontaktheilung oder beides sein. Vielleicht werden Sie im Gebrauch Ihrer Hände beim Kontaktheilen zu einer der in Kapitel 2 beschriebenen Methoden hingeführt, oder aber Sie entwickeln Ihre ganz eigene Vorgehensweise.

Lassen Sie es nie zur Routine werden

Haben Sie einmal damit begonnen, Heilkraft für andere zu channeln, sollten Sie darauf achten, daß das Channeln nicht zur Routine oder zur Last für Sie wird. Dafür besteht wahrscheinlich keine Gefahr, wenn Ihre Motivation für diese Art von Dienst auf der bedingungslosen Liebe zu Gott und Seiner gesamten Schöpfung einschließlich der Kranken beruht. Oder aber, wenn Sie sich bewußt sind, daß Ihre Tätigkeit als Kanal für die Heilkraft ein Lernprozeß ist und daß jeder Hilfesuchende auch ein Lehrer für Sie ist. Jede Situation ist wieder etwas anders; die genaue Krankheitsursache, die Reaktion des Kranken auf den Heilungsprozeß, die Einsichten oder Visionen, die der Kranke dabei hat, der Verlauf der Heilung an sich und das spirituelle Wachstum oder die Führung, die diese Erfahrung dem Heiler bringt, sind in jedem Fall verschieden; es kann eine sehr an- und aufregende Sache sein.

Um das Entstehen negativer Gefühle zu vermeiden, sollten Sie weiterhin beten, meditieren und auf Ihre innere Stimme hören.

Die Kraft kommt nicht von Ihnen

Wichtig ist auch, sich selbst und die Hilfesuchenden immer wieder daran zu erinnern, daß die Kraft nicht von Ihnen kommt, sondern daß Sie nur ein Kanal für die göttliche Kraft sind und alle Ehre und Dankbarkeit dem Schöpfer gebührt. Wenn Sie glauben, daß es Ihre eigene Kraft und Energie ist, die

Sie da einsetzen, und man Ihnen für die Heilung dankbar sein müßte, dann werden Sie wahrscheinlich die Fähigkeit, anderen helfen zu können, verlieren und Ihrem Ego zum Opfer fallen.

Außerdem werden Sie, wenn Sie das Gefühl haben, Ihre eigene Energie auf den anderen zu übertragen, sehr schnell müde werden. Sollten Sie sich also jemals müde und ausgelaugt fühlen, nachdem Sie mit jemandem gearbeitet haben, müssen Sie erkennen, daß Sie sich wahrscheinlich der Quelle verschlossen und Ihre eigene Energie weitergegeben haben. Wenn Sie sich dann jedoch sofort öffnen und sich vorstellen, wie die universelle Energie oben am Kopf (am Scheitelchakra) in Sie einfließt, können Sie Ihren Energievorrat erneuern und sich wieder erfrischt und voller Energie fühlen.

Wenn Sie also immer bewußt als Kanal arbeiten, dann fühlen Sie sich selten müde, denn die Kraft ist unendlich und unerschöpflich. Tatsächlich können Sie sich sogar erfrischt fühlen, wenn etwas von der Energie in Ihrem eigenen Körper zurückbleibt.

Diese Vorsichtsmaßnahme verhindert auch, daß der Heiler versehentlich die Krankheit, Schmerzen oder ein anderes Problem dessen auf sich nimmt, dem er zu helfen versucht. Wenn Sie glauben, es ist Ihre eigene Energie, die Sie übertragen, dann findet der Austausch auf persönlicher Ebene statt, und es kann vorkommen, daß der Energiefluß in die falsche Richtung geleitet wird und Sie Unbehagen oder andere Symptome in Ihrem eigenen Körper spüren.

Aus physikalischer Sicht ist es unmöglich, daß niedrige Energie zu höherer Energie hinfließt – es ist immer umgekehrt. Wenn Sie also Ihre eigene Energie übertragen und sie zufällig niedrig ist (vielleicht weil Sie an diesem Tag schon mehreren Menschen geholfen haben), und das Energieniveau des anderen ist hoch (vielleicht weil die Krankheit selbst eine hohe Energie hat, wie Krebs, oder weil der andere einfach eine Person mit viel Energie ist), dann sind Sie empfänglich dafür, die negative Energie aufzunehmen, die Sie nicht wollen. Bleiben Sie andererseits völlig offen für die unendliche Kraft und sehen sich selbst als Kanal, dann gibt es keinen Austausch auf persönlicher Ebene, und die Kraft ist so stark, daß kein Umkehrfluß eintreten kann und Sie die Probleme des anderen Menschen nicht auf sich übertragen.

Manche Heiler versuchen absichtlich mit Einsatz ihres Verstandes und Willens die Krankheit vom Kranken auf sich selbst zu übertragen und sich dann selbst zu heilen. Das ist eine sehr gefährliche Methode (besonders für einen Anfänger), und ich finde sie vollkommen unnötig; es wird nicht von uns verlangt, die Schmerzen oder das Karma eines anderen Menschen auf uns zu nehmen, sondern nur, ihm dabei zu helfen, sie zu verarbeiten oder aufzulösen und selbst auf allen Ebenen frei und offen zu bleiben.

Die Einwilligung des Kranken einholen

Gott hat uns allen einen freien Willen gegeben – wir haben immer eine Wahl; deshalb ist der Versuch unangemessen, einen anderen Menschen ohne seine Einwilligung zu heilen. Ist der andere bewußtlos oder aus anderen Gründen körperlich nicht in der Lage, seinen Wünschen Ausdruck zu verleihen, kann die Erlaubnis von jemandem gegeben werden, der ihm sehr nahesteht und sich aufrichtig vorzustellen versucht, was der Kranke sich wünschen würde, wenn er bei Bewußtsein und in der Lage wäre, sich mitzuteilen. Das gleiche gilt für Babies oder Kinder, die noch zu klein sind, um zu verstehen, worum es geht. In solchen Fällen kann die Zustimmung eines oder beider Elternteile stellvertretend für das Kind eingeholt werden.

Aus der Absicht heraus, Schmerzen zu vermeiden und Leben zu erhalten, richten manche Heiler aus eigener Initiative oder auf Bitten eines Freundes oder Verwandten des Kranken ihre Heilbemühungen manchmal auf jemanden, der nicht darum gebeten hat und nichts davon weiß. Das ist ein Eingriff in die Entscheidungsfreiheit des anderen Menschen, und selbst Gott würde das nicht tun. Natürlich ist es weniger wahrscheinlich, daß ein solcher Versuch Erfolg hat, aber wenn dem doch so ist und Schmerzen oder eine Krankheit aufgelöst oder der Tod hinausgeschoben wird, könnte das in völligem Gegensatz zu den Wünschen des Kranken stehen. Wie wir in Kapitel 6 gesehen haben, wollen manche Menschen aus bestimmten Gründen nicht genesen oder vielleicht sogar sterben. Es könnte auch sein, daß sie die für sie vorgesehene Lektion nicht lernen wollen oder daß das Abtragen ihres Karmas auf ein späteres Leben verschoben wird.

Außerdem besteht die Möglichkeit, daß sie durch den Eingriff des Heilers gezwungen sind, noch länger in unglücklichen Umständen weiterzuleben, anstatt den ihnen zustehenden Lohn zu bekommen und auf die geistige Ebene weiterzugehen, wo – wie uns gesagt wird – Friede und Freude alles auf dieser Erde Erdenkliche bei weitem übersteigen.

Eine Heilung ohne Erlaubnis kann auch die Möglichkeit eines größeren Verständnisses und eines stärkeren Glauben des Kranken verhindern, die vielleicht eingetreten wären, wenn er sich im voraus der spirituellen Kräfte bewußt gewesen wäre, die bei seiner Heilung um Hilfe angerufen wurden. Wie bereits in Kapitel 2 erwähnt, ist es sogar noch besser, wenn die Hilfesuchenden an den Vorgang der Geistheilung und die Fähigkeiten des Heilers glauben und diese Art von Unterstützung nicht nur verlangen, sondern auch von ganzem Herzen mit dem Heiler zusammenarbeiten.

Ich empfinde Heilen ohne Erlaubnis eigentlich als einen Ego- oder Machttrip – einen Versuch, den anderen unter dem Vorwand einer guten Tat zu kontrollieren – dem man sich nie hingeben sollte. Manche Organisationen ermutigen ihre Schüler jedoch zu solchen Heilungen; ihnen wird gesagt, sie sollen meditieren und ihr Höheres Selbst bitten, die Erlaubnis vom Höheren Selbst des Patienten einzuholen, und die Antwort scheint dann irgendwie immer »Ja« zu sein. Ich glaube, daß nur ein sehr spirituelles Medium das tun und *sicher* sein kann, daß es eine klare Antwort bekommen hat, die nicht von seinen eigenen Wünschen getrübt oder beeinflußt worden ist. In der Praxis ist also dieses Bitten um Einwilligung auf einer höheren Ebene selten ein ausreichender Grund dafür, das Risiko des Eingriffs in den freien Willen eines anderen einzugehen. Außerdem gilt auch hier der Einwand, daß der bewußte Verstand des Kranken nichts von dem weiß, was vorgeht, und er so nicht die Möglichkeit hat, seinen Glauben oder sein Verständnis zu vergrößern, sollte die Heilung erfolgreich sein.

Da eine Heilung ohne Einwilligung des Kranken unbewußt von einem der großen, grundlegenden, instinktiven Triebe des Menschen, dem Machttrieb, motiviert sein kann, stellt sie eine gefährliche Verlockung dar, und das Risiko ist groß, daß es zur Kontrolle von Verstand und Willen anderer Menschen kommt. Mit dieser Macht kommt die Gefahr von Korruption, was zu einer entsprechenden Konsequenz wie dem Massenselbstmord von Jonestown führen kann.

Selbst wenn die Erlaubnis zur Heilung erteilt worden ist, müssen Sie sorgfältig darauf achten, die Ergebnisse nicht mit Ihrem Willen zu beeinflussen. Auch wenn es natürlich ist, daß Sie sich wünschen, dem Kranken möge es besser gehen (warum würden Sie sonst soviel Zeit für die Heiltätigkeit aufbringen?), sollten Ihre Anstrengungen, ein Kanal für die Heilkraft zu sein, immer von dem aufrichtigen Gedanken begleitet sein, daß trotzdem »nicht mein Wille, sondern der Wille Gottes geschehe«. In seinem Buch *Autobiographie eines Yogi* sagt Yogananda, daß sein höherer Meister sich der Heilkraft völlig unterworfen habe. Dadurch konnte sie ungehindert durch ihn fließen und viele außergewöhnliche Heilungen bewirken, wie etwa einen Mann, der von Geburt an blind gewesen war, sehend zu machen.

Wie ich bereits erklärt habe, kann es für das Seelenwachstum eines Hilfesuchenden richtig sein, zu diesem Zeitpunkt zu sterben. Vielleicht hat er all die Lektionen gelernt, die er sich für dieses Erdenleben vorgenommen hatte und kann nun auf der geistigen Ebene schnellere Fortschritte machen. Sicherlich werden seine Freunde und Verwandten ihn vermissen, aber auch sie müssen vielleicht aus dieser vorübergehenden Trennung etwas lernen.

Ich habe von verschiedenen Fällen gehört, bei denen die Willenskraft oder die egoistischen Wünsche von Verwandten oder einem Arzt, der den Tod als persönlichen Fehlschlag betrachtete, jemanden monate- oder sogar jahrelang am Leben erhalten haben, gegen dessen Wunsch, auf der Erde zu bleiben. Das geschah, obwohl der Betroffene durch seine Worte oder Handlungen sehr deutlich zu verstehen gab, daß er sterben wollte. Hatten die Verwandten oder der Arzt ihn einmal verstandes- und gefühlsmäßig losgelassen, starb er friedlich innerhalb weniger Stunden oder Tage.

Manche Menschen fühlen sich nicht wohl bei der Vorstellung, dem »Willen Gottes« unterworfen zu sein, und meinen, sie seien dadurch der Gnade eines unbekannten und vielleicht unberechenbaren Wesens ausgeliefert. Man kann diesen Willen jedoch auch als Gesetz des Universums sehen. Dem Willen Gottes unterworfen zu sein bedeutet dann, sich in Übereinstimmung mit dem Gesetz des Univerums und daher in Harmonie mit dem Universum und dem Göttlichen zu befinden und damit eins zu sein. Alles, was wir tun, um Leben in irgendeiner Form und auf bestimmte Weise zu unterstützen, trägt zu unserer Übereinstimmung mit diesem Gesetz des Universums bei.

Ich persönlich glaube – auch wenn manche Heiler hier vielleicht nicht mir mir übereinstimmen –, daß auch noch auf einem anderen Gebiet unsere eigenen Wünsche vom Heilvorgang ausgeschlossen sein sollten, und zwar bei der geistigen Lenkung der Heilkraft auf einen bestimmten Körperteil des Kranken. Meiner Erfahrung nach tut man gewöhnlich gut daran, das zu vermeiden. Die Kraft sollte vorzugsweise auf den ganzen Menschen gerichtet sein, und es sollte seinem Höheren Selbst und den Geistwesen überlassen bleiben zu entscheiden, wieviel Heilenergie nötig ist und wo sie im Körper, im Verstand, bei den Gefühlen oder im Geist gebraucht wird. Wie gut es ist, hier vorsichtig vorzugehen, wurde mir vor mehreren Jahren sehr eindringlich klar, als meine Frau erhebliche Schmerzen in den Beinen hatte, vor allem im linken. Sie war davon überzeugt, daß ihr organisch nichts fehlte und es sich nur um eine Blockierung der Energie aus ihr unbekannten Gründen handelte. Sie bat mich um Hilfe, und ich channelte, wie ich es immer tue, Energie für ihren ganzen Körper an drei aufeinanderfolgenden Abenden, und jedesmal war eine deutliche Besserung spürbar.

Sie bat mich um eine weitere Sitzung, bei der ich mich diesmal nur auf das linke Bein konzentrieren sollte, wo immer noch etwas Schmerz spürbar war. Ich tat es, und der Schmerz nahm zu; sie bat mich, meine Hände weiterhin über ihr Bein zu halten, bis die Schmerzen ganz vergehen würden, was ich dann auch tat. Vier Stunden später weckte sie mich auf und sagte, sie habe große Schmerzen und hätte überhaupt nicht geschlafen. Offensichtlich gab es eine Blockierung des Energieflusses oberhalb des Schenkels. Durch die Lenkung massiver Energie auf einen Punkt *unterhalb* davon wurde das Problem nur vergrößert, da Schmerz durch Widerstand gegenüber dem Energiefluß entsteht. Durch die Auflösung der Blockierung in dem Bereich *oberhalb* der Schmerzen hörten sie schnell auf.

Von da an versuchte ich nie mehr zu erraten, wo genau die Kraft benötigt wird. Später wurde mir bestätigt, daß es richtig ist, die Kraft nicht auf einen bestimmten Punkt zu richten. Das geschah während der Heilsitzung, über die ich in Kapitel 7 bereits berichtet habe, bei der ein Medium anwesend war und den Energiefluß in Form von sich bewegenden Farben beobachten konnte. An einem Punkt, als sich meine Hände über dem Solarplexus des Kranken befanden, sah es »zackige blitzartige Pfeile aus leuchtend blauem Licht«, die durch meine Beine hindurch in den Boden gingen. Als ich meine Hände weiterbewegte, hörte diese Lichtableitung durch meine Beine auf. Ich deutete das dahingehend, daß zuviel Energie an diesem Körperteil vorhanden war und die Geistwesen das Zuviel an Energie »erdeten«, ohne daß ich etwas davon bemerkte.

Kooperation des Hilfesuchenden

Der Hilfesuchende kann mit dazu beitragen, den Heilungsprozeß auf verschiedene Arten zu beschleunigen:

1. Durch Gebete, in denen er Gott um Hilfe bittet, die Seinem Willen entsprechen möge. Manche Menschen haben den Kontakt mit dem Göttlichen völlig verloren und fühlen sich so allein und machtlos, daß sie nicht beten können, selbst wenn sie irgendwann in ihrem Leben einmal regelmäßig gebetet haben. Ich biete dann an, mit ihnen zu beten, und beginne ein gemeinsam gesprochenes Gebet; wir knien auch zusammen nieder, wenn das zu ihrer religiösen Tradition dazugehört; das muß jedoch nicht sein, wenn ihnen das

unangenehm ist. Eine gemeinsame Sitzung dieser Art genügt gewöhnlich, um das Tor zum Gebet wieder zu öffnen, und sie können dann alleine weitermachen. Es ist auch ein schöner Beginn für die Heilsitzung an sich.

2. Durch mehrmals am Tag durchgeführte Visualisierung der Vollkommenheit seines Körpers, ohne Symptome der Krankheit oder andere Probleme.
3. Durch gedankliche Lenkung von Energie zu den betroffenen Körperstellen. Manche Menschen finden die Vorstellung hilfreich, daß jedes Ausatmen Energie zu dieser Stelle bringt, andere wiederum konzentrieren sich lieber darauf, den Blutfluß zu dieser Stelle in Gedanken zu erhöhen, bis sie es dort pulsieren spüren, so ähnlich wie wir den Herzschlag spüren können. Auch diese Übung sollte mehrmals am Tag wiederholt werden.
   Die Energie folgt den Gedanken, daher wird jede dieser Methoden einen vermehrten Energiefluß zu der betreffenden Körperstelle zur Folge haben. Vielleicht erscheint Ihnen das als Widerspruch zu meiner vorherigen Aufforderung, nicht zu versuchen, die gechannelte Energie bewußt an eine bestimmte Stelle zu lenken, aber ich halte das für etwas anderes. Als Heiler dienen Sie nur als Kanal und laden die unendliche, universelle Kraft ein, durch Sie zu fließen; der Umfang und die Richtung dieser Energie darf nicht durch Ihren Willen gelenkt werden. Damit erlauben Sie dem Höheren Selbst des Kranken und/oder den Geistwesen, die entsprechenden Entscheidungen zu treffen. Wenn jedoch der Kranke selbst einen der obigen Vorschläge aufgreift, lädt er die Energie in *seinen eigenen* Körper ein und dirigiert sie mit Hilfe seines Verstandes zu einer bestimmten Körperstelle, wo er sie braucht; sein eigenes Höheres Selbst ist dabei beteiligt und wird sicherstellen, daß die Energie entsprechend angeglichen und zu seinem eigenen Besten eingesetzt wird.
4. Durch Veränderung seiner Gedanken, Einstellungen, Gewohnheiten und seines Verhaltens – entsprechend der Einsicht, die er über die Ursache seiner Krankheit gewinnt.
5. Durch aktives Bemühen, das Vakuum, das die Entfernung

negativer Energien hinterlassen hat, mit positiven Handlungen und Affirmationen zu füllen.

Wenn der Kranke nicht in irgendeiner Weise bei seiner eigenen Heilung mitwirkt, wird er sehr wahrscheinlich die Lektionen nicht lernen, die die Krankheit ihm beibringen wollte.

Die Behandlung von Atheisten

Gelegentlich kommt es vor, daß jemand zur Heilbehandlung zu Ihnen kommt, der nicht an Gott glaubt und schon gar nicht an ein Leben nach dem Tod. Er ist gekommen, weil Freunde oder Bekannte auf diese Weise geheilt wurden und er an einem Punkt angelangt ist, an dem er bereit ist, alles zu versuchen. Er glaubt nicht an Geistheilung, aber wenn Sie ihm trotzdem irgendwie helfen können, wäre das prima.

Auch wenn der Glaube eines Kranken an Gott und Seine Heilkräfte den Heilungsprozeß sehr unterstützen, kann eine Heilung manchmal auch ohne diesen Glauben stattfinden. Tritt eine Heilung ein, kommt es oft vor, daß der Geheilte wirklichen Glauben entwickelt. Soll der Kranke jedoch aus dieser Erfahrung etwas lernen, muß er daran schon beteiligt sein, bevor die Heilung einsetzt. Sie werden vielleicht spüren, daß es für den Hilfesuchenden wichtig ist, im Gebet um Hilfe, Heilung, Kraft, Freude zu bitten, um Vergebung zur Überwindung seiner die Krankheit verursachenden Schuldgefühle oder einfach um Führung zur Gestaltung seines Lebens. Wenn der andere dann sagt: »Ich glaube nicht an Gott, wie kann ich also zu ihm oder zu irgendeiner anderen unsichtbaren kreativen Kraft beten?«, schlage ich vor, ihn zu bitten, erst einmal als theoretische Hypothese anzunehmen, daß Gott doch existiert, auch wenn er es nicht glaubt, genauso wie Wissenschaftler in der Forschung es oft tun, wenn sie eine Hypothese überprüfen wollen. Sie könnten ihn beispielsweise anleiten zu beten: »Ich glaube nicht wirklich an Gott oder an eine universelle Macht, die größer ist als der Mensch, *aber falls sie doch existiert,* bitte ich darum, daß »diese Macht« mir bei folgendem Problem hilft: . . .«

Unglaublich oft bekommt ein Agnostiker oder sogar ein Atheist darauf eine Antwort; manchmal ist sie aufwühlend genug, um ihn zum Gläubigen zu machen. Für mich ist das ein weiterer Beweis für die bedingungslose Liebe, die Gott ist und die er ausdrückt.

Gefühlsausbrüche

Ab und zu wird es bei Ihnen (wie auch bei vielen anderen Heilern) vorkommen, daß der Hilfesuchende während einer Heilsitzung in unkontrollierbares Weinen und Schluchzen ausbricht. Als mitfühlender, liebevoller Mensch wird Ihre erste Reaktion vielleicht darin bestehen, daß Sie ihn in den Arm nehmen und mit beruhigenden Worten zu trösten versuchen. Das ist aber eigentlich keine angebrachte Reaktion, da sie ihn dazu bringen kann, die Gefühle wieder zu unterdrücken, die schon begonnen hatten, sich als Ergebnis der entspannenden und doch auch stärkenden Heilkraft Bahn zu brechen. Wenn ihm gestattet wird, die Gefühle voll auszuleben und ihnen durch Weinen freien Lauf zu lassen, wie herzzerreißend sich das auch anhören mag, setzt die Heilung bereits ein, der eine große innere Ruhe folgen wird. Vielleicht empfinden Sie es als richtig, das Handauflegen oder Channeln der Heilkraft vorübergehend zu unterbrechen und einfach nur dabeizusitzen, vielleicht auch die Hand des Kranken als unterstützende Geste zu halten, während er das Trauma durchlebt. Wenn sich alles beruhigt hat, können Sie den Heilprozeß wiederaufnehmen, wenn Sie das unter den gegebenen Umständen für richtig halten.

Den Hilfesuchenden freigeben

Es ist sehr wichtig, nach einer Heilsitzung den Patienten von allen emotionalen oder geistigen Bindungen, die er vielleicht zu Ihnen aufgebaut hat, zu befreien. Dadurch kann er die Heilenergien ohne jegliche bewußte oder unbewußte Programmierung durch Sie annehmen – er muß völlig frei sein. Das verhindert außerdem, daß Sie durch eine weiterbestehende Bindung und Gedanken an ihn ausgelaugt werden. Ein bekannter amerikanischer Heiler starb vor einigen Jahren noch recht jung, weil er selbst während seiner Ruhepausen und Ferien nicht aufhören konnte, mit Sorge und Bangen an die Menschen zu denken, die zu ihm um Hilfe kamen. Er starb an rein geistiger, emotionaler und körperlicher Erschöpfung.

Ich könnte auch sagen: »Hängen Sie nicht an den Ergebnissen.« Denn tun Sie das, dann gibt es außer der Unfähigkeit, den Hilfesuchenden seines Weges ziehen zu lassen, noch zwei weitere Gefahren:

1. Ist die Behandlung erfolgreich, könnten Sie vielleicht zu denken anfangen, Ihre eigene Kraft und Fähigkeit seien die Ursache, und das könnte zu Selbstüberschätzung führen.
2. Ist die Behandlung nicht erfolgreich, könnten Sie glauben, daß Sie ein Versager sind und entmutigt und deprimiert werden.

Ich fragte einmal einen Freund, der Geistlicher war, warum er Geistheilung nicht in seiner Kirche einführe und sie zu einem Teil des Gottesdienstes mache, wie Jesus es tat. Er antwortete: »Und was ist, wenn ich versage?« Das setzte seine Annahme voraus, es sei seine eigene Kraft oder Fähigkeit, die heilte, und nicht die Erkenntnis, daß alle Macht und Ehre Gott gebührt.

Eine der schwersten Lektionen, die ich zu lernen hatte, bestand darin, mich damit zurückzuhalten, die zu mir kommenden Hilfesuchenden später zu fragen, ob sie geheilt worden seien. Da ich ihre Probleme kannte und ihnen mit bedingungsloser Liebe gegenübergetreten war, schien es nur natürlich, sich für ihre Fortschritte zu interessieren. Doch bereits die einfache Handlung eines Telefonanrufs, um sich nach den Fortschritten zu erkundigen, beinhaltet bereits einen Zweifel an der Heilung und eine Verhaftung an die Ergebnisse. Der Gedanke ans Anrufen kommt häufiger auf, als Sie vielleicht denken, da die Mehrzahl der Menschen sich nicht die Mühe machen, den Heiler davon zu unterrichten, wenn sie geheilt worden sind, da sie es für nicht nötig erachten; und recht haben sie! Außerdem kommen viele auch nicht wieder, wenn sie beim ersten Mal nicht geheilt worden sind. Sie erwarten ein spontanes »Wunder«, und wenn es nicht eintritt, geben sie auf oder gehen zu einem anderen Heiler.

Deshalb scheint als Faustregel am besten zu sein, Telefonanrufe zu vermeiden, um nach den Fortschritten des Hilfesuchenden zu fragen. Es genügt wahrscheinlich, ein freundliches Interesse dadurch zu bekunden, daß man bei ihrem Weggang sagt: »Lassen Sie mich wissen, wie Sie vorankommen«. Hat der andere aber offensichtlich ein schwaches Selbstbild, führt ein sehr einsames Leben oder ist sehr durcheinander, dann kann sich ein Telefonanruf lohnen, um sich zu erkundigen, wie er zurechtkommt. Eine Frau, die sich viele Jahre lang in Gruppen- und Einzeltherapie befunden hatte, sagte bei einem solchen Anruf: »Sie sind der erste, dem anscheinend etwas an meinen Fortschritten liegt«. Ich brauche nicht zu sagen, wie froh ich war, diesen Anruf gemacht zu haben.

Vertraulichkeit

Ein ungeschriebenes Gesetz unter allen Geistheilern lautet, daß alles, was der Hilfesuchende dem Heiler über seine Krankheit, seine Lebensgeschichte und seine Gefühle erzählt, und auch andere persönliche Informationen absolut vertraulich zu behandeln sind und niemals mit anderen ohne die Einwilligung des Patienten besprochen werden dürfen. Mit anderen Worten, die Beziehung zwischen Ihnen und den Hilfesuchenden ist dieselbe wie zwischen einem Arzt oder Psychiater und seinen Patienten.

Schutz ist wichtig

Eine andere wichtige Vorsichtsmaßnahme besteht darin, sich selbst gegen negative Gedanken oder Energien zu schützen, denen man zwangsläufig im täglichen Leben ausgesetzt ist, besonders im Kontakt mit Kranken. Sie öffnen sich als Kanal für die Heilkräfte und sind daher während der Heilsitzung und hinterher auch für solche negativen Kräfte offen, wenn Sie sich nicht vorher und auch danach dagegen schützen. Das geschieht am besten durch Gebet und Visualisierung.

Bitten Sie beispielsweise bei Beginn einer Heilsitzung im Gebet Unseren Vater darum, daß Sie und der Patient von allen negativen Einflüssen frei, geläutert und beschützt werden. Bitten Sie für Sie beide darum, von schützendem Licht und Liebe erfüllt und umhüllt zu werden. Visualisieren Sie nach der Heilung, wie ein offenes Tor am Scheitelchakra oben auf Ihrem Kopf sich schließt und Sie selbst von durchsichtigem weißen Licht völlig eingehüllt werden, das als Schutzschild um Sie herum wirkt, ohne daß das stetige Empfangen guter Schwingungen, spiritueller Führung und heilender Energien aufhört. Beten Sie nochmals um Schutz für Sie beide.

Manche gehen noch einen Schritt weiter und umhüllen das weiße Licht mit grünem Licht zur eigenen Heilung und all derer, denen sie begegnet sind, und umgeben das noch mit purpurfarbenem Licht oder einer solchen Flamme, um alle negativen Kräfte, mit denen sie bewußt oder unbewußt in Berührung gekommen sind, in Liebe umzuwandeln.

Daß eine solche Visualisierung wirklich ein schützendes Lichtfeld um den Visualisierenden legt, wurde mir von dem am Anfang dieses Kapitels erwähnten Hellseher bestätigt. Als ich den Heilprozeß beendet hatte, setzte ich mich mit geschlossenen Augen hin und führte den gerade beschriebenen Schutzmechanismus Schritt für Schritt aus. Ich hatte dem Hellseher nichts davon erzählt, er konnte also nichts wissen, sah aber, wie sich der Lichtschutz um mich herum aufbaute. Mit seinen eigenen Worten: »Die Aura um Sie herum veränderte sich zu einem intensiven Blau, war nur noch etwa fünf Zentimeter dick und hörte auf zu pulsieren.« Warum er blau sah, wo ich mir weiß vorgestellt hatte, weiß ich nicht, aber das Wichtige ist, daß er sah, wie der Schutzschild sich aufbaute.

Das eigene Energiegleichgewicht beachten

Wenn Sie sich viele Stunden am Tag mit dieser Art des Dienstes am Nächsten beschäftigen, müssen Sie darauf achten, daß die Energie in Ihrem Körper im Gleichgewicht bleibt. Es kommt unweigerlich zu einer Konzentration der Energie im Herzzentrum (dem vierten Chakra), durch das die Heilkraft der bedingungslosen Liebe für die Patienten gechannelt wird. Die unendliche göttliche Energie dringt durch das Scheitelzentrum oben auf dem Kopf (das siebte Chakra) ein. Ein Teil davon wird jedoch während des Heilungsvorganges automatisch von den niedrigeren Energiezentren abgezogen. Diese befinden sich in den Füßen, den Knien, am unteren Teil der Wirbelsäule (erstes oder Wurzelchakra), unterhalb des Nabels (zweites oder Sexualchakra) und am Solarplexus (drittes oder Emotionschakra). Wenn Ihr Körper, Ihr Verstand, Ihre Gefühle und Ihr Geist gesund bleiben sollen, muß das Gleichgewicht zwischen den Chakren wiederhergestellt werden; das können Sie tun, indem Sie mindestens einmal am Tag in Gedanken zu allen diesen Punkten Energie schicken. Körperliche Aktivitäten wie Spazierengehen oder Joggen helfen auch, das Gleichgewicht zwischen Ihren Energiefeldern aufrechtzuerhalten (siehe Bild auf Seite 303).

Gliedmaße des Patienten bewegen

Manche Heiler, wie beispielsweise der verstorbene Phineas Quimby und Harry Edwards, empfahlen, steife Gliedmaßen oder Gelenke des Kranken nach Beendigung der Heilsitzung vorsichtig zu bewegen. Das war nicht mehr Teil des Heilungsvorgangs selbst, sollte dem anderen aber zeigen und seinen Verstand davon überzeugen, daß er geheilt worden war. Diese Heiler meinten, der Kranke würde sonst nicht glauben, daß eine Heilung wirklich stattgefunden hat; er würde dann vielleicht nicht wirklich versuchen, seine Gliedmaßen zu bewegen und wäre weiterhin davon überzeugt, daß sie immer noch steif seien. Andere Heiler finden das unnötig und überlassen es dem Geheilten, selbst seine wiedergefundene Bewegungsfreiheit zu erproben.

Zusammenarbeit mit Medizinern

Fast alle erfolgreichen Geistheiler arbeiten gerne mit Medizinern zusammen, und zwar aus folgenden Gründen:

1. Sie anerkennen, daß die Ärzte von Gott ebenfalls zum Wohle der Menschheit eingesetzt sind und Geistheilung damit nicht entgegenwirken.
2. Wenn sie zusammenarbeiten, führt das wahrscheinlich zu besseren Ergebnissen, als wenn sie sich gegenseitig ablehnen.
3. Geht die Heilung weit über die Erwartungen des Arztes hinaus, wird es für sein Verständnis des Heilprozesses nützlich sein, wenn er weiß, daß ein Geistheiler beteiligt war. Außerdem wird das Ansehen der Geistheilung bei den Medizinern dadurch um mindestens einen Punkt steigen.
4. Wenn jemand mit starken Schmerzen einen Geistheiler aufsucht, bevor er zum Arzt geht, kann der Geistheiler vielleicht die Schmerzen auflösen, ohne jedoch die Ursache dafür aufgedeckt zu haben. Geht der Hilfesuchende dann anschließend zum Arzt, ist dieser bei der Erstellung einer Diagnose benachteiligt, weil einer der wesentlichen Schlüsselfaktoren fehlt, die er dazu braucht, nämlich Körperstelle, Art und Ausmaß der Schmerzen.
5. Wenn sich der Zustand des Hilfesuchenden verschlechtert oder er sogar stirbt, nachdem er einen Geistheiler, aber keinen Arzt aufgesucht hat, könnte der Heiler gesetzlich zur Verantwortung gezogen werden, besonders dann, wenn er das Problem nicht als so ernst erachtet und den Patienten demzufolge nicht gedrängt hat, sofort einen Arzt aufzusuchen.

Die beiden letzten Gründe hören sich etwas negativ und wenig vertrauensvoll an, aber wie wir in Kapitel 6 dargestellt haben, sind nicht einmal die besten Heiler imstande, hundert Prozent der Patienten zu helfen, und zwar aus den in jenem Kapitel bereits erwähnten Gründen. Deshalb ist es am besten, wenn Sie dem Hilfesuchenden raten, zuerst einen Arzt aufzusuchen, um eine Diagnose zu bitten und ihm mitzuteilen, daß er die Absicht hat, auch einen Geistheiler hinzuzuziehen und eine eventuelle Operation oder medikamentöse Behandlung so lange hinauszuschieben, wie der Arzt es vertreten kann. Kommt der Patient dann wieder zu Ihnen und berichtet Ihnen über die

Diagnose und empfohlene ärztliche Behandlung, nehmen Sie dies kommentarlos hin und bestätigen Sie höchstens den vom Arzt genehmigten Zeitraum. Nach ein oder zwei Geistheilungssitzungen könnten Sie dem Hilfesuchenden nahelegen, den Arzt wieder um eine Untersuchung zu bitten, ob eventuell Veränderungen aufgetreten sind, die die Operation oder Medikamenteneinnahme unnötig machen oder ob weniger Medikamente genommen werden können. Meiner Erfahrung nach konnten die Ärzte in vielen Fällen eine deutliche Verbesserung feststellen und brauchten häufig vorgesehene Operationen nicht mehr durchzuführen.

Ich erinnere mich jedoch auch an einen Fall, als eine Frau zu mir kam, die drei Wochen später operiert werden sollte. Nach drei Geistheilungssitzungen in drei aufeinanderfolgenden Wochen waren alle Symptome deutlich zurückgegangen, und ich sagte ihr, sie habe nun die Wahl zwischen drei Möglichkeiten:

1. Sich als geheilt zu betrachten und die Operation abzusagen; von dieser Wahl riet ich ihr jedoch definitiv ab.
2. Ihren Arzt nochmals aufzusuchen und eine weitere Biopsie durchführen zu lassen, um zu entscheiden, ob eine Operation noch notwendig sei.
3. Nichts zu sagen und die Operation wie geplant durchführen zu lassen. Sie wählte diese dritte Möglichkeit, was sich als sehr unglücklich herausstellte, da sie fast gestorben wäre und die Routineuntersuchung des entnommenen Gewebes zeigte, daß eine Operation gar nicht mehr notwendig war. Die Operation war schnell und ohne Komplikationen verlaufen, aber der Arzt hatte versehentlich eine Arterie verletzt, ohne es zu merken. Die Arterie platzte, als die Patientin wieder im Krankenzimmer war. Nur durch die Wachsamkeit und das schnelle Handeln der diensthabenden Schwester konnte ihr Leben gerettet werden.

Wahrscheinlich werden Sie in der täglichen Praxis kaum jemandem jemals raten müssen, zuerst einen Arzt aufzusuchen, da die meisten Menschen erst zu einem Geistheiler kommen, wenn sie die normalen ärztlichen Behandlungsmethoden ausgeschöpft haben und nicht geheilt worden sind, oder wenn der Arzt ihnen gesagt hat, ihre Krankheit sei unheilbar.

Das Problem mit Medikamenten liegt darin, daß sie alle schädlich sind und neben der gewünschten Wirkung auch noch eine oder mehrere ungünstige Nebenwirkungen auf den Körper haben. Solange der Patient sie einnimmt, nimmt er also auch negative Energien auf, die im Widerspruch zu den positiven Heilenergien stehen und viele ihrer Auswirkungen wieder zunichte machen. Manche Menschen nehmen bis zu zehn verschiedene Arzneimittel gleichzeitig ein, und niemand weiß wirklich, welche Auswirkungen eine solche Substanzkombination hat. Wenn sie über lange Zeit genommen werden, können die Nebenwirkungen mancher Medikamente nach ärztlicher Beurteilung »dauerhaft« sein, obwohl es nach spiritueller Auffassung nichts »Unheilbares« gibt.

Wie gesagt empfehle ich Ihnen, niemals einen Patienten zu veranlassen, die ihm vom Arzt verschriebene Arznei nicht mehr zu nehmen oder auch nur die Menge oder Häufigkeit der Einnahme zu verringern. Sie können dem Patienten jedoch raten, in engem Kontakt mit seinem Arzt zu bleiben, ihm alle auftretenden körperlichen oder geistigen Veränderungen mitzuteilen und sich weiterhin von ihm überwachen zu lassen. Wenn auf diese Art eine Verbesserung festgestellt wird, kann der Betreffende dann den Arzt fragen, ob er die Dosierung der Medikamente verringern kann; ist das möglich, erhöht es die Wirksamkeit der Heilenergien. Wahrscheinlich wird der Arzt jede Verbesserung ausschließlich den Medikamenten zuschreiben, aber das ist unwichtig, solange er einer Verringerung der Dosis zustimmt.

Unglücklicherweise ist eine Zusammenarbeit des Arztes mit dem Heiler in vielen Ländern, auch in den USA, nicht immer leicht zu erreichen, entweder weil der Arzt aufgrund seiner Ausbildung überzeugt ist, daß einzig und allein die Behandlung des Körpers mit Medikamenten oder mit Operationen zur Heilung führen kann, oder weil sein Ego oder sein Einkommen dadurch bedroht werden, daß man einem Laien zutraut, in dieser Angelegenheit auch erfolgreiche Hilfe leisten zu können.

Ich erinnere mich daran, wie ich einmal einen Kinderarzt

fragte, ob er nie Krankheitsfälle gehabt habe, die durch orthodoxe medizinische Behandlung nachgewiesenermaßen nicht geheilt werden konnten oder die er selbst mit Hilfe eines Spezialisten nicht diagnostizieren konnte. »Oh ja«, sagte er, »manchmal kommt ein Kind, das vierundzwanzig Stunden lang schreit, und ich weiß nicht, was ihm fehlt.« Ich fragte ihn also, ob er es in Erwägung ziehen würde, den Eltern zu empfehlen, einen Geistheiler hinzuzuziehen, da er selbst dem Kind nicht helfen könne. »Ich glaube schon an das, was Sie tun«, sagte er, »wir Ärzte wissen ja auch, daß wir selbst niemand heilen können – es muß eine höhere Macht sein, die heilt –, aber das könnte ich trotzdem nicht tun; es gibt da einfach eine Schranke des Geldes zwischen uns.« Ich war zu entrüstet, um dem noch weiter nachzugehen!

Wie lange sollte eine Heilsitzung dauern?

Sie müssen selbst entscheiden, wieviel Zeit Sie den Menschen widmen wollen, die zu Ihnen kommen. Wie häufig soll ein Patient zu Ihnen kommen? Wie viele Heilsitzungen benötigt er? Dafür kann es keine festen Regeln geben; jeder Fall ist wieder verschieden, und Sie müssen sich von Ihrer eigenen Intuition leiten lassen.

Ein anderer bekannter Geistheiler, der verstorbene Ambrose Worrall, berichtet in seinem Buch *The Gift of Healing*[2] von Heilungen, die nur wenige Minuten oder gar Sekunden dauerten, und von anderen, die sich über Jahre erstreckten. Ein siebenjähriger spastisch gelähmter Junge mit von Geburt an verschränkten Armen und Beinen und stark verdrehten Schultergelenken kam drei Jahre lang jede Woche zu Worrall, bis sich sein Zustand nach und nach normalisierte. Ein vierzehnjähriges Mädchen mit einer unterentwickelten linken Körperhälfte und schwerem Gehirnschaden wurde von ihm im ersten Jahr dreimal wöchentlich behandelt, im zweiten Jahr zweimal und im dritten einmal pro Woche. Schließlich entsprach der Zustand ihrer linken Körperhälfte dem der rechten, und sie ging einer normalen Bürotätigkeit nach, heiratete und bekam gesunde Kinder. Das erforderte offensichtlich große Geduld,

Durchhaltekraft und Vertrauen sowohl auf seiten des Heilers als auch auf seiten der Kinder und ihrer Eltern.

In meiner eigenen Praxis habe ich ebenfalls beide Extreme erlebt. Zum Beispiel brach sich eine Frau einmal den Mittelfußknochen am einen Fuß. Der Arzt hielt einen Gipsverband nicht für notwendig. Als fünf Monate später aufgrund starker Schmerzen erneut eine Röntgenaufnahme gemacht wurde, zeigte sich, daß der Knochen völlig durchtrennt war, und der Arzt hielt einen Gips unter diesen Umständen für völlig zwecklos. Zwei Monate später konnte sie wegen furchtbarer Schmerzen nur noch unter Schwierigkeiten laufen; Rennen und Tanzen, was sie sehr gerne tat, war völlig unmöglich. An diesem Punkt entschloß sie sich zur Geistheilung.

Während der ersten Sitzung gingen Schwellung und Schmerzen völlig zurück; sie konnte ohne Schwierigkeiten nach Hause gehen. In der nächsten Woche ging sie oft spazieren, rannte und tanzte ohne irgendwelche Schmerzen oder Beschwerden. Eine erneute Röntgenaufnahme am Ende dieser Woche zeigte, daß der Knochen ohne Bruchstelle völlig geheilt war.

Beim nachfolgenden Fall einer Frau in mittleren Jahren handelt es sich hingegen um ein Beispiel für eine langsame Heilung, bei der ein Schritt nach dem anderen gemacht wurde. Bei ihrem ersten Besuch beschrieb sie folgende Probleme:

1. Starke Depressionen. Selbstmordversuch vor drei Wochen. Durch Notfallbehandlung im Krankenhaus gerettet.
2. Leidet schon ihr ganzes Leben lang unter Kopfschmerzen.
3. Seit einem Autounfall vor acht Monaten waren ihre Bandscheiben im Nacken und unteren Rückenbereich beschädigt und verursachten an diesen Stellen und in den Beinen große Schmerzen und noch stärkere Kopfschmerzen als zuvor.
4. Krampfadern und Thromboseneigung in den Beinen.
5. Sie nahm Kodein gegen die Schmerzen im Rücken, im Nacken und den Beinen, fühlte sich aber dadurch sehr krank.
6. Einnahme von Schlaftabletten aus den gleichen Gründen.
7. Hatte ihre Arbeit aus Rationalisierungsgründen verloren.
8. Obwohl sie immer tief gläubig gewesen war, konnte sie nicht mehr beten.

Nachdem ich mit ihr gebetet und eine Heilsitzung durchgeführt hatte, erzählte sie mir, daß sie eine wunderbare Vision gehabt habe, die sowohl einem vor sechs Jahren geträumten Traum als auch einer Vision ihrer Kindheit ähnelte: Sie sah Jesus, gekleidet in ein pastellrosafarbenes Gewand, vor dem Hintergrund eines hellblauen Himmels stehen. Dieser Anblick war für sie sehr ermutigend. Sie kam zu mehreren weiteren Heilsitzungen mit folgenden Ergebnissen:

7. Tag:	Krampfadern und Thrombosen verschwanden während dieser Sitzung.
14. Tag:	Sie fühlte sich besser; Kopfschmerzen hatten aufgehört, Schlaf war noch gestört. Einige Tage danach hörte sie mit der Einnahme von Kodein auf.
28. Tag:	Schmerzen in den Beinen verschwanden bei diesem Besuch und kehrten nicht wieder.
34. Tag:	Besserer Schlaf. Inzwischen empfindsam genug, um zu fühlen, wie die Energie während der Heilsitzung in sie einströmt.
43. Tag:	Beine immer noch schmerzfrei. Rücken viel besser. Nacken braucht noch eine Stütze. Schläft wie ein Baby ohne jegliche Medikamente.
54. Tag:	Starke Angstgefühle. Arzt fand krebsverdächtige Zellen in der Gebärmutter, Stadium 4 (5 bedeutet Krebs) und empfahl Hysterektomie.
57. Tag:	Weitere ärztliche Untersuchung. Zellen nun im Stadium 3, was weniger gefährlich ist als Stadium 4.
64. Tag:	Weitere Untersuchung. Zellen nun völlig normal. Operation gestrichen. Ein Traum in dieser Zeit, in dem ihre früheren Vorgesetzten ihr zulächelten, deutete darauf hin, daß sie wieder an ihrer früheren Arbeitsstelle (sowieso die einzige Arbeit, die sie je haben wollte) arbeiten würde, obwohl das, realistisch betrachtet, sehr unwahrscheinlich war. Während der Heilsitzung hörte sie die Worte: »Alles wird viel besser werden, als Du Dir überhaupt vorstellen kannst.«

Sie hielt es danach nicht mehr für nötig, zu weiteren Heilsitzungen zu kommen, aber sieben Monate später rief sie an und erzählte mir, daß sie an ihre alte Arbeitsstelle zurückberufen worden sei.

Ein Grund dafür, daß eine Heilung oft Wochen, Monate oder sogar Jahre dauert, liegt darin, daß der Kranke vielleicht so lange braucht, um seinen Lebensstil oder seine Denkgewohnheiten zu verändern und von dem wegzubringen, was die Krankheit ursprünglich verursacht hat. Erst wenn diese Veränderungen vorgenommen worden sind, kann Heilung eintreten. Ein anderer Grund ist, daß in manchen Fällen das Höhere Selbst des Patienten weiß, daß manche körperlichen, emotionalen, mentalen oder spirituellen Bereiche des gesamten Wesens des Betroffenen mehr Heilung benötigen als die Beschwerden, deretwegen um Hilfe gebeten wurde. Die Heilkraft wird also zuerst zu der Stelle des größeren Bedürfnisses geleitet, und die ursprünglich erbetene Heilung der Beschwerden kann zu diesem Zeitpunkt noch nicht erfolgen.

Alles Gesagte deutet darauf hin, daß eine der wichtigsten Eigenschaften, die ein Geistheiler braucht, Geduld ist. Besteht Ihr *einziges* Interesse darin, ein Heiler mit sofortigen Ergebnissen oder ein aufsehenerregender »Öffentlichkeits-Heiler« zu werden, dann werden Sie wahrscheinlich kein Kanal für die Heilkraft werden. Sind Sie jedoch bereit, die spirituellen Gesetze und den Kranken in jedem Fall entscheiden zu lassen, wie lange eine bestimmte Heilung zu dauern hat und Ihre Zeit so oft wie nötig zur Verfügung zu stellen, dann werden bei Ihnen wahrscheinlich sowohl viele spontane Heilungen erfolgen als auch ebensoviele, die länger dauern.

Seien Sie jedoch auf der Hut, daß die Menschen durch die häufigen Besuche bei Ihnen aufgrund tatsächlich bestehender oder eingebildeter Krankheiten nicht von Ihnen abhängig werden. Leiten Sie solche Menschen dazu an, die Führung und die heilenden Energien in sich selbst zu suchen, wo sie jedem von uns zur Verfügung stehen. Bringen Sie ihnen auf sanfte Art bei, sozusagen ihre eigene Arbeit zu machen und sich nicht ständig auf andere zu stützen. Wir brauchen alle von Zeit zu Zeit eine helfende Hand, aber keine permanenten Krücken.

Außerdem müssen Sie sich vor dem Problem der Übertragung oder Projektion der unbewußten Probleme oder Bedürfnisse des Kranken auf Sie in acht nehmen. Diese Gefahr ist Ärzten und Psychologen wohlbekannt, sie kommt aber auch gelegentlich bei Geistheilungen vor. Der Geheilte kann Sie als Vater, Mutter oder Retter betrachten; oder er hält vielleicht das Einströmen bedingungsloser Liebesenergie fälschlicherweise für körperliche oder emotionale Liebe und reagiert auf dieser Ebene. Die Übertragung kann auch die Form von Ablehnung oder Haß gegenüber dem Heiler annehmen. Wenn Sie sich dieser Möglichkeiten bewußt sind, können Sie dem anderen Menschen die Wahrheit vermitteln und ihm helfen, seine Projektionen durch Bewußtmachung zurückzunehmen.

Die große Bandbreite an Ergebnissen, die bei jedem Heiler auftreten, wird Sie ständig daran erinnern, daß Sie keinen Einfluß auf den Ausgang der Heilung haben – ja, Sie haben im Grunde, wie schon mehrmals betont, gar nichts damit zu tun, außer daß Sie sich, so gut Sie können, als Kanal öffnen und sich selbst und den anderen dem Willen Gottes unterwerfen. Gottes Macht, Sein Wille und die Empfänglichkeit, die Hingabe und das Karma des anderen sind entscheidend, nicht Sie selbst.

Ein besonderer Raum für die Heilsitzungen

Ist es Ihnen ernst damit, als Heiler Ihren Mitmenschen zu dienen, haben Sie vielleicht den Wunsch, sich einen besonderen Raum oder Teil des Hauses dafür einzurichten, der dann für Heilungen, Gebet und Meditation vorbehalten ist. Einrichtung und Gestaltung sollten einfach sein, gleichzeitig jedoch eine besondere, feierliche Atmosphäre vermitteln. Grün wird allgemein als heilende Farbe angesehen und könnte daher in den Bodenbelägen, den Vorhängen oder anderen Einrichtungsgegenständen vorkommen, wenn auch manche Heiler Blau bevorzugen.

Wollen Sie eine Methode benutzen, bei der der Patient sich hinlegt, während Sie die Hände auflegen, dann brauchen Sie einen Tisch, der die richtige Höhe hat, damit Sie bequem stehen können. Am besten richten Sie ihn so aus, daß er in

Nord-Süd-Richtung steht, wobei der Patient mit dem Kopf nach Norden liegen sollte.

Wichtiger als die materielle Ausstattung ist es jedoch, den Raum geistig und spirituell dem Dienst an Gott und unseren Mitmenschen zu widmen. Bitten Sie Gott, die Engel und Geistwesen, die Ihm dienen, im Gebet, den Raum mit Seiner Liebe, Energie, Macht und Seinem Frieden zu erfüllen, so daß alle, die ihn betreten, an diesen Eigenschaften teilhaben und nach Seinem Willen geheilt werden können.

Hygienemaßnahmen

Wahrscheinlich braucht gar nicht erwähnt zu werden, daß dieser besondere Raum ebenso wie Ihr Körper und Ihre Kleidung sauber und hygienisch sein müssen; wenn jemand eine ansteckende Krankheit oder Hautprobleme hat und Sie eine Methode mit Handauflegen anwenden, waschen Sie am besten Ihre Hände nach Beendigung der Sitzung.

Alle glaubwürdigen Geistheiler, von denen ich gelesen oder denen ich bei der Arbeit zugesehen habe, halten sich an diese einfachen hygienischen Vorsichtsmaßnahmen, obwohl es einen gibt, der sich darum überhaupt nicht kümmerte, nämlich der brasilianische Heiler Arigo, von dem ich schon in Kapitel 7 berichtet habe. Er hat bis zu dreihundert Menschen am Tag geholfen, indem er jeweils in wenigen Minuten eine Diagnose stellte und eine Behandlung vornahm. Zwischen den einzelnen Patienten wusch er sich nie die Hände und desinfizierte auch nie die alten Messer, die er für die chirurgischen Eingriffe benutzte, dennoch kam es nie zu einer Infektion. Das heißt jedoch keinesfalls, daß ich irgend jemand dazu raten möchte, das nachzumachen. Gehen wir einfach davon aus, daß Arigo die Ausnahme war, die die Regel bestätigt. Er ist ein weiterer Beweis für die Macht des Geistes über die Materie.

Sollen Sie für die Behandlung Geld verlangen?

Manche Heiler lassen sich ihre Dienste bezahlen oder bitten um eine Spende in einer bestimmten Höhe. Andere nehmen freiwillige Spenden in jeder Höhe an, verlangen aber niemals etwas von sich aus. Wieder andere verlangen gar nichts und weisen auch Spenden zurück.

Einen bestimmten Festbetrag zu verlangen, wäre in vielen Staaten der USA wahrscheinlich sogar gesetzeswidrig, Spenden sind das jedoch nicht. Es gibt aber grundsätzliche Meinungsverschiedenheiten unter den Geistheilern, ob sie eine Spende in einer bestimmten Höhe verlangen, Spenden in jeglicher Höhe annehmen oder sie grundsätzlich ablehnen sollen.

Einige der Argumente für Spenden sind:

1. »Wer arbeitet, hat ein Anrecht auf seinen Lohn.« (Lukas 10, 7)
2. Wer seine gesamte Zeit für Heilungsarbeit zur Verfügung stellt und kein anderes privates Einkommen hat, muß Spenden annehmen, wenn er überleben will.
3. Menschen haben das Bedürfnis, ihre Dankbarkeit auszudrücken, und fühlen sich unglücklich, wenn ihnen die Möglichkeit einer Spende genommen wird.
4. Spenden können an ein anderes wertvolles Projekt weitergegeben werden, wenn der Heiler selbst sie nicht benötigt.
5. In unseren materialistischen Zeiten sind Menschen dazu konditioniert zu glauben, daß etwas, das umsonst ist, keinen Wert habe. Viele nehmen an, »wenn etwas nichts kostet, kann es nicht viel wert sein«. In den Vereinigten Staaten glauben viele wirklich, daß eine Sache umso mehr wert ist, je mehr sie kostet. Produktmanager machen sich diese Überzeugung oft dadurch zunutze, daß sie viel mehr verlangen, als ein Artikel eigentlich wert ist und das durch eine schöne Aufmachung und aufsehenerregende Reklame noch unterstützen.
6. Einige Menschen werden zögern, sich an Sie um Hilfe zu wenden, wenn Sie nichts dafür verlangen, weil sie Sie nicht belästigen wollen; sie würden jedoch gerne kommen, wenn Spenden angenommen werden, da sie sich berechtigt fühlen, um Hilfe zu bitten, wenn diese Dienstleistung auch einen Preis hat.

Hier einige der Gründe für die Ablehnung jeglicher Spenden:

1. Jesus verlangte nie etwas für seine Heilungen.
2. Die Heilung ist ein Geschenk Gottes und sollte daher nicht »verkauft« werden.
3. Manche Menschen sind zu arm für eine Bezahlung, vor allem wenn Spenden in einer bestimmten Höhe verlangt werden, und würden daher nicht um Hilfe bitten, obwohl sie ihnen genauso zugänglich sein sollte wie denen, die es sich leisten können.
4. Zulassungsbehörden, Ärztevereinigungen und ähnliche Stellen werden Ihnen wahrscheinlich weniger vorwerfen, ärztliche Dienste ohne entsprechende Qualifikation anzubieten, und können Sie auch nicht wegen »Einnahmen unter Vorspiegelung falscher Tatsachen« belangen. Solche Verfahren sind in einzelnen Fällen schon gegen Geistheiler eingeleitet worden, teilweise von Menschen, die keine Heilung erfahren haben, oder von orthodoxen Ärzten, die sich dadurch bedroht fühlen, daß viele Patienten durch Geistheilung geheilt wurden.
5. Das Bedürfnis der Hilfesuchenden nach einem Ausdruck ihrer Dankbarkeit kann auch dadurch befriedigt werden, daß Sie ihnen nahelegen, einer Organisation ihrer Wahl eine Spende zukommen zu lassen.
6. Bittet ein Hilfesuchender Sie nicht um Hilfe, weil Ihre Dienste nichts kosten, dann weist das darauf hin, daß er mit seinen Wertvorstellungen falsch liegt und nicht das richtige Verständnis für das heilende Geschenk Gottes und vermutlich auf diesem Gebiet eine Lektion zu lernen hat, bevor er geheilt wird. Mit anderen Worten: Es ist sein Problem, nicht Ihres.
7. Wenn der Heiler kein Geld verlangt, ist er dadurch völlig frei, weitere Heilsitzungen vorzuschlagen, ohne in einen Interessenkonflikt zu geraten. Außerdem hat dadurch der Hilfesuchende auch nicht das Gefühl, der Heiler würde weitere Sitzungen aus eigenem Interesse vorschlagen.

Was mich betrifft, so fand ich es für mich richtig, keine Bezahlung oder Spenden für mich persönlich zu verlangen; wenn ein Patient eine Spende anbot, schlug ich ihm gewöhnlich vor, sie an eine Organisation seiner Wahl weiterzugeben, oder ich nannte ihm eine, falls ihm gerade keine einfiel. Nachdem ich das drei Jahre lang so gemacht hatte, wurde mir gelegentlich gesagt, daß manche Patienten mit dieser Regelung nicht glücklich waren. Daher führte ich eine kleine persönliche Umfrage durch, bei der ich verschiedene Möglichkeiten vorschlug und die Leute fragte, welche ihnen am liebsten wäre. Ich fand heraus, daß die meisten es vorziehen würden, mir eine Spende zu geben. Manche sagten sogar, sie seien nicht mehr gekommen, obwohl sie Hilfe brauchten, weil es ihnen nicht erlaubt war, im Gegenzug etwas zu geben.

Mir wurde dadurch klar, daß es noch ein weiteres Argument *für* persönliche Spenden gibt, an das ich vorher nicht gedacht hatte. Durch das Ablehnen einer Bezahlung oder Spende nahm ich dem anderen das Vorrecht und die Freude, in irgendeiner Form zu reagieren; ich hinderte ihn daran, neben dem Nehmen auch zu geben. Ich hatte ihm meine Zeit gewidmet (normalerweise eine oder anderthalb bis zwei Stunden pro Sitzung) und es genossen, während er der nehmende Teil war. Daher war es selbstsüchtig von mir, ihm dieses Vergnügen zu verweigern, wenn er es ebenfalls haben wollte. Vielleicht waren auf einer unbewußten Ebene auch mein Ego und mein Stolz mit im Spiel, wenn ich Spenden zurückwies. Daher änderte ich meine Einstellung und nehme nun Spenden von denen an, die sie anbieten, mache aber gleichzeitig deutlich, daß eine Spende nicht verlangt wird, wenn der Betreffende nur ein sehr geringes Einkommen hat oder eine andere Regelung vorzieht. Ich war überrascht darüber, wie erleichtert die Hilfesuchenden über diese neue Regelung waren.

Ob Sie nun Spenden annehmen oder nicht, so wird der Vorzug, Ihren Brüdern und Schwestern auf diese Weise dienen zu können, auf jeden Fall eine weit größere Belohnung für Sie darstellen: deren Freude mitzuerleben, wenn ihnen klar wird, daß sie keine Schmerzen oder Krankheit mehr haben; von jedem Hilfesuchenden zu lernen, der zu Ihnen kommt, denn jedesmal sind die Persönlichkeiten, Krankheitsursachen oder Heilungsverläufe wieder etwas anders; und auch das spirituelle Wachstum zu sehen, das oft mit der Heilung einhergeht, und an den wunderbaren Einsichten teilzuhaben, die manche Menschen während des Heilungsprozesses gewinnen. Ich erinnere mich da an eine junge Frau, die sich völlig geheilt fühlte, jedoch zu einer letzten Sitzung kam, bevor sie wieder zu ihrem ein paar Hundert Kilometer entfernten Zuhause zurückkehrte. Nach dieser Sitzung setzte sie sich langsam auf, und ihre Augen glänzten vor Begeisterung und Erstaunen, als sie den wunderbaren Ort beschrieb, an den sie während der Sitzung innerlich versetzt worden war, und die himmlische Musik, die sie gehört hatte – ein völlig unerwartetes und für sie völlig neues Erlebnis. Andere waren entzückt von den engelhaften Wesen oder Geistformen, die sie sahen, oder von der hilfreichen und bedeutungsvollen Führung, die sie während der Heilung erfuhren.

Die empfangenen nicht-materiellen Segnungen übertreffen bei weitem jegliche materiellen Belohnungen, die vielleicht angeboten werden.

Den einzig richtigen Weg gibt es nicht. Sie müssen für sich selbst entscheiden, was für Sie unter Berücksichtigung Ihrer ganz besonderen Umstände das Richtige ist, und sich dabei immer daran erinnern, daß die Heilkraft nicht Ihnen gehört und nicht verkauft werden kann; nur die Zeit, die Sie einsetzen, ist Ihre und kann entlohnt werden.

Der Verlag Hermann Bauer weist an dieser Stelle darauf hin, daß in Deutschland das Praktizieren jeglicher Art von Heilkunde – und somit auch die Geistheilung – dem Heilpraktikergesetz vom 17. Februar 1939 und der »Ersten Durchführungsverordnung zum Gesetz über die berufsmäßige Ausübung der Heilkunde ohne Bestallung« unterliegt. Die Ausübung eines Heilberufs ist dadurch an feste Honorarsätze gebunden. Für die Schweiz und Österreich gelten natürlich andere gesetzliche Bestimmungen. Hier ein Abdruck der wichtigsten Paragraphen:

Heilpraktikergesetz (HPG)

Gesetz über die berufsmäßige Ausübung der Heilkunde ohne Bestallung (Heilpraktikergesetz) vom 17.2.39 (RGBH S.251)

(1) Wer die Heilkunde, ohne als Arzt bestallt zu sein, ausüben will, bedarf dazu der Erlaubnis.

(2) Ausübung der Heilkunde im Sinne dieses Gesetzes ist jede berufs- oder gewerbsmäßig vorgenommene Tätigkeit zur Feststellung, Heilung oder Linderung von Krankheiten, Leiden oder Körperschäden bei Menschen, auch wenn sie im Dienste von anderen ausgeübt wird.

(3) Wer die Heilkunde ausüben will, erhält die Erlaubnis zur Maßgabe der Durchführungsbestimmungen; er führt die Berufsbezeichnung »Heilpraktiker«.

§ 2

(1) Wer die Heilkunde, ohne als Arzt bestallt zu sein, bisher berufsmäßig nicht ausgeübt hat, kann eine Erlaubnis nach § 1 in Zukunft erhalten.

(2) . . .

§ 3

Die Erlaubnis nach § 1 berechtigt nicht zur Ausübung der Heilkunde im Umherziehen.

§ 5

Wer, ohne zur Ausübung des ärztlichen Berufs berechtigt zu sein und ohne eine Erlaubnis nach § 1 zu besitzen, die Heilkunde ausübt, wird mit Freiheitsstrafe bis zu einem Jahr oder mit Geldstrafe bestraft.

§ 5a

(1) Ordnungswidrig handelt, wer als Inhaber einer Erlaubnis nach § 1 die Heilkunde im Umherziehen ausübt.

(2) Die Ordnungswidrigkeit kann mit einer Geldbuße bis zu fünftausend Deutsche Mark geahndet werden.

Literatur zu Kapitel 8

1. LeShan, Lawrence: *The Medium*, The Mystic and The Physicist. New York: Viking Press 1974.
2. Worrall, Ambrose: *The Gift of Healing*. New York: Harper & Row 1965.

Kapitel 9

Eine Methode, wie Sie eine Heilsitzung durchführen können

Gott ist Liebe,
daher
ist Liebe Gott.
Gott ist unendlich machtvoll,
daher
ist Liebe unendlich machtvoll.

In diesem Kapitel beschreibe ich eine Methode zur Durchführung einer Heilsitzung, wie sie mir zur Zeit richtig erscheint:

1. Zu Beginn der Sitzung ist es mir wichtig, daß sich der Hilfesuchende wohlfühlt. Nachdem wir uns beide in bequemen Sesseln in der Stille meines Meditationsraumes niedergelassen haben, frage ich ihn, was ihn zu mir geführt hat. Ich möchte nur eine kurze Beschreibung seines Problems – nicht alle Einzelheiten, denn das würde die negativen Bilder in seiner und meiner Vorstellung nur verstärken. War er zuerst bei einem Arzt, und was hat dieser festgestellt? Glaubt er an Geistheilung und/oder eine göttliche universelle Macht? Diese Fragen nehmen dem Hilfesuchenden die anfängliche Anspannung und erleichtern es mir, mich in seine momentane Verfassung einzustimmen, was das spätere Channeln der Kraft effektiver macht.
2. Dann frage ich den Hilfesuchenden, ob er sich mit dem Gedanken anfreunden kann, daß jeder Schmerz, jede Krankheit oder Funktionsstörung eine Botschaft unseres Körpers darstellt, daß etwas in unserem Leben geändert werden muß. Dieses »Etwas« kann auf körperlicher, emotionaler, mentaler oder spiritueller Ebene liegen, aber es ist die Ursache, die wir entdecken müssen – die Krankheit ist nur das Ergebnis davon. Es so zu formulieren, ist besser,

als dem Hilfesuchenden zu sagen, daß er selbst für die Krankheit verantwortlich ist, was einige Heiler heutzutage (orthodoxe, unorthodoxe und Geistheiler) tun, wie ich gehört habe. Diese Aussage klingt mehr wie ein Urteil oder eine Anklage, bringt den Kranken in eine Verteidigungshaltung oder ruft Schuldgefühle bei ihm hervor. Ich weise auch darauf hin, daß ohne die Entdeckung der Ursache eine Heilung der Symptome wahrscheinlich nicht erfolgen, oder falls doch, nur vorübergehend anhalten wird. Dann suchen wir nach möglichen Ursachen für sein Problem, indem wir die Methoden anwenden, die ich in Kapitel 4 beschrieben habe, bis wir zu der entsprechenden möglichen Ursache vordringen. Gewöhnlich merkt der Hilfesuchende innerlich ganz genau, wenn wir auf die richtige Ursache stoßen; manchmal gibt uns auch der Körper Hinweise dafür, indem der von der Krankheit verursachte Schmerz zurückkehrt oder zunimmt. Manchmal finden wir jedoch trotz ehrlicher Bemühungen in der ersten Sitzung die wirkliche Ursache nicht heraus, sondern erst in späteren Sitzungen.

3. Danach erkläre ich dem Hilfesuchenden kurz, wie der Heilungsvorgang aller Wahrscheinlichkeit nach verlaufen wird, damit er sich keine Sorgen macht oder Angst davor hat, was da wohl geschehen wird. Ich versichere ihm, daß die Kraft nicht von mir stammt, sondern ich mich nur als Kanal für die Kraft Gottes öffne, damit sie durch mich fließen kann und Sein Wille geschehen möge. Außerdem betone ich, daß bei keiner Art von Heilbehandlung irgend jemand ein bestimmtes Ergebnis garantieren kann und das auch auf Geistheilung zutrifft; und wenn Heilungen stattfinden, können sie manchmal plötzlich oder auch erst nach längerer Zeit eintreten. Ich kann nicht wissen, was für den Betreffenden das Richtige ist.
4. Nachdem ich dann alle übrigen Fragen, die er noch stellen will, beantwortet habe, bitte ich ihn, Schuhe, Brille und alle Metallgegenstände, wie Schmuck, Uhr und so weiter, abzulegen. Brillen wirken oft als Barriere oder Filter, und Dinge aus Metall können den Fluß der Heilenergie behin-

dern, da sie selbst Energien besitzen. Es brauchen jedoch keine anderen Kleidungsstücke abgelegt zu werden, es sei denn, der Hilfesuchende möchte seinen Mantel oder seine Jacke ausziehen, wenn das für ihn bequemer ist.

5. Jetzt bitte ich den Betreffenden, sich auf meinem hüfthohen, gepolsterten Tisch auf den Rücken zu legen, die Augen zu schließen, sich völlig zu entspannen und so offen und empfänglich wie möglich zu sein.
6. Nun zentriere ich mich selbst innerlich. Das bedeutet, daß ich mit geschlossenen Augen und in völliger Stille versuche, mein ganzes Bewußtsein in meiner Herzgegend zu konzentrieren, bedingungslose Liebe für Gott und Seine gesamte Schöpfung zu empfinden und mich so auf die geistige Welt einzustimmen.
7. Danach bete ich laut darum, daß ich als Kanal für Gottes unendliche Liebe und Heilenergie dienen möge, so daß diese vom Hilfesuchenden in der für ihn geeigneten Weise und in Übereinstimmung mit Gottes Willen genutzt werden kann. Ich bitte ebenfalls darum, daß wir beide vor jeglichen negativen Kräften geschützt und völlig von durchsichtigem weißen Licht umgeben sein mögen, so daß nur das, was zu unserem höchsten Wohle ist, durchdringen kann. Gleichzeitig visualisiere ich, wie sich das weiße Licht um uns herum aufbaut.
8. Habe ich das Bedürfnis nach weiterer Führung bezüglich der Lokalisierung der Krankheit oder der Krankheitsursache, dann versuche ich, die Energie zu spüren, die von den Hauptchakren des Betreffenden ausstrahlt. Zuerst versetze ich mich mit offenen Augen in einen empfänglichen Bewußtseinszustand. Dann führe ich meine linke Hand nacheinander über jedes Chakra, indem ich sie in das von dort ausstrahlende Kraftfeld hinein-, hindurch- und wieder hinausbewege. So kann ich fühlen, welche Chakren wenig oder ungewöhnlich viel Energie ausstrahlen, falls das der Fall ist. Es könnte mir einen Hinweis auf den Sitz oder die Ursache der Krankheit geben. Manchmal ist eine Energieveränderung auch auf eine vorhergehende Operation zurückzuführen. Beispielsweise erzählte mir eine Pa-

tientin mit niedriger Energie des Halschakras nach der Sitzung, daß ihre Schilddrüse entfernt worden war.

9. Nun schließe ich die Augen und bringe meine Hände zum rechten Fuß des Patienten, eine darüber und eine darunter, jeweils etwa fünf Zentimeter vom Fuß entfernt. Nach zwei oder drei Minuten halte ich die linke Hand über die rechte Fußspitze und die rechte Hand über das rechte Knie, ohne den Körper zu berühren.
10. Ich führe dann nach und nach meine Hände über jeden Teil des Körpers, bis ich den ganzen Körper schließlich bedeckt habe, und zwar in der Reihenfolge wie in der Abbildung (S. 240) gezeigt. Jedesmal benutze ich beide Hände und halte sie ungefähr fünf bis acht Zentimeter vom Körper entfernt. Dafür gibt es mehrere Gründe:

    a) Durch die Benutzung beider Hände ist aufgrund der Polarität zwischen dem negativen Pol der linken und dem positiven Pol der rechten Hand ein größerer Energiefluß möglich.
    b) Nach Aussagen von Medien und Mystikern umgibt ein ätherischer oder Schwingungskörper den physischen Körper und ist untrennbar mit ihm verbunden. Dieser Körper schwingt mit der höchsten Schwingung, die Materie aushalten kann. Er enthält das Muster oder die Vorlage des von Gott geschaffenen vollkommenen Abbildes, das bei einem Gesunden in derselben Form vollständig in den physischen Körper übernommen wird. Der ätherische Körper kann niemals krank oder unvollkommen sein, aber emotionale oder gedankliche Blockaden können die exakte Übernahme des vollkommenen Bildes in den physischen Körper verhindern. Werden die Hände in der Höhe dieses ätherischen Körpers gehalten, also in einigen Zentimetern Entfernung vom physischen Körper, dann strahlt die Liebesenergie durch den ätherischen Körper hindurch in den physischen und ermöglicht es diesem, mit dem vollkommenen Abbild zu verschmelzen und so geheilt zu werden.

Schaubild zum Auflegen der Hände
zur Übertragung von Heilenergie

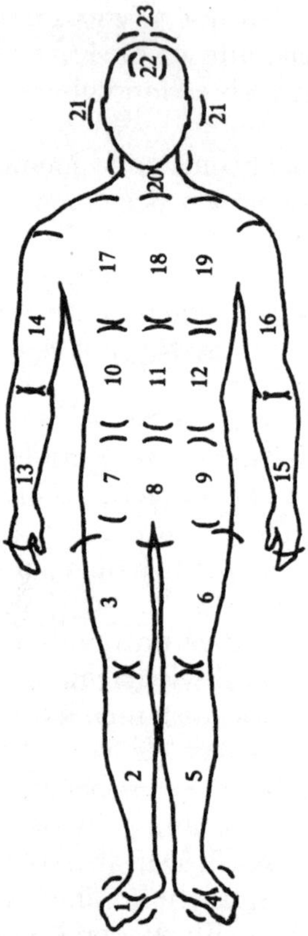

(linke Hand	(1 . . . 23) Reihenfolge des Handauflegens	) rechte Hand

Für Positionen 20 bis einschließlich 23 hinter dem Kopf des Patienten stehen. Hände mit den Handflächen nach unten halten (außer bei Positionen 21 und 23).

c) Da ich den Hilfesuchenden nicht berühre, ist es wahrscheinlicher, daß er in seinem zutiefst meditativen und empfänglichen Zustand bleibt, um die Liebesenergie zu empfangen und seiner inneren Stimme zu lauschen.
d) Wenn jemand, was oft vorkommt, Wärme, Kribbeln oder auch Kälte in einem Teil des Körpers spürt, weiß er, daß das nicht von meiner Berührung oder einer rein körperlichen Wärmeübertragung herrührt und wird daher eher daran glauben, daß wirklich etwas in seinem eigenen Körper geschehen ist.

Nachdem ich meine Hände also in dieser Weise über den ganzen Körper geführt habe, berühre ich oft leicht die erkrankte Stelle oder auch eine gesunde. Ich glaube nicht, daß dies einen großen Einfluß auf die Wirksamkeit der Heilkraft hat, aber wenn der Hilfesuchende die aus meinen Händen strömende Kraft aus der Entfernung nicht spüren kann (was jedoch bei wenigen der Fall ist), kann die direkte Berührung sein Vertrauen darin stärken, daß wirklich etwas passiert. Außerdem glauben viele Menschen sehr stark an die heilende Wirkung des Handauflegens und Berührens – vielleicht weil sie wissen, daß Jesus viele von denen, die er heilte, sanft berührt hat, oder weil sie sich unbewußt daran erinnern, wie ihre Mutter kindliche Verletzungen und Schmerzen durch die sanfte Berührung mit ihrer Hand linderte. Bei anderen spüre ich, daß in ihrem Leben die menschliche Berührung fehlt und eine Leere entstanden ist, die dadurch wenigstens ein ganz kleines bißchen aufgefüllt werden kann und wahrscheinlich ihre Fähigkeit verstärkt, die Heilkraft zu empfangen.
Wird dem Fluß der Heilenergie kein Widerstand entgegengesetzt, spüre ich selbst eigentlich nichts in meinen Händen. Gibt es jedoch einen Widerstand gegen die Energie, wahrscheinlich aufgrund einer Blockierung oder Negativenergie wie Krebs, empfinde ich ein Kribbeln in meinen Händen, das manchmal so stark ist, daß es weh tut. Wenn das auftritt, lasse ich meine Hände so lange über der be-

treffenden Körperstelle, bis der Schmerz oder das Kribbeln nachläßt.

Während dieses ganzen Vorgangs, der ungefähr dreißig Minuten dauert, versuche ich, völlig offen für den Fluß von Gottes heilender Kraft und Seiner unbegrenzten, bedingungslosen Liebe zu bleiben. Ich stelle mir vor, wie sie durch mich hindurch und aus meinen Händen und meinem Herzchakra zu dem Hilfesuchenden hinfließt und in Übereinstimmung mit Gottes Willen Verwendung findet. Mit dieser Vorstellung des Herausfließens der bedingungslosen Liebesenergie aus dem Herzzentrum (oder vierten Chakra) begann ich, nachdem ich Berichte von verschiedenen Geistheilern und spirituellen Lehrern gehört und gelesen hatte, die beschrieben, daß genau das passiert, wenn die Liebe wirklich bedingungslos ist. Einige Zeit danach fiel mir dann auf, daß das genau mit den Worten Jesu übereinstimmte: »Denn in den heiligen Schriften heißt es: Aus seinem Inneren wird lebendiges Wasser strömen.« (Johannes 7, 38). Ich weiß, daß die Energie, die übertragen wird, von Gott und nicht von mir persönlich stammt und halte an der Vorstellung fest, daß der Hilfesuchende meine Schwester oder mein Bruder und ein Kind Gottes ist, ungeachtet seines Alters, seiner Hautfarbe oder seiner Religion. Es ist nicht immer einfach, während dieser halben Stunde unerwünschte und nicht mit der Heilung zusammenhängende Gedanken aus meinem Verstand fernzuhalten; drängen sie sich trotzdem auf, stimme ich mich wieder auf den Höheren Geist ein. Beispielsweise spreche ich dann im Stillen das Vaterunser oder erinnere mich an die Wesensmerkmale Gottes, die Vollkommenheit Seiner Schöpfung, meine Unterwerfung unter Seinen Willen sowohl was mich betrifft als auch den Kranken, meine Öffnung als Kanal für Seine unbegrenzte, bedingungslose Liebe, die Einheit von Gott, Christus, dem Hilfesuchenden und mir selbst, oder die Tatsache, daß *Gott Alles Ist, Was Ist*, und daß der Kranke und ich Teile dieses Ganzen sind.

11. Etwa nach der Hälfte dieses stillen Heilungsvorgangs bitte ich den Hilfesuchenden, er solle innerlich sein Höheres

Selbst (oder das Göttliche in ihm beziehungsweise seinen inneren Lehrer) fragen, was er für seine eigene Führung und Heilung noch wissen müsse, und dann für alles offen sein, was ihm durch Visionen, Bilder, Gedanken, Worte oder Erinnerungen mitgeteilt wird. Wird ihm irgend etwas auf diese Weise gezeigt, soll er es sich bis zum Ende der Heilsitzung merken. Wir können dann im Anschluß darüber sprechen, wenn er will.

12. Nachdem ich beim Scheitelchakra angelangt bin, halte ich meine Hände über sein Herzzentrum (das vierte Chakra) und führe ihn, wenn ich es für angebracht halte, durch eine oder mehrere der bereits beschriebenen Visualisierungsübungen. Das kann beispielsweise dazu dienen, Angst oder Ärger loszulassen, jemandem wegen einer Verletzung zu vergeben, Verzeihung für etwas zu erbitten, für das er sich schuldig fühlt, oder ungesunde Bindungen an ein Kind oder einen Elternteil zu lösen. Dafür gibt es keine festen Regeln; es ist wichtig, dem Visualisierenden soviel Raum wie möglich zu geben, der Führung seiner eigenen Psyche zu folgen.
Manche Menschen haben Schwierigkeiten mit Visualisierungen. Ihnen fällt es leichter, über den Gehör-, Tast-, Geruchs- oder Geschmackssinn ein Gefühl für die Anwesenheit einer anderen Person zu entwickeln. Meistens ist Visualisierung mit geschlossenen Augen einfacher, aber eine Künstlerin, die zu mir kam, konnte sich zum Beispiel nur mit offenen Augen etwas vorstellen.
13. Nach Beendigung der Visualisierung oder anderer Übungen kehre ich mit meinen Händen zu der Körperstelle zurück, von der ich weiß – sei es von der Beschreibung des Patienten oder von dem mit meinen Händen gespürten Widerstand –, daß sie noch weitere Energie benötigt, und channele noch einige Minuten lang Energie dorthin.
14. Habe ich das Gefühl, daß mein Teil der Arbeit getan ist, spreche ich einen Segen, der den jeweiligen Umständen entspricht. Beispielsweise: »Möge die heilende Kraft der Liebe Gottes und die Führung Seines Heiligen Geistes in

jedem Moment des Tages bei dir sein, im Namen von Jesus Christus.«

15. Dann schlage ich dem Patienten vor, er solle noch einige Minuten auf dem Tisch liegenbleiben, bevor er sich aufsetzt, da er sich gewöhnlich zu diesem Zeitpunkt in einem sehr entspannten, teilweise fast bewußtlosen Zustand befindet.
16. Während der darauffolgenden ruhigen Minuten mache ich den anderen in Gedanken völlig frei von mir und stelle mir vor, wie sich die Energiefelder, die sich während des Heilungsvorganges um ihn und mich ausgedehnt haben, wieder zusammenziehen. Dann errichte ich um mich und um ihn ein Schutzschild gegen alle negativen Kräfte und Einflüsse der äußeren Welt, wie in Punkt 7 beschrieben. Das ist sehr wichtig, denn wir haben uns beide absichtlich für Kräfte von außen weit geöffnet, und es ist absolut nicht empfehlenswert, sich ohne Schutz wieder in die Welt hinauszubegeben.
17. Nachdem sich er Patient nun langsam wieder aufgesetzt hat, gebe ich ihm Papier und Bleistift und ermutige ihn, empfangene Botschaften oder innere Bilder aufzuschreiben, denn werden sie nicht sofort festgehalten, können sie sich, wie ein Traum, gleich wieder verflüchtigen, und je eher man das tut, umso mehr Details sind noch präsent. Das Aufschreiben dieser inneren Erlebnisse stellt außerdem eine Verbindung zwischen Bewußtsein und Unterbewußtsein und zwischen der linken und rechten Gehirnhälfte her und trägt so zur Ganzwerdung des Behandelten bei.
18. Wenn der Betreffende nun über seine Erlebnisse während der Heilsitzung sprechen möchte, bestärke ich ihn darin, mir mitzuteilen, was in seinem Körper vor sich ging und auch – wenn er mir das anvertrauen will – welche Worte, Gedanken oder Bilder er innerlich empfangen hat, und zwar entweder vor oder nach der entsprechenden Bitte an sein Höheres Selbst (wie unter Punkt 11 beschrieben). Ich halte empfangene Botschaften für etwas sehr Persönliches, wenn er sie also für sich behalten möchte, ist das sein gutes Recht, das ich absolut respektiere.

Das Ganze hört sich nach einer ziemlich langen Prozedur an, und Sie denken jetzt vielleicht, daß viele bekannte und erfolgreiche Geistheiler in beträchtlich kürzerer Zeit und mit weniger Bewegung der Hände viel sensationellere Ergebnisse erzielen. Für mich ist jedoch der oben beschriebene Ablauf die Methode, die derzeit am besten zu mir persönlich paßt.

Es gibt eine Reihe von Gründen, warum einige Heiler auf die von mir beschriebene Weise den ganzen Körper behandeln:

1. Die Heilkraft wird dadurch zu jedem einzelnen Chakra oder Energiezentrum des Körpers geleitet (es gibt davon wesentlich mehr als die bekannten sieben Hauptchakren) und ebenso zu den Hunderten von Akupunkturpunkten, an denen die Haut besonders empfänglich für elektromagnetische Energie ist.
2. Der Kranke weiß vielleicht nicht, wo genau sich seine Krankheit befindet, denn das muß nicht unbedingt dort sein, wo die Schmerzen auftreten. Vielleicht scheut er sich auch, dem Heiler anzuvertrauen, wo sein Problem wirklich liegt. Wird der ganze Körper behandelt, werden solche Unklarheiten automatisch miteinbezogen.
3. Manchmal muß die Heilkraft nicht an den Ort der Krankheit selbst, sondern an eine andere Körperstelle geleitet werden. Beispielsweise gibt es Nervenenden an den Füßen, deren Berührung Auswirkungen auf die Augen hat.
4. Während des Channelns der Heilenergie entspannt sich der Behandelte immer mehr und wird dadurch viel offener und empfänglicher für die Heilkraft, so daß seine Ängste, Anspannung und negativen Gedanken immer weniger ein Hindernis darstellen. Manche Menschen entspannen sich so sehr, daß sie einschlafen. Das ist eine sehr gute Reaktion, denn dadurch kann ihr Bewußtsein keinen verstandesmäßigen Widerstand aufbauen.

Bei diesem etwas länger dauernden Vorgang des Handauflegens spielt möglicherweise auch noch ein anderer Faktor mit.

Wie ich im Kapitel über Engel und Geistärzte bereits erklärt habe, bin ich absolut überzeugt, daß solche Wesen mir bei der Behandlung helfen. Hinzugezogene Hellseher haben das bestätigt, und einige Personen konnten ihre Anwesenheit auch spüren oder sehen. Auf eine besondere Weise, die ich nicht ganz verstehe, stellt der Heiler eine Art Kontaktperson oder Werkzeug für diese Wesenheiten dar, und das Handauflegen am ganzen Körper gibt ihnen die nötige Zeit und Gelegenheit, ihre Fähigkeiten an allen entsprechenden Körperstellen anzuwenden. Auch sie sind natürlich nur ein Kanal für die Macht Gottes, der einen Quelle allen Lebens und Heilens.

Welche Methode Sie auch immer benutzen (viele davon habe ich in Kapitel 2 beschrieben): Versuchen Sie immer, diejenige auszuwählen – oder selbst eine zu entwickeln –, die den Patienten dabei unterstützt, die *Ursache* der Krankheit herauszufinden und aufzulösen und gleichzeitig Schmerzen oder andere Symptome beseitigt (vergleiche dazu Kapitel 3).

Weiterhin schlage ich vor, daß Sie gelegentlich Kapitel 6 wieder durchlesen, wo ich viele der Gründe aufgezählt habe, warum manche Menschen, auch wenn sie selbst um Hilfe bitten, nicht geheilt werden. Das hilft Ihnen möglicherweise dabei, Entmutigung oder Enttäuschung zu vermeiden, die sich vielleicht einstellen, wenn Ihre Bemühungen nicht immer von Erfolg gekrönt sind. Erinnern Sie sich auch ständig daran, daß die Heilkraft und die Entscheidung, wie sie eingesetzt wird, nicht von Ihnen kommen.

Es kann auch hilfreich sein, sich zu vergegenwärtigen, daß Patienten, die Sie mit dem Wunsch nach Heilung aufsuchen, vielleicht bereits monate- oder jahrelang bei anderen in Behandlung waren, die Sie in ihren Bemühungen um Seelenwachstum, innere Entwicklung und spirituelle Bewußtwerdung unterstützten. Nun sind sie am entscheidenden Punkt angelangt, und Sie haben das Privileg, mit ihnen die Schwelle zu überschreiten, wonach sich eine rasche Heilung einstellt. In anderen Fällen hat die Reise zur Ganzwerdung gerade erst begonnen, und Sie werden gebeten, bei der ersten Etappe zu helfen – bei der sich allerdings keine offensichtlichen Heilungserfolge einstellen. Die Ernte erfolgt erst zu einem späteren Zeitpunkt, wenn Sie nicht mehr direkt beteiligt sind.

Ein abschließender Punkt: Wenn jemand wegen einer Geistheilung zu Ihnen kommt, versuchen Sie *das Göttliche in ihm zu sehen,* und nicht nur seinen Körper, gleich wie alt oder jung, häßlich oder schön, krank oder anscheinend gesund er auch sein mag. Sie haben immer ein Kind Gottes vor sich, das nach Seinem Bilde und mit Seinem Geist, dem Christusbewußtsein, geschaffen wurde. Jeder Mensch ist bis ins kleinste vollkommen, ein Teil Seines Wesens und eine Zelle Seines Körpers.

Auch wenn Ihnen diese Vorstellung schwerfällt, müssen Sie wissen: Je mehr Sie sich diesem Ziel annähern, umso wahrscheinlicher wird eine vollständige Heilung Ihrer Patienten eintreten.

Ich möchte noch einmal auf die Überschrift dieses Kapitels hinweisen. Was ich beschrieben habe, stellt *eine* Methode dar, wie Sie Heilkraft channeln können, es ist jedoch nicht die *einzig wahre* Methode. Beispielsweise beginnen manche Heiler am Kopf des Patienten und arbeiten sich dann zu den Füßen runter. Am besten probieren Sie verschiedene Methoden aus und finden selbst heraus, welche für Sie am geeignetsten ist.

Kapitel 10

Krankheitsvermeidung und Selbstheilung

> Geistheilung
> ist nur dann wirksam,
> wenn sie auf Liebe
> begründet ist.

Meiner Erfahrung nach haben viele Menschen, die wegen Geistheilung zu mir kommen, keine Ahnung, daß sie selbst für ihr Leben und die Vorgänge in ihrem Körper verantwortlich sind. Es ist für sie eine völlig neue Vorstellung, daß sie zu ihrer eigenen Gesundung beitragen und sich tatsächlich selbst heilen können. Daher versuche ich sie davon zu überzeugen, diese Eigenverantwortung und Macht ernsthaft in Betracht zu ziehen. All ihre Schmerzen und Krankheiten sind Botschaften ihres Körpers, daß in ihrem Leben etwas verändert werden muß und sie sich von ihrer inneren Stimme leiten lassen sollen.

Manche wollen nur die Schmerzen und unangenehmen Begleiterscheinungen der Krankheit loswerden, damit sie dann genauso weiterleben können wie bisher. Bringt der Heiler aber nur die Symptome zum Verschwinden, hilft ihnen das im Grunde nicht sehr viel. Denn er würde sie damit um die Möglichkeit bringen, aus der Erfahrung zu lernen und spirituell zu wachsen.

Haben sie sich noch nie mit Meditation und/oder dem Hören auf die innere Stimme beschäftigt, können sie Schwierigkeiten haben, Zugang zu ihrer inneren Führung zu bekommen, wenn sie während der Heilsitzung darum bitten. In diesen Fällen kann ein methodischer, rationaler und auf dem gesunden Menschenverstand beruhender Zugang auf der Suche nach diesem »Etwas« hilfreich sein. Andere wiederum fragen, wie sie sich selbst heilen können, und wieder andere sind schon bei guter Gesundheit und daran interessiert, sie sich zu erhalten. Auf den folgenden Seiten finden Sie daher eine »Anregung zur Lebensführung«, die für alle diese Vorhaben hilfreich sein könnte.

Dieser Vorschlag soll den Hilfesuchenden dazu ermutigen, bei seiner eigenen Heilung mitzuwirken und daraus – was ich ihm wünsche – ein transformierendes Wachstumserlebnis zu machen, das auch die dauerhafte Wiederherstellung seiner Gesundheit mit einschließt.

Körper, Verstand, Gefühle und Geist sind eins und hängen stark voneinander ab; daher müssen bei der Suche nach Krankheitsursachen und beim Bemühen um Erhaltung der Gesundheit alle vier Bereiche gleichermaßen berücksichtigt werden.

Der Körper

Unser Körper ist ein heiliger Tempel und muß auch als solcher behandelt werden. Es ist auch der einzige, den wir in diesem Leben besitzen, warum sollten wir also so dumm sein, ihn in irgendeiner Weise zu mißbrauchen?

Verbrauchte Energie wieder ersetzen

Wir verbrauchen täglich große Mengen an Energie, nicht nur durch körperliche Arbeit, Sport und Bewegung im allgemeinen, sondern auch durch die geistige Aktivität und die automatisch und kontinuierlich ablaufenden Prozesse der lebenserhaltenden Systeme im Körper wie Herzschlag, Blutkreislauf, Atemsystem und Aufrechterhaltung der Körpertemperatur. * Diese Energie muß laufend wieder ersetzt werden, und das geschieht auf vier verschiedene Arten:

1. Durch unsere Nahrung, die auch eine Form von Energie darstellt. Durch Assimilation wird sie so umgewandelt, daß unser Körper sie verarbeiten kann. Es leuchtet wohl ein,

* Das Herz pumpt innerhalb von 24 Stunden im Durchschnitt etwa 2000 Liter Blut durch die Adern eines Menschens – mehr als die Hälfte der Zeit muß es dabei gegen die Schwerkraft ankämpfen.

daß die Art von Energie, die wir empfangen, direkt mit der Art von Nahrung(senergie) verbunden ist, die wir zu uns nehmen. Deshalb ist vernünftige Ernährung sehr wichtig für die Erhaltung der Gesundheit, und es gibt viele gute Bücher zu diesem Thema. Manche Nahrungsmittel muß man kochen, um sie für den Körper verdaulich zu machen, aber denken Sie immer daran, daß durch den Kochvorgang sowohl ein Teil der Energie als auch einige Vitamine und Mineralien zerstört oder ausgeschwemmt werden.

2. Durch das Trinken von Wasser. Wasser hat zum einen den Vorteil, zu reinigen und daher überflüssige oder schädliche Stoffe wieder aus dem Körper auszuspülen und zum anderen den, viele lebenswichtige Elemente zu enthalten.
3. Durch die Aufnahme einer gewissen Menge an Sonnenenergie. Wir wissen, daß die Sonne der Hauptlieferant für Energie auf unserem Planeten Erde ist. Diese Energie nehmen wir direkt als Sonnenstrahlen durch die Haut auf oder aber durch Nahrung, die der Sonne ausgesetzt war. Wir sollten jedoch darauf achten, wie oft und wie lange wir uns in der Sonne aufhalten, denn zu viel Sonne ist bekanntlich genauso schädlich wie zu wenig.
4. Durch das Einatmen frischer Luft, einem absolut lebensnotwendigen Vorgang. Versuchen Sie, die Luft anzuhalten: Nach ungefähr einer Minute bekommen Sie Todesangst und müssen wieder einatmen. Haben Sie einen starken Willen, können Sie beim Luftanhalten vielleicht sogar ohnmächtig werden, aber sobald Sie bewußtlos sind, übernimmt Ihr autonomes Nervensystem (das Ihr ganzes Leben hindurch im Schlaf und im Wachzustand ohne Ihr bewußtes Zutun funktioniert) die Kontrolle. Sie atmen automatisch weiter und kommen wieder zu Bewußtsein.

   Luft enthält viele für unseren Körper notwendige Stoffe zusätzlich zum Sauerstoff, der das Blut reinigt. Manche Mystiker sind der Meinung, daß sie *alles* enthält, was wir zum Leben brauchen und wir irgendwann einmal dahin kommen können, auch ganz ohne feste Nahrung zu leben. Es gibt tatsächlich Berichte über Menschen, die jahrelang ohne feste Nahrung überlebt oder nur sehr wenig zu sich genommen haben; sie lebten nur von Luft, Wasser und dem Vertrauen auf Gottes Macht, sie am Leben zu erhalten. Auch hier verhält es sich so, daß die positiven Effekte, die uns zugute kommen, in direktem Verhältnis zur Qualität der Energie (in diesem Falle Luft) stehen, die wir aufnehmen. Ist die Luft durch Zigarettenrauch oder andere schädliche Stoffe verschmutzt, können wir kaum zufriedenstellende Ergebnisse erwarten.

Der 1976 verstorbene Vorsitzende der Vereinigung der Geistheiler Großbritanniens, Harry Edwards, legte großen Wert auf das »kosmische Atmen«, wie er es nannte, das die Erhaltung von Gesundheit und Vitalität sowie die Heilung von Krankheiten bewirken sollte. Unter »kosmischem Atmen« verstand er, in vollen Zügen einzuatmen und sich dabei bewußt vorzustellen, wie sich kosmische Energie aus dem Universum im ganzen Körper ausbreitet. Beim Ausatmen stellt man sich dann vor, daß alles, was der Körper nicht braucht, aus ihm hinausströmt. Dieser Vorgang sollte mehrmals hintereinander und auch mehrmals täglich wiederholt werden.

Buddha lehrte, die höchste Stufe der Meditation bestehe darin, sich ständig des eigenen ein- und ausfließenden Atems bewußt zu sein.

Beim Hatha-Yoga, einem Zweig des Yoga, bei dem die Betonung auf dem physischen Körper liegt, wird besonderer Wert darauf gelegt, daß man sich vorstellt, wie der Atem durch verschiedene Körperstellen ein- und ausströmt, um dort festsitzende Verspannungen, Schmerzen und Krankheiten zu beseitigen. Wer diese Anweisungen während und nach den entsprechenden Übungen befolgt, hat am nächsten Tag keine Schmerzen oder keinen Muskelkater mehr. Das Yoga-Atmen erfolgt über den Bauch und das Zwerchfell, was die natürliche Art zu atmen ist, obwohl die meisten von uns nicht so tief atmen, wie sie eigentlich könnten. Bei jedem Einatmen werden die Lungen ganz mit Luft angefüllt und beim Ausatmen dann wieder völlig entleert. Außerdem wird beim Yoga-Atmen nach dem Einatmen die Luft einige Sekunden lang angehalten, damit der eingeströmte Sauerstoff das Blut reinigen kann.

Einige vernünftige Vorbeugungsmaßnahmen

Weiterhin können Sie noch folgendes für Ihren Körper tun:

1. Ausreichende körperliche Bewegung: Dadurch werden viele Körpersysteme angeregt, deren einwandfreies Funktionieren eine wichtige Rolle für Ihre Gesundheit spielt, beispielsweise Blutkreislauf, Atmung und Verdauung. Außerdem wurde erst kürzlich festgestellt, daß körperliche Bewegung die Produktion der sogenannten Endorphine anregt, das sind chemische Stoffe im Gehirn, die gute Laune bewirken und Depressionen zum Verschwinden bringen.
2. Entspannung: Dabei können die lebenserhaltenden Systeme unbehindert und ohne Blockierungen arbeiten, die vielleicht durch Anspannung oder Erschöpfung entstanden sind.
3. Vermeidung erwiesenermaßen gesundheitsschädlicher Stoffe wie Nikotin, übermäßiger Genuß von Alkohol und Koffein, Einnahme von Tranquilizern oder bewußtseinsverändernden Drogen und großen Mengen an Salz oder Zukker. (Im Jahr 1976 nahm die Bevölkerung der USA insgesamt dreieinhalb Milliarden Pfund Zuckerwaren zu sich, das sind 16,7 Pfund pro Kopf –ob Mann, Frau oder Kind. In den letzten fünfzig Jahren hat sich außerdem die Häufigkeitsrate von Diabetes in den USA verdreifacht – besteht hier wohl ein Zusammenhang?) Wir können es uns aussuchen, ob wir unseren Körper diesen Gefahren aussetzen wollen oder nicht, aber wenn wir uns *dafür* entscheiden, müssen wir die Konsequenzen in Kauf nehmen. Bekommen wir dann eine Krankheit, so dürfen wir niemand anderen und schon gar nicht »das Schicksal« zum Sündenbock dafür machen.
4. Tragen geeigneter Kleidung: Aus einigen Untersuchungen und auch den Aussagen besonders empfindlicher Menschen geht hervor, daß Kleidung aus Polyester Krankheiten verursachen kann, insbesondere Asthma; es ist deshalb gesünder, Kleidung aus natürlichen Materialien wie Baumwolle, Wolle oder Seide zu tragen.

Solche und ähnliche Maßnahmen müssen wir ergreifen, wenn wir das Gleichgewicht unseres Körpers und seine Gesundheit erhalten wollen. Bedauerlicherweise kümmern sich manche Menschen mehr um ihr Auto als um ihren Körper. Beide reagieren auf Vernachlässigung mit Schäden, die Reparaturen erfordern, was ziemlich teuer oder gar fatal sein kann; der große Unterschied besteht jedoch darin, daß Sie sich im Falle des Autos ein neues kaufen können, wenn das alte nichts mehr taugt.

Unterlassen wir es absichtlich, uns in vernünftiger Weise um unseren Körper zu kümmern, dann dürfen wir uns nicht wundern, wenn weder orthodoxe Mediziner noch Geistheiler oder andere Menschen uns helfen können. Vielleicht können sie eine zeitweilige Besserung der Symptome erreichen, aber solange die Ursachen nicht aufgelöst werden, treten die Probleme immer wieder auf. Wenn wir das wunderbare körperliche »Vehikel«, das jedem von uns gegeben wurde, nicht gebührend schätzen, respektieren und Dankbarkeit dafür empfinden und es entsprechend pflegen, werden wir ständig daran erinnert, daß wir unsere Lektion noch nicht gelernt haben.

Hierzu gibt es eine interessante Bibelstelle: Als Jesus in der Wüste vom Teufel auf die Probe gestellt wurde, nahm dieser ihn mit in den Tempel hoch über Jerusalem und sagte, wenn er, wie es in den heiligen Schriften stehe, wirklich Gottes Sohn sei, solle er doch hinunterspringen, denn dann werde er ja sicherlich nicht zu Schaden kommen. Jesus antwortete: »Aber in den heiligen Schriften heißt es auch: Du sollst den Herrn, deinen Gott, nicht herausfordern.« (Matthäus 4, 7)

Der Verstand

Es ist der Verstand, der den Körper kontrolliert, auch wenn uns das nicht immer bewußt ist.

Das Bewußtsein

»Du bist, was du denkst«, »Was du glaubst, wird Wirklichkeit«, »Gedanken sind real« – so oder ähnlich haben moderne

Autoren den obigen Satz umschrieben. Auch Edgar Cayce sagte: »Der Verstand ist der Urheber, der Körper das Resultat«. Viele Menschen sind also überzeugt davon, daß Verstand und Körper eine untrennbare Einheit bilden. Daraus folgt, daß wir zur Gesunderhaltung des Körpers und zur Beseitigung von Krankheiten und Beschwerden unsere Gedanken beobachten und sicherstellen müssen, daß sie positiv, aufbauend und harmonisch sind.

Negatives Denken kann außerordentlich destruktiv wirken. Nehmen Sie Ihre Gedanken einmal unter die Lupe: Überwiegen die negativen oder die positiven? Wenn Sie wollen, können Sie sich dazu einfach eine Liste mit zwei Spalten anfertigen, die mit NEGATIV und POSITIV überschrieben sind; dadurch bekommen Sie erst einmal einen Eindruck von Ihrer wirklichen Lebenseinstellung. Ersetzen Sie jeden einzelnen negativen Gedanken durch eine positive Affirmation zu der jeweiligen Person, Gegebenheit oder dem jeweiligen Ereignis und bringen Sie sich dadurch selbst bei, das Gute in allen Erscheinungsformen des Lebens zu sehen.

Sollten Sie beispielsweise glauben, daß Sie an Krebs sterben werden, weil das bei Ihrer Mutter oder Ihrem Vater so war, besteht eine hohe Wahrscheinlichkeit, daß dies wirklich eintritt – man nennt das »eine sich selbst erfüllende Prophezeiung«. Sie könnten aber auch ständig die Vorstellung affirmieren, daß Ihr Körper einzigartig ist, nur Ihnen alleine gehört und daß sein Zustand hauptsächlich damit zu tun hat, wie Sie ihn physisch und psychisch behandeln, und nicht damit, wie Ihre Eltern mit ihrem Körper umgegangen sind. Wenn Sie eine solche innere Einstellung beibehalten können, ist es sehr wahrscheinlich, daß Sie Ihr Leben lang bei guter Gesundheit und frei von Krebs bleiben.

Weitere Beispiele für negative und positive Einstellungen:

»Peter Müllers Verhalten ärgert mich« (negativ), »Peter Müller ist sein eigener Herr und kann tun und lassen, was er will« (positiv), »Ich habe kein Geld, um teures Benzin zu tanken« (negativ), »Alles kommt von Gott – für meine Bedürfnisse wird immer gesorgt sein« (positiv), »Die Grippe geht um, ich werde sie sicher auch bald bekommen« (negativ), »Ich bin gesund und habe keine Krankheiten, und so wird es auch bleiben« (positiv).

Entspannung ist für den Verstand ebenso wichtig wie für den Körper. Streß muß abgebaut werden, bevor er den Fluß der Lebenskraft im Körper blockiert. Eine der besten Methoden, die Gedanken von Streß zu befreien, ist Meditation. Es gibt viele Arten zu meditieren und viele ausgezeichnete Bücher zu diesem Thema (siehe Literaturhinweise). Am besten probieren Sie verschiedene Meditationsformen aus, bis Sie herausfinden, welche Ihnen am meisten zusagt.

Merkwürdigerweise haben viele gläubige Christen, die oft beten, eine große Abneigung gegen das Wort »Meditation«. Scheinbar meinen Christen, da Meditation hauptsächlich in den östlichen Religionen eine zentrale Rolle spielt, sie würden ihrer Religion abtrünnig, wenn sie meditierten. Diese Auffassung zeigt, daß sie Bedeutung und Zweck der Meditation nicht richtig verstehen. Meditieren bedeutet einfach, Gott oder der Weisheit des Universums zuzuhören, so wie Beten bedeutet, mit Gott zu sprechen.

Wenn wir immer nur zu Gott sprechen und Ihm nie zuhören, wie können wir dann je vernehmen, was Gott auf unsere Gebete antwortet und was Er uns sonst noch alles sagen möchte? Es gibt den Spruch, daß Gott uns zwei Ohren, aber nur einen Mund gab und damit sagen will, daß wir doppelt so viel zuhören wie sprechen sollen. Aus der Bibel wissen wir, daß Jesus viele Stunden, manchmal sogar die ganze Nacht im Gebet verbrachte. Sicherlich hat er während dieser ganzen Zeit nicht dauernd selbst gesprochen und Gott seine sämtlichen Probleme dargelegt, Ihm für Seine Segnungen gedankt und Ihn um Führung gebeten. Er hat sicherlich mindestens die Hälfte der Zeit auf Gottes Antworten auf seine Fragen gehört – also meditiert.

Ein Gefühl der Dankbarkeit sollte ebenfalls zu Ihrem geistigen Rüstzeug gehören. Wenn wir darüber nachdenken, können wir in jeder Lebenssituation viele Segnungen entdecken, für die wir dankbar sein können. Vielleicht kann jemand zwar nicht laufen, aber immer noch sehen und hören; vielleicht ist ein

Mensch zwar arm, wird dafür aber von seinen Kindern sehr geliebt und liebt sie ebenfalls. Seien Sie dankbar für Ihren Körper, auch wenn er sich gegenwärtig nicht in allerbester Verfassung befindet. Bedanken Sie sich bei Ihrem Herzen dafür, daß es ständig, Tag und Nacht, Ihr Blut durch Ihre Gefäße pumpt, und das ein Leben lang. Danken Sie Ihren Lungen und Ihrem Brustkorb dafür, daß sie Sie unablässig mit dem Atem des Lebens versehen, und Ihren Nieren und Ihrer Leber, weil sie alle schädlichen Stoffe aus Ihrem Körper ausscheiden. Bedanken Sie sich bei Ihren Knochen, Muskeln und Nerven dafür, daß Sie mit ihrer Hilfe gehen, Ihre Gliedmaßen bewegen und Ihre Hände gebrauchen können. Danken Sie Ihren fünf Sinnen dafür, daß sie Sie erfreuen und beschützen, und Ihrem Gehirn, daß Sie denken, argumentieren und rechnen können. Diese Aufzählung könnte fast endlos fortgesetzt werden.

Halten wir die Segnungen unseres Lebens für selbstverständlich und beklagen uns über jedes auftretende Problem, dann tragen wir auf diese Weise selbst zu Krankheiten des Körpers, des Verstandes, der Gefühle und des Geistes bei. Erfüllen wir jedoch unser Herz mit Dankbarkeit, daß Gott uns das Leben geschenkt hat und uns von ganzem Herzen liebt und verzeiht, und sind wir ebenfalls dankbar für alles andere, was uns das Leben beschert, dann tragen wir damit sowohl etwas zu unserer eigenen Gesundheit und unserem Lebensglück als auch zu dem der Menschen um uns herum bei. Die Dankbarkeit gegenüber dem Universum und seinem Schöpfer sollte sich jedoch auch in Taten äußern: Wir können beispielsweise unsere Segnungen mit anderen teilen, Hilfesuchenden eine helfende Hand reichen und allen, mit denen wir täglich zu tun haben, liebevoll begegnen.

Mit Hilfe des Bewußtseins können wir auch in positiver Weise auf Heilungen einwirken, wovon später unter dem Untertitel »Selbstheilung« noch die Rede sein wird. Warten Sie jedoch nicht erst, bis Sie krank sind, um die hilfreiche Kraft von Visualisierungen zu nutzen. In Ihrer Vorstellung sollten Sie Ihren Körper immer als vollkommen sehen: Alle Blutgefäße, Nerven, Muskeln und Knochen funktionieren genau so, wie sie es sollten, und befinden sich in perfekter Harmonie mit dem

Rest Ihres Körpers. Sehen Sie zufällig das Bild eines kranken Körpers oder hören jemand von Krankheit sprechen, so löschen Sie alle Gedanken daran sofort aus Ihrem Verstand und ersetzen Sie sie durch das Bild Ihres eigenen, völlig gesunden Körpers.

Das Unterbewußtsein

Das Bewußtsein, von dem im vorigen Abschnitt die Rede war, ist jedoch nur die Spitze des Eisbergs. Unser Unterbewußtsein enthält weit mehr Informationen und Erfahrungen als unser Bewußtsein und kann daher einen noch viel größeren Einfluß auf die Erhaltung unserer Gesundheit ausüben. Alles, was wir erleben, sagen oder denken, bleibt im Unterbewußtsein immer noch gespeichert, wenn unser Bewußtsein es schon längst vergessen hat; es bleibt sogar unser ganzes Leben lang erhalten. Diese Tatsache wurde wissenschaftlich nachgewiesen, indem Elektroden mit bestimmten Punkten des Gehirns verbunden wurden und die Versuchsperson sich dann sofort an Ereignisse erinnern konnte, die schon viele Jahre zurücklagen. Auch mit Hilfe von Hypnose kann der Verstand dazu gebracht werden, sich an Informationen oder Ereignisse zu erinnern, die schon längst »vergessen« waren.

Wenn Sie sich selbst von der Wahrheit dieser Behauptungen überzeugen wollen, können Sie das folgende kleine Experiment machen:

> Denken Sie an jemanden, den Sie vor vielen Jahren einmal gekannt haben – je länger das zurückliegt, desto mehr wird das Experiment Sie beeindrucken. Sie können sich zwar daran erinnern, wie der Betreffende aussah, wo Sie ihn kennengelernt haben und in welcher Beziehung Sie zu ihm standen, nur an den Namen der Person können Sie sich nicht mehr erinnern, weil es seit Jahren keinen Grund dafür gab, und auch wenn Sie angestrengt nachdenken, will er Ihnen einfach nicht mehr einfallen. Teilen Sie nun Ihrem Unterbewußtsein mit, daß Sie sich diesen Namen wieder ins Gedächtnis rufen wollen. Wiederholen Sie diesen Befehl mehr-

mals *und vergessen Sie das Ganze dann.* Nehmen Sie nun Ihre vorherige Tätigkeit wieder auf und gehen Sie Ihren täglichen Beschäftigungen nach. Einige Stunden später wird Ihnen der Name sehr wahrscheinlich dann ganz plötzlich wieder einfallen.

Diese Fähigkeit des Unterbewußtseins, bestimmte Namen, Fakten und Zahlen jederzeit wieder abrufen zu können, ist sehr nützlich. Was uns jedoch hier vom Standpunkt körperlicher, emotionaler und geistiger Gesundheit aus hauptsächlich interessiert, ist die Tatsache, daß unser Unterbewußtsein auch Gefühle und Überzeugungen speichert, die wir inzwischen vergessen haben. Das kann einen starken Einfluß auf unser Leben haben und es sogar in gewissem Umfang bestimmen, ohne daß wir uns dessen bewußt sind. Sogar die Funktionstüchtigkeit unseres Immunsystems kann dadurch beeinflußt werden.

Es gibt verschiedene Methoden, um an Informationen aus dem Unterbewußtsein heranzukommen, die vielleicht die Ursache einer Krankheit oder aber geeignete Maßnahmen zu ihrer Heilung sowie zur Erhaltung der Gesundheit enthüllen. Dies sind zum einen Träume, zum anderen der Dialog mit dem Unterbewußtsein (den wir auf verschiedene Arten führen können) oder aber Hypnose.

Träume

Am leichtesten können wir uns ohne professionelle Hilfe Zugang zu unserem eigenen Unterbewußtsein verschaffen, indem wir uns an unsere Träume erinnern, sie aufschreiben und deuten. Dadurch können wir auf einzigartige Weise etwas über uns selbst erfahren und dazulernen. Es gibt viele gute Bücher zu diesem Thema, mit deren Hilfe Sie Ihre Träume leichter deuten können (siehe Literaturhinweise).

Viele werden jedoch auf den Vorschlag, sich intensiv mit ihren Träumen zu beschäftigen, entgegnen: »Aber ich träume nie«, oder: »Ich weiß zwar, daß ich manchmal träume, aber ich kann mich beim Aufwachen nie an den Inhalt des Traumes erinnern.« Es ist inzwischen eine wissenschaftlich erwiesene

Tatsache, daß jeder Mensch mehrmals pro Nacht verschiedene Traumphasen hat. Träume sind anscheinend zur Entspannung notwendig, während das Bewußtsein die Ereignisse, Gedanken und Gefühle des letzten Tages und auch die bereits ins Unterbewußtsein abgesunkenen Konflikte verarbeitet. Außerdem haben Träume auch den Zweck, dem Träumenden wichtige Informationen zu vermitteln, die für seine Gesundheit, sein Wohlbefinden und sein Seelenwachstum bedeutend sind, falls er dafür empfänglich ist.

Haben Sie die Absicht, sich bewußt an Ihre Träume zu erinnern, dann gibt es zwei Grundregeln, die bei konsequenter Anwendung fast immer zum Erfolg führen:

1. Legen Sie vor dem Schlafengehen Papier und Bleistift oder einen Kassettenrekorder neben Ihr Bett. Das ist zum einen praktisch, weil Sie dann nicht mitten in der Nacht nach etwas zum Schreiben suchen müssen, und zum anderen übermitteln Sie damit Ihrem Unterbewußtsein die deutliche Botschaft, sich an Ihre Träume erinnern zu wollen.
2. Sagen Sie zu sich selbst kurz vor dem Einschlafen: »Ich will mich heute bewußt an meine Träume erinnern und sie gleich aufschreiben, wenn ich aufwache.« Wiederholen Sie das mehrmals laut oder im stillen, und zwar mit Nachdruck. Klappt es nicht gleich beim ersten Mal, dann wiederholen Sie diesen Vorgang an mehreren aufeinanderfolgenden Abenden.

In ihren interessanten Büchern *Die positive Kraft des Träumens* und *Deine Träume – Schlüssel zur Selbsterkenntnis*[1] weist Ann Faraday darauf hin, daß Träume auf drei unterschiedlichen Ebenen interpretiert werden können, die nicht in allen Träumen gleichzeitig auftreten.

Träume der ersten Ebene beleuchten häufig bestimmte Tagesereignisse und weisen auf Einzelheiten hin, die das Bewußtsein des Träumers übersehen oder als weniger wichtig als andere gleichzeitige Erlebnisse betrachtet und deswegen nicht gespeichert hat. Der erste Schritt der Traumdeutung besteht also darin, den Traum daraufhin zu überprüfen, ob er hilfreiche Informationen über ein tatsächlich stattgefundenes äußeres Ereignis im Leben des Träumenden enthält. Ann Faraday ordnet auch vorausschauende oder prophetische Träume in diese Kategorie ein. Daher sollte der Betreffende alle Träume der ersten Ebene auf praktische Hinweise untersuchen und sich überlegen, ob und wie er im Hinblick auf die Traumbotschaften in seinem täglichen Leben handeln soll.

Scheint es sich nicht um einen solchen Traum zu handeln, schlägt Ann Faraday vor, ihn als Traum der zweiten Ebene einzustufen. Solche Träume spiegeln eher die *subjektiven Gefühle* gegenüber Menschen und Situationen in der äußeren Welt wider als die objektive Wahrheit. Bei solchen Träumen sollten wir uns zuerst fragen: Stellen die im Traum auftretenden Personen sich selbst dar (was ziemlich wahrscheinlich ist, wenn wir gerade erst mit ihnen zu tun hatten), oder sind sie ein Symbol für jemanden oder etwas mit ähnlichen Eigenschaften (was eher dann zutrifft, wenn sie in unserem Leben gerade keine besondere Rolle spielen)? Träume der zweiten Ebene unterstützen uns dabei, innere Einstellungen und Vorurteile zu überprüfen, die unsere Handlungen und Erfahrungen im Leben beeinflussen, und sie gegebenenfalls zu verändern.

Läßt sich ein Traum mit Hilfe einer oder beider dieser Zuordnungen zufriedenstellend interpretieren, braucht man ihn vielleicht nicht weiter zu untersuchen. Kann die Botschaft des Traums jedoch auf keine dieser beiden Arten entschlüsselt werden, oder hat man das Gefühl, daß noch mehr dahintersteckt, sollte er der dritten Ebene zugeordnet werden. C.G. Jung schrieb ausführlich und eindrücklich darüber und forderte uns auf, in solchen Träumen nach Informationen über unser Unterbewußtsein, unsere inneren Probleme und verborgenen sensitiven Fähigkeiten zu suchen.

Auf dieser Ebene der Traumdeutung gehen wir von der Annahme aus, daß alle im Traum vorkommenden Personen, Dinge und Symbole bestimmte Anteile unserer Psyche oder unserer Gesamtpersönlichkeit darstellen, derer wir uns derzeit nicht bewußt sind. Vielleicht haben wir sie unterdrückt, vergessen oder niemals bemerkt. Beispielsweise könnte es einem Mann, der mit einer sehr maskulinen Weltanschauung und

Sprüchen wie »Große Jungs weinen nicht« aufgewachsen ist, absolut nicht bewußt sein, daß alle Männer auch eine weibliche Seite in sich tragen, ohne die sie kein ganzer Mensch wären. Ein Traum macht ihm das vielleicht klar, indem eine oder mehrere Frauen darin auftreten (C.G. Jung nennt solche weiblichen Figuren »Anima«). Andererseits können uns Träume von Vulkanausbrüchen oder Erdbeben davor warnen, daß unterdrückte Wut oder andere Gefühle, wenn wir sie nicht an die Oberfläche kommen lassen, sich als »Explosion« oder Erschütterung unseres angeblich ruhigen Lebens Bahn brechen können.

Träume der dritten Ebene reichen sogar noch tiefer als bis ins bereits beschriebene Unterbewußtsein und bedienen sich Bilder und Archetypen des von Jung so genannten »kollektiven Unbewußten«. Dieses umfaßt bekannte oder unbekannte Instinkte, Triebe, Einflüsse und Wissen der ganzen Menschheit und des Universums aus gegenwärtiger oder früherer Zeit. Ann Faraday weist allerdings darauf hin, daß auch solche universellen Traumbilder für den Träumenden immer auch eine *persönliche* Bedeutung haben, die von jedem Menschen wieder unterschiedlich gedeutet werden kann. Wenn ich von jetzt an von »Unterbewußtsein« spreche, meine ich damit sowohl das Unterbewußtsein des einzelnen wie auch sein »kollektives Unbewußtes«.

Meiner Meinung nach gibt es auch noch eine vierte Traumebene, deren Inhalt (häufig zukünftige Ereignisse) dem Träumenden von einem geistigen Führer oder Lehrer oder gar von Gott selbst übermittelt wird.

Unsere Träume haben Symbolcharakter, ihre Botschaft ist nur selten wörtlich zu nehmen. Vielleicht liegt das daran, daß sie uns meist in Form von Bildern erscheinen, obwohl auch Worte manchmal sehr wichtig sein können. Es ist wichtig, daß wir die Bedeutung herausfinden, die ein Symbol für uns persönlich hat, und uns nicht auf sogenannte »Traumdeutungsbücher« verlassen. Es ist *unser* Traum, und *unser* Unterbewußtsein hat die Symbole ausgewählt. Daher ist es sehr viel wahrscheinlicher, daß eher unsere Interpretation richtig ist als die anderer Menschen. Beispielsweise träumte eine Frau, daß sie einen Ochsen melken wollte, was natürlich nicht möglich war. Sie deutete den Traum dahingehend, daß sie wohl versuchte, dringend benötigte »Nahrung« von ihrem Ehemann zu erhalten und darüber frustriert war, daß das einfach nicht in seiner Natur lag. Dadurch gewann sie eine neue und hilfreiche Einsicht über ihre Beziehung. In Traumdeutungsbüchern steht dazu gewöhnlich, ein Ochse oder Stier sei ein sexuelles Symbol. Diese Deutung war jedoch ihrer Meinung nach nicht zutreffend, während ihre eigene Erklärung zu den Tatsachen paßte und ihr weiterhalf.

Meiner Erfahrung nach sind die Träume sehr kranker Menschen ein unschätzbares Schlüsselinstrument bei der Suche nach den Krankheitsursachen, deren Entdeckung für eine dauerhafte Heilung so wichtig ist. Das trifft besonders bei Menschen mit chronischen oder sogenannten »unheilbaren« Krankheiten zu. Oft kommen in ihren Träumen unterdrückte Gefühle wie versteckte Feindseligkeit, Wut oder Groll zum Vorschein, die auf bestimmte Menschen oder die Welt im allgemeinen gerichtet sind. Träume können auch verdeutlichen, daß wir unsere Ernährung umstellen oder vielleicht weniger essen oder trinken sollten, und uns auch andere Hinweise für unsere Lebensführung geben. Möglicherweise liegt ihre Aufgabe auch darin, uns klarzumachen, welche Auswirkungen einige unserer Gedankenmuster früher oder später auf unseren Körper haben werden.

Dialog mit dem Unterbewußtsein

Sie können auch mit Ihrem Unterbewußtsein und Ihrem Höheren Selbst Kontakt aufnehmen, indem Sie eine Art Dialog mit ihnen führen. Hierfür gibt es verschiedene Methoden, die Sie vielleicht unterschiedlich ansprechend finden. Scheint Ihnen eine nicht geeignet, probieren Sie einfach eine andere aus:

1. Zeichnen oder malen Sie ein Bild so, wie es aus Ihnen herausfließen will. Versuchen Sie nicht, etwas Bestimmtes darzustellen, sondern lassen Sie den Pinsel oder Stift einfach wie von selbst arbeiten und drücken Sie Ihre Gefühle auf

eine Ihnen angenehme Weise aus. Sie müssen Ihr Werk niemand anderem zeigen, deshalb muß es nicht besonders schön oder künstlerisch aussehen. Das Zeichnen oder Malen als Fluß dessen, was sich ohne Ihr bewußtes Zutun ausdrücken will, wirkt an sich schon therapeutisch, und zwar, weil dabei Energie transformiert wird. Die Energie, die vorher dazu benötigt wurde, um die Inhalte des Unterbewußtseins zu unterdrücken oder einen unbewußten Konflikt zwischen sich widersprechenden Wünschen oder Kräften zu nähren, kann nun durch das Zeichnen oder Malen umgewandelt und symbolisch ausgedrückt werden. Indem Sie diesen tiefsitzenden Gefühlen oder verinnerlichten Gedanken eine äußere Form geben, können sie nicht länger verheimlicht und ignoriert werden. Sie haben sich nun auf deutliche Weise manifestiert, damit Sie sie beobachten und näher untersuchen können.

Sobald Sie das Gefühl haben, alles auf diese Weise ausgedrückt zu haben, was im Moment wichtig ist, wählen Sie einen Teil des Bildes aus – eine Figur, ein Symbol, eine Farbe, oder was Sie sonst besonders anzieht, und beginnen mit diesem Gegenstand einen Dialog. Lassen Sie ihn zuerst zu Ihnen sprechen und sich selbst beschreiben. Dies könnte zum Beispiel folgendermaßen aussehen: »Ich bin ein großer und kräftiger Baum; müde Menschen können unter meinen Ästen ausruhen; ich trage meinen Teil zur Schönheit der Welt bei ...«, oder auch: »Ich bin ein sturmgepeitschter Baum, der seine Zweige der Sonne entgegenstreckt; meine Wurzeln reichen tief in die Erde hinab ...« (Durch das »Sprechen« des Baumes projizieren Sie Ihre eigenen verborgenen Gefühle und Gedanken auf das Bild). Sie antworten dann mit den Worten, die Ihnen gerade einfallen, und führen den Dialog in dieser Weise fort. Vielleicht sind Sie sehr überrascht darüber, daß das Gespräch so verläuft, als könnte der Baum wirklich zu Ihnen sprechen. Sie können den Dialog auch mitschreiben oder auf Kassette aufnehmen.

2. Haben Sie sich an einen Traum erinnert und ihn aufgeschrieben, suchen Sie sich daraus eine Person oder einen

Gegenstand aus und führen auf dieselbe Art und Weise einen Dialog. Wenn Sie das schwierig finden, ist vielleicht die Methode Fritz Perls einfacher für Sie: Dazu stellen Sie zwei Stühle einander gegenüber, setzen sich dann auf den einen und stellen sich vor, auf dem anderen Stuhl befinde sich die Person oder der Gegenstand aus Ihrem Traum. Stellen Sie nun eine erste Frage. Dann wechseln Sie den Stuhl und beantworten diese aus der Sicht der Traumperson, wobei Sie sich vorstellen, daß Sie selbst noch auf dem ersten Stuhl sitzen. Danach wechseln Sie dann jedesmal die Rolle, wenn Sie den Stuhl wechseln. Diese Methode macht den Dialog etwas wirklichkeitsnäher und hält ihn in Gang, während Sie sich in die Gefühle der Traumperson hineinversetzen, die einen Teil von Ihnen selbst verkörpert.

3. Sowohl das Bild als auch der Traum sind Botschaften Ihres Unterbewußtseins. Daher beginnt der Dialog in beiden Fällen bei den unbewußten Inhalten, die Ihnen bereits teilweise bewußt geworden sind. Diese Methode, ein Bild oder einen Traum »sprechen« zu lassen, kann daher sehr aufschlußreich und bedeutungsvoll sein. Sie können in diesem Prozeß auch noch einen Schritt weitergehen und als Kombination beider Methoden eine Szene oder ein Symbol aus einem Traum malen oder zeichnen und dann damit einen Dialog führen. Dadurch nimmt die Traumbotschaft Ihres Unterbewußtseins eine äußere Form an und wird zur Realität, und Sie bekommen auf diese Art vielleicht wertvolle Hinweise.
4. Ein weiterer Ansatz besteht in der von Jung so genannten »aktiven Imagination«. Entspannen Sie Ihren Körper zuerst ganz langsam, so gut Sie können, einen Körperteil nach dem andern. Dann stellen Sie sich vor, Sie befänden sich an einem wunderschönen, ruhigen Ort, beispielsweise am Meeresstrand, auf einer grünen Wiese, in einem stillen Wald oder auf einem Berg mit schöner Aussicht. Das kann ein Ort sein, den Sie schon kennen, oder der nur in Ihrer Phantasie existiert. Setzen Sie sich dann in Gedanken an einem bequemen Platz nieder und warten Sie, bis eine Person auftaucht, was im allgemeinen erstaunlich schnell geschehen wird. Beginnen Sie dann, mit dieser Person zu sprechen, und

fragen Sie sie: »Warum bist du gekommen?« oder »Was möchtest du mir jetzt gerne sagen?« Vielleicht haben Sie auch eine bestimmte Frage bezüglich einer Situation, die Sie gerade beschäftigt, oder Sie möchten dieser Person ihre größten Wünsche anvertrauen. Führen Sie das Gespräch so lange fort, wie Sie es für richtig halten.

5. Eine etwas schwierigere und esoterischere Methode besteht darin, direkt mit einer höheren Ebene ins Gespräch zu kommen. Da Sie sich hierbei für die geistige Welt öffnen, müssen Sie sich zuerst gegen etwaige negative Einflüsse schützen. Entspannen Sie Ihren Körper ganz und umgeben Sie sich dann in Ihrer Vorstellung völlig mit weißem Licht. Außerdem ist es wichtig, daß Ihre Motive rein sind, daß Sie für sich und andere nur das Beste wollen und versichern, daß die von Ihnen gewünschten Informationen nur für Ihr eigenes persönliches Wachstum oder für den Dienst an anderen Menschen verwendet werden und niemals zur Stärkung Ihres Egos oder Machtausübung. Unterlassen Sie diese Vorsichtsmaßnahmen, können Depressionen oder ernsthafte Schwierigkeiten auftreten, falls negative Wesenheiten oder Gedankenformen es ausnutzen, daß Sie sich innerlich geöffnet haben.
   Beginnen Sie nun zu meditieren, wie Sie es gewohnt sind. Lassen Sie alle Gedanken gehen, so gut Sie können, aber vermeiden Sie dabei Anspannung oder Druck. Nach zehn oder fünfzehn Minuten nehmen Sie dann einen Stift und schreiben eine kurze Nachricht an Ihr Unterbewußtsein, Ihre Geistführer, Ihr Höheres Selbst oder Ihren Schutzengel (je nachdem, was Ihnen am leichtesten fällt), etwa: »Willst du mir heute irgend etwas mitteilen?« Warten Sie geduldig, ohne Streß, bis ein Wort oder Worte in Ihrem Geist auftauchen. Schreiben Sie dann alles einfach auf, auch wenn die Worte anscheinend keinen Sinn ergeben. Vielleicht sind Sie überrascht, wie leicht und schnell die Worte aufs Papier fließen. Schreiben Sie so lange, bis Sie das Gefühl haben, daß die Durchsagen jetzt beendet sind und Sie für heute ausreichende innere Führung erfahren haben.
   Versuchen Sie nicht, die Worte zu verstehen oder zu beurtei-

len, solange die Durchsage andauert. Ihr rationaler Verstand (der von der linken Gehirnhälfte gesteuert wird) könnte sonst der irrationalen, intuitiven rechten Gehirnhälfte in die Quere kommen, die bei diesem Vorgang im Vordergrund steht. Lesen Sie die Worte erst durch, wenn die Durchsagen zu Ende sind, und überlegen Sie dann, welche Botschaft für Sie darin enthalten ist. Man nennt das »geführtes Schreiben«. Es kann sich für Sie als sehr wertvoll erweisen. Ich selbst habe auf diese Weise bereits viele Botschaften empfangen. Einige davon, die mit Heilung zu tun haben, sind in Kapitel 11 aufgeführt.

Den Inhalt des Unterbewußtseins verändern

Durch die Erforschung Ihres Unterbewußtseins mit einer der beschriebenen Methoden entdecken Sie vielleicht die Ursache Ihrer Krankheit oder eines anderen Problems, das Sie beschäftigt, und wollen nun wissen, wie Sie sie auflösen können. Sie wissen, daß das Unterbewußtsein nicht über eigene Verstandeskräfte verfügt; dafür ist das Bewußtsein zuständig, das Ihrem Unterbewußtsein dann seine Absichten mitteilt.

In manchen Fällen ist es ausreichend, sich der betreffenden Ursache bewußt zu werden, sie genau zu untersuchen und gedanklich einige Male durchzuspielen, damit sie sich auflöst und ihr unbewußter Einfluß auf Ihr Leben endet. Manchmal sind jedoch positive Affirmationen nötig, um Ihr Unterbewußtsein neu zu programmieren, das heißt einen neuen Erinnerungsspeicher zu schaffen. Es ist jedoch nicht nötig, aus Ihrem Unterbewußtsein etwas zu tilgen. Die neuen positiven Affirmationen überlagern mit der Zeit die alten Einstellungen, in ähnlicher Weise, wie Sie ein bereits bespieltes Band durch eine Neuaufnahme löschen können. Affirmationen, die eine Negation enthalten, wie »Ich werde keinen Krebs bekommen« oder »Ich werde nicht zunehmen« haben die Tendenz, das zu verstärken, was Sie *nicht* möchten.

Nehmen wir an, Ihr Magengeschwür oder Ihre Magenkrämpfe sind entstanden, weil Sie sich Sorgen darüber machen, unter Umständen Ihre Arbeit oder eine andere finanzielle Sicherheit zu verlieren. Hier können Sie eine Veränderung herbeiführen, indem Sie sich selbst mehrmals am Tag sagen (besonders vor dem Schlafengehen), wenn möglich mit lauter Stimme: »Ich diene meinem Arbeitgeber, so gut ich kann, und er braucht mich« , »Für meine Bedürfnisse war bis jetzt immer gut gesorgt, und das bleibt auch so«, »Gott ist die Quelle für alles; ich bin Sein Kind, und Er sorgt immer für mich«, oder eine andere positive Aussage, die Ihrer Situation und Ihren Wünschen entspricht. Nach und nach wird Ihr Unterbewußtsein die Botschaft aufnehmen und die alten Sorgen ausräumen, so daß *tatsächlich* für Ihre Bedürfnisse gesorgt sein wird und Ihre Magenbeschwerden verschwinden.

Affirmationen wirken noch stärker, wenn man Sie mehrmals am Tag aufschreibt. Sprechen Sie sie beim Aufschreiben laut vor sich hin, dann sind viele verschiedene Teile Ihres Wesens daran beteiligt: Gehirn, Gedächtnis, Stimme, Kehlkopf, Mund, Ohren, Hand und Augen. Derart angesprochen, wird es dem Unterbewußtsein schwerfallen, sich der Botschaft zu verschließen, die Sie ihm mitteilen wollen, damit es sie speichert und Sie in der Folge dazu veranlaßt, danach zu handeln.

Affirmationen können für alles angewandt werden, was Sie erreichen wollen und was für Sie richtig ist, wie etwa Gesundheit, Stärke, Seelenfrieden, Freude, Liebe, Freundschaften oder materiellen Wohlstand. Ihre Wirksamkeit verstärkt sich noch, wenn Sie sich gleichzeitig innerlich ausmalen, das gewünschte Ereignis sei bereits eingetreten.

Die Worte ICH HABE IMMER EINE WAHL scheinen eine besonders wirkungsvolle Affirmation darzustellen. Sie sollten sie sich aufschreiben und sie an einer besonderen Stelle zuhause anbringen, wo Sie sie täglich mehrmals sehen können. Das hilft dabei, der so weitverbreiteten Auffassung entgegenzuwirken, die Welt, das Schicksal oder andere Menschen seien für alles verantwortlich, was in unserem Leben danebengeht. Durch die ständige Erinnerung daran, in jeder Situation eine Wahl zu haben, können wir lernen, selbst die Verantwortung für unser Leben zu übernehmen.

Ist Ihnen *bereits* klar, oder *wird* Ihnen gerade durch die

Anwendung einer der genannten Methoden bewußt, daß Ihr Lebensstil – besonders die Art, wie Sie Ihren Unterhalt verdienen – für Sie mit viel Streß und Unzufriedenheit verbunden ist, dann erinnern Sie sich daran, daß es wirklich Alternativen *gibt* und Sie immer mehr als eine Möglichkeit zur Auswahl *haben*. Lassen Sie ihrer Phantasie einmal freien Lauf und überlegen Sie sich ganz genau, welche davon für Sie in Frage kämen, damit Sie gar nicht erst krank werden müssen. Warten Sie nicht darauf, daß eine Krankheit Sie zu einer Veränderung zwingt – bezahlen Sie Ihr Überleben nicht mit dem Leben! Nehmen Sie Ihr Leben selbst in die Hand, und übernehmen Sie die Verantwortung dafür.

Neue Inhalte für das Unterbewußtsein

Wir haben besprochen, wie Sie Ihr Unterbewußtsein erforschen und seine Inhalte verändern können, wenn Ihnen das wünschenswert erscheint. Gleichzeitig können Sie in diesen Speicher, der derartigen Einfluß auf Ihr Leben hat, auch neue Informationen eingeben. Füllen Sie ihn mit Ihren eigenen positiven Gedanken und denen weiser Männer und Frauen, die auf dem spirituellen Weg schon weiter fortgeschritten sind, und entnehmen Sie diese Informationen guten Büchern oder persönlichen Gesprächen mit anderen. Suchen Sie im Leben immer die positiven, aufbauenden und von Liebe erfüllten Erfahrungen und vermeiden Sie Negativität. Ist es Ihnen etwa wichtig, das ganze Unglück der Welt und alles Böse, über das in Zeitungen, im Rundfunk und im Fernsehen ständig ausführlich berichtet wird, weiterhin mit allen Sinnen aufzunehmen? Alle diese Informationen nimmt Ihr Unterbewußtsein auf, und daher werden Sie in Ihrem Leben möglicherweise ähnliche Erfahrungen anziehen und durchmachen.

Ihr Unterbewußtsein ist wie ein Kraftwerk, das Sie ständig erweitern, ob Sie wollen oder nicht. Stellen Sie also sicher, daß Sie gedanklich Ihr Leben so beeinflussen, wie Sie es wirklich möchten.

Die Gefühle

Das Äußern Ihrer Gefühle oder Emotionen – und nicht deren Unterdrückung – spielt bei der Erhaltung Ihrer Gesundheit auf allen Ebenen und bei der Selbstheilung eine große Rolle.

Es ist wohlbekannt, daß zwischen unterdrückter Wut, Angst oder Feindseligkeit und Geschwüren sowie Herzkrankheiten ein direkter Zusammenhang besteht. Weniger bekannt ist allerdings, daß durch neueste Untersuchungen eine verdächtig enge Beziehung zwischen unterdrückten, sehr intensiven Gefühlen (ob es sich nun um Wut, Sexualität oder Kreativität handelt) und Krebserkrankungen festgestellt wurde.

Lernen Sie also, Ihre Gefühle auszudrücken und entsprechend zu handeln. Sind sie mit Ihren Idealen oder Ihrer spirituellen Einstellung nicht vereinbar, können Sie versuchen, sie auf eine höhere Gefühlsebene zu heben und beispielsweise in Mitgefühl oder bedingungslose Liebe zu verwandeln. Dabei könnte die in Kapitel 5 beschriebene Methode der Visualisierung hilfreich sein.

Viele Menschen schaffen sich emotionalen Streß durch den Versuch, ihr tägliches Leben (und oft auch das anderer Menschen!) bis ins letzte Detail zu planen und unter Kontrolle zu haben. Verläuft ihr Leben dann nicht genau nach ihren Vorstellungen, regen sie sich darüber auf. Der Schlüssel zur Erlangung von Frieden und Gelassenheit – ein sehr häufig geäußerter Wunsch – liegt darin, dem Leben sein eigenes Tempo und seine eigenen Gesetzmäßigkeiten zu lassen.

Das heißt jedoch nicht, daß Sie apathisch oder lethargisch werden sollen, sondern eher, daß Sie dem Guten erlauben, sich zu manifestieren. Sie sollten die Einstellung haben, daß es im Leben keine Zufälle gibt und alle Ereignisse und Personen, die uns begegnen, einen bestimmten Zweck erfüllen. Dazu gehört die Absicht, verstehen zu wollen, welchen Lerneffekt jede Lebenssituation für uns enthält, weil wir wissen, daß Gottes Plan für unser Leben uns dadurch schrittweise enthüllt wird, und wir so nach Übereinstimmung damit streben und mit unseren Gefühlen in Einklang leben können.

Das bedeutet auch nicht, daß wir keine Pläne für ein geordnetes Leben machen sollen, wenn wir uns dazu berufen fühlen. Sie sollten jedoch flexibel genug sein, um Änderungen zuzulassen, sei es nun durch uns selbst oder manchmal auch durch andere, ohne daß wir uns deswegen ärgern oder Groll empfinden, denn vielleicht gehört das zu Gottes Plan dazu, und wir müssen es annehmen. Später verstehen wir unter Umständen besser, warum die Veränderung nötig war, und sind dann dankbar für die Hilfe nicht sichtbarer Wesen oder die gelernte Lektion.

Ungeduld kann ungeheure Spannungen im Körper hervorrufen, die eine Selbstheilung, das Immunsystem und die Funktion der in Kapitel 2 beschriebenen Lebenserhaltungssysteme behindern und zu Krankheiten führen können. »Geduld ist eine Tugend« ist ein sehr weiser alter Spruch.

Die Intensität negativer und zerstörerischer Gefühle kann durch richtiges Atmen unter Kontrolle gebracht werden. Wenn die Atmung bewußt verlangsamt wird, schlägt das Herz ebenfalls weniger schnell, und Unruhegefühle, Nervosität oder Anspannung lassen allmählich nach.

Der Geist

Während Ihres Verweilens auf der Erde sind Körper, Verstand, Emotionen und Geist untrennbar miteinander verbunden. Daher ist das Beachten spiritueller Bedürfnisse genauso wichtig wie die Pflege der drei anderen Bereiche, wenn Sie nicht krank werden wollen. Sind Sie ein Mensch, der nicht an Wesen oder Kräfte wie Gott, die göttliche Intelligenz oder die universelle Macht glaubt, macht diese Behauptung Sie vielleicht wütend. Ist das der Fall, dann sehen Sie sich Ihre Wut genau an und versuchen Sie, den wirklichen Grund dafür herauszufinden: Vielleicht steckt dahinter etwas ganz anderes als das, was Sie auf den ersten Blick annehmen.

Geistheilung ist ein bedeutungsloses Konzept, wenn wir nicht anerkennen, daß es eine Macht, Kraft oder Intelligenz gibt, die uns überlegen ist. Es zeugt zwar von Mut und Zähigkeit, wenn Sie sich ganz allein durchschlagen wollen, aber es führt auch unausweichlich zur Katastrophe. Wir haben alle die freie Wahl, diesen Weg einzuschlagen, wenn wir das möchten: Niemand hindert uns daran. Geben wir jedoch einmal vor uns selbst zu, daß es vielleicht ein »Etwas« gibt, das für unsere Erschaffung verantwortlich war und jetzt immer noch an unserem Leben interessiert ist, dann wird Geistheilung für uns möglich. Bitten wir dieses »Etwas« auch noch um Hilfe für die Erhaltung unserer Gesundheit, unsere Lebensführung und die Heilung unserer Krankheiten, haben wir bereits den ersten wichtigen Schritt auf die Erfahrung hin getan, was Spiritualität in unserem Leben bedeuten kann.

Im folgenden führe ich auf, was Sie für die Erhaltung Ihrer Gesundheit auf spiritueller Ebene alles tun können:

Gebet

Ob Sie nun an einen höchsten Gott oder an eine unpersönliche universelle Macht glauben: Es ist wichtig, daß Sie der Kraft, die Sie geschaffen hat und am Leben erhält, Ihre Gefühle und Wünsche mitteilen. Haben Sie sich jemals darüber gewundert, welche Macht wohl Ihr Herz achtzig Jahre oder noch länger ohne Unterbrechung schlagen läßt, oder wodurch Sie im Schlaf oder im Wachzustand unaufhörlich (bewußt oder unbewußt) ein- und ausatmen? Drücken Sie in Ihren Gebeten Ihre Dankbarkeit und Ehrfurcht aus, und achten Sie darauf, daß Ihre Bitten nicht nur Ihre eigenen Bedürfnisse, sondern auch die anderer Menschen miteinschließen.

Meditation

Meditation kann sowohl als spirituelle als auch als geistige Übung betrachtet werden, denn mit ihrer Hilfe vernehmen wir die Antworten auf unsere Gebete und werden von unserer inneren Stimme angeleitet, was für unser Wachstum und unsere Zufriedenheit nötig ist, auch wenn wir darum nicht speziell gebeten haben. Wir alle haben einen inneren Führer oder Lehrer, der uns unschätzbaren Rat gibt, wenn wir nur offen dafür sind.

Aussenden bedingungsloser Liebe

Entwickeln Sie Ihre Fähigkeit, bedingungslose Liebe an alle Lebewesen der göttlichen Schöpfung auszusenden: an Pflanzen, Blumen und Bäume, Tiere und Vögel sowie an alle menschlichen Wesen ungeachtet ihres Alters, Geschlechts oder äußeren Erscheinungsbildes. Reine Liebe ist heilsame, lebensspendende Energie, und sie auszusenden stärkt Ihre eigene Gesundheit und Widerstandsfähigkeit gegenüber Krankheiten und hat auch für andere eine heilsame Wirkung, ohne daß Sie sich dessen bewußt sind. Andere Menschen werden sich in Ihrer Gegenwart wohler fühlen, ohne den Grund dafür zu kennen.

Nicht verurteilen

Eines der wichtigsten Gebote der Bibel lautet: »Richtet niemand, dann wird Gott auch euch nicht richten. Verurteilt niemand, dann wird Gott euch auch nicht verurteilen.« (Lukas 6, 37). Die Beurteilung anderer stellt ein echtes Hindernis für spirituelles Wachstum dar. Wie weitreichend dieses Gebot ist, wurde mir in einer Sitzung mit einem Medium enthüllt, als ein höherer Meister mir folgendes erklärte:

> Das Karma der Welt kann einen negativen Einfluß auf deine Aura haben, wenn du es zuläßt. Geschieht dort draußen etwas, und du denkst: »Das ist ja schrecklich«, dann ist das nicht wirklich so. Es ist Karma, und es ist das Karma der anderen, mache es also nicht zu deinem. Es ist nicht gut oder schlecht, es ist einfach so. Laß es seinen Lauf nehmen und halte es nicht durch deine Gefühle auf. Es stellt genauso ein Urteil dar, wenn du siehst, wie jemand auf der Straße erschossen wird und sagst: »Das ist ja furchtbar« oder »Was für eine schlimme Tat«, wie wenn du sagst: »Dieser Mensch ist ein Narr«. Das Gebot »Du sollst nicht verurteilen« bezieht sich auf jede Art von Urteil, die es gibt. Angst ist nicht die Ursache der Schwierigkeiten auf der Erde, sondern Verurteilung. Ohne sie gäbe es keine Angst.

Das heißt natürlich nicht, daß wir, wenn jemand gerade ermordet wird, einfach nur auf die andere Straßenseite gehen und nicht in irgendeiner Weise eingreifen sollen. Damit würden wir ein anderes, ebenso wichtiges Gebot Jesu verletzen: »Ihr sollt einander so lieben, wie ich euch geliebt habe.« (Johannes 15, 12) Das Gebot »Du sollst nicht verurteilen« bedeutet allerdings wohl, daß wir nicht das Leiden anderer auf uns nehmen sollen, es sei denn, es ist ein Teil unseres eigenen Karma.

Es kommt vor, daß jemand die Worte Jesu »einander lieben« nur auf andere Menschen, aber nicht auf sich selbst bezieht. Aus diesem Grund tragen Perfektionisten oft zu ihrer eigenen Krankheit bei, weil sie sich selbst ständig für unzulänglich halten.

Hingabe

Um ein harmonisches und gesundes Leben zu führen, ist es unumgänglich, sich ganz dem Willen Gottes zu ergeben beziehungsweise loszulassen und dem universellen Guten zu erlauben, in unser Leben einzugreifen. Das ist oft auch die Voraussetzung für eine erfolgreiche Geistheilung. Ich erinnere mich an eine krebskranke Frau in Kalifornien, die nur noch ein paar Monate Lebenserwartung hatte. Ihre Ärzte hatten es bereits mit verschiedenen Operationen, Bestrahlungen und Chemotherapie versucht, jedoch umsonst. Sie hatte einen Ehemann und drei kleine Kinder, die sie liebte, und während ihrer Krankheit hatte sie ständig gebetet, am Leben bleiben, ihre Kinder großziehen und ihren Ehemann weiterhin versorgen zu dürfen.

Schließlich rief sie einige Kirchenälteste zu sich und bat sie, für sie zu beten und ihr die Hände aufzulegen. Während dieser Gebete vernahm sie den Satz »Dein Wille geschehe« und war davon tief beeindruckt. Ihr wurde bewußt, daß diese oder ähnliche Worte niemals in ihren Gebeten vorgekommen waren. Sie wollte sich nicht ausliefern: Sie wollte leben. Daraufhin änderte sie ihre Einstellung und gab sich völlig dem Willen Gottes hin. Sie überließ es Ihm, ob sie leben oder sterben würde, und auch, ob im Fall des Überlebens die Genesung schnell oder langsam vor sich gehen würde. Sie verlangte kein bestimmtes Ergebnis mehr. Außerdem stellte sie innerlich auch ihren Ehemann und ihre Kinder unter Gottes Schutz, da sie sicher war, daß Sein Wille für sie nur positiv sein könnte.

Von diesem Augenblick an besserte sich die Krebserkrankung, sie erholte sich nach und nach, konnte ihre Kinder großziehen und war ihrem Ehemann eine liebevolle Gefährtin.

Manche Menschen beten darum, geheilt zu werden, »wenn das wirklich dem Willen Gottes entspricht«. Diese Formulierung beinhaltet jedoch, daß Gott vielleicht nicht möchte, daß es ihnen gutgeht. Da Gott aber Liebe ist und wir Seine Kinder sind, ist es ganz sicher Seine Absicht, daß wir uns immer im Zustand der Ganzheit und Vollkommenheit befinden. Es könnte jedoch aus Gründen unseres spirituellen Wachstums und der Weiterentwicklung unserer Seele nötig sein, daß die Heilung nicht sofort einsetzt, was Gott in Seiner Weisheit dann auch veranlaßt. Deshalb sollten wir nicht sagen: »Wenn das wirklich dem Willen Gottes entspricht«, sondern: »Wie Gott es für uns vorgesehen hat«.

Wir Menschen bestehen hartnäckig auf unserem freien Willen und haben oft Angst davor, uns Gottes Willen zu unterwerfen. Wir sind nämlich der Meinung, genau zu wissen, was das Beste für uns ist, aber das entspricht leider nicht immer der Wahrheit. Dr. Emmet Fox weist in seinem Buch *Die Bergpredigt*[2] darauf hin, daß wir oft annehmen, der Wille Gottes würde sich für uns nicht positiv auswirken. Das ist aber ein Irrtum: Wir erlangen immer größere Freiheit, bessere Gesundheit, materielles Wohlergehen und ein reicheres Leben, wenn wir uns dem Willen Gottes fügen. Sind Sie in Ihrem Leben nicht glücklich, liegt das daran, daß Sie es nicht den Wünschen Gottes entsprechend führen. Nach dem Willen Gottes sollen wir alle gesund und glücklich sein.

Ich erfuhr kürzlich am eigenen Leib, was es bedeutet, sich dem Willen Gottes zu fügen. Mehrere Wochen lange hatte ich mich in Gebet und Meditation sehr darum bemüht, mein Leben, mein Ego und meine Wünsche Gottes Willen zu unterwerfen. Plötzlich geschah etwas, was die Ehrlichkeit meiner Absicht, mich an nichts binden zu wollen, auf die Probe stellte. Es begann damit, daß auf einmal sehr viel weniger Menschen wegen einer Geistheilung zu mir kamen. Einige Wochen lang wurde meine Bereitschaft, als Kanal zu dienen, dadurch getestet, daß fast gar keine Patienten mehr auftauchten. Das stellte jedoch noch kein Problem für mich dar. Dann fuhr ich an einen 120 Meilen entfernten Ort, um dort einen Workshop über Geistheilung abzuhalten. Normalerweise liegt die Teilnehmerzahl bei fünfzehn bis zwanzig, und der Veranstalter dieses Workshops hatte mir gesagt, daß es wahrscheinlich mehr werden würden. Es kamen jedoch nur zwei Leute! Ich sah darin den Willen Gottes, und wir drei verbrachten ein sehr fruchtbares Wochenende miteinander.

Als ich dieses Buch beendet hatte und ein Freund sich bereits äußerst fachkundig um den Druck kümmerte, wurde er plötzlich von einer anderen, dringenderen geschäftlichen Angelegenheit in Anspruch genommen, und mein Buch blieb erstmal liegen. Gleichzeitig zog ein anderer, sehr enger Freund von mir weg, und ich hatte das Gefühl, ihn nie mehr wiederzusehen. Außerdem passierten noch einige andere Dinge, die mich zwangen loszulassen. Keines dieser Vorkommnisse war an sich sehr bedeutsam, aber jedesmal wurde die Aufrichtigkeit meiner Bereitschaft auf die Probe gestellt, alles Gott zu überlassen und Ihm zu erlauben, in mein Leben einzugreifen, ohne darüber Wut oder Frustration zu empfinden. Ich lernte daraus, nichts und niemandem außer Gott wirklich verbunden zu sein.

Während ich über den Sinn dieser Ereignisse meditierte, entdeckte ich noch einen weiteren Grund für viele dieser Begebenheiten: Ich hatte dadurch mehr Zeit für weitere Studien. Ohne daß ich es gemerkt hatte, war meine Entwicklung zu einem Stillstand gekommen, und ich benötigte mehr Zeit für mein inneres Wachstum.

Hingabe an den Willen Gottes ist wirklich das Geheimnis oder der Schlüssel zu schnellerem spirituellen Wachstum. Kraft wird uns nur in dem Maß gegeben, wie wir sie auch wirklich für Seine Absichten und Seine Pläne einsetzen, und nicht für unsere eigenen. Geben wir unseren Willen, unsere Wünsche und die Bedürfnisse unseres Ego auf, dann wird uns Gottes Wille klar, und wir erfahren Seine Kraft, Macht und Weisheit.

Haben Sie wegen Ihrer früheren Konditionierung Schwierigkeiten mit dem Satz »Ergib dich dem Willen Gottes«, dann ersetzen Sie ihn durch den folgenden: »Erlaube der Energie grenzenlosen Lebens, in und durch dich hindurch zu fließen, und behindere sie nicht durch deinen eigenen, begrenzten Verstand.«

Diese beiden Faktoren – Aufgabe des eigenen Willens und das Empfangen spiritueller Kraft – halten sich immer die Waage. Wenn wir also spirituell wachsen, wächst auch die uns zur Verfügung stehende Kraft, wenn wir bereit sind, sie nur in Übereinstimmung mit dem Willen Gottes einzusetzen.

Sicherlich ist das höchste Ziel für uns alle, uns des Einsseins mit Gott bewußt zu werden. Dann erkennen wir auch, daß unser wirkliches Selbst göttlich ist und daß *Gott Alles Ist, Was Ist*. Der beste Weg zur Erreichung dieses Ziels scheint darin zu bestehen, all unsere Wünsche, Gedanken und Absichten an Gott zu übergeben, so daß wir die Seinen übernehmen können und wirklich eins mit Ihm werden.

So wie ein Fesselballon zum Aufsteigen Ballast oder überflüssiges Gepäck abwerfen muß, wachsen auch wir innerlich und steigen zu höheren Bewußtseins- und Schwingungsebenen auf, wenn wir all das loslassen und von uns abwerfen, was Gottes Willen behindert.

Für die Hingabe besonders wichtig ist die Bewußtmachung der Tatsache, daß wir alle eines Tages sterben, unseren physischen Körper zurücklassen und in der geistigen Welt wiedergeboren werden. Es kann eine sehr heilsame Wirkung auf Verstand, Gefühle und Geist haben, die Unvermeidlichkeit dieses Hinübergehens in ein anderes Leben zu akzeptieren. Erkennen Sie, daß dieses Leben nur ein Teil des ewigen Lebens ist, das Ihnen verliehen wurde. Bereiten Sie sich innerlich darauf vor, stellen Sie es sich in Gedanken vor und geben Sie die Verhaftung an Ihren physischen Körper auf. Dann brauchen Sie keine Angst mehr vor Krankheit oder Tod zu haben, sondern werden stattdessen ein herrliches Gefühl der Freiheit und des Vertrauens gegenüber dem Leben empfinden.

Es gibt hierzu eine interessante Übung, die Sie allein durchführen können. Sie wird Ihnen helfen, sich Ihrer Sterblichkeit voll und ganz bewußt zu werden. Stellen Sie sich vor, Ihr Arzt gäbe Ihnen nur noch eine Woche zu leben, Ihr Tod sei jedoch schmerzlos. Fragen Sie sich dann: »Wie würde ich diese eine Woche verbringen? Was würde ich mit dieser kostbaren Zeit anfangen?« Schreiben Sie alles auf, was Ihnen spontan dazu einfällt. Lesen Sie es dann nochmals durch und vergleichen Sie es mit Ihrer gegenwärtigen Lebensweise. Vielleicht stellen Sie mit Überraschung fest, daß Sie in dieser imaginären letzten Woche Ihres Lebens Dingen große Bedeutung eingeräumt haben, denen Sie offenbar in Ihrem täglichen Leben kaum oder gar keine Zeit widmen. Das Ergebnis der Übung könnte sein, daß Sie sich darüber klar werden, daß eine Verschiebung der Prioritäten in Ihrem täglichen Leben angebracht wäre.

Bewußtwerdung der Gegenwart Gottes

Gewöhnen Sie sich an, stets daran zu denken, daß Gott immer gegenwärtig ist. Das bedeutet nicht, daß er Sie auf Schritt und Tritt beobachtet und Ihr Verhalten beurteilt, sondern daß Er sich liebevoll Ihrer annimmt und für Ihre Zufriedenheit sorgt. Gott und Seine Engelwesen sind immer da und bereit, Ihnen zu helfen, *wenn Sie sie darum bitten.* Sie sind nie allein.

In der heutigen Zeit ist viel von der Erlangung einer höheren Bewußtseinsstufe oder dem Streben nach Erleuchtung die Rede. Da aber Gott die höchste Form von Bewußtsein darstellt, sind das nur andere Formulierungen, die eigentlich ausdrücken sollen: »Werde dir der Gegenwart Gottes bewußt« oder »Stimme dich auf die geistige Ebene ein«. Das kann man auf vielerlei Arten tun. Hier zwei Methoden:

a) Meditieren Sie über die vielen Eigenschaften Gottes wie Liebe, Licht, Frieden, Macht, Wahrheit, Schönheit, Weisheit und Wissen.
b) Betrachten Sie ehrfürchtig die vielen wundervollen Manifestationen Seiner Vorstellungskraft: Bäume, Blumen, Vögel, Tiere und Kinder. Sie wurden alle durch Sein Denken erschaffen und verkörpern daher die nach außen projizierte Schönheit Gottes oder vielmehr die Schönheit, die Gott *ist.*

Solche Betrachtungen helfen Ihnen, eine innere Bewußtheit für die Allgegenwart Gottes zu entwickeln, die mit der normalen Wahrnehmung unserer fünf Sinne nichts mehr zu tun hat.

Unsere Kinder

Eltern sollten in ihrer Lebensführung auf Gesundheit von Körper, Verstand, Gefühlen und Geist achten. Dadurch tragen sie viel zur Erhaltung der Gesundheit und der Heilung von Krankheiten ihrer Kinder, vor allem der jüngeren, bei. Die enge Verbindung zwischen Mutter und Kind hört nicht mit dem Durchtrennen der Nabelschnur auf. Es ist im Gegenteil sehr wichtig für die geistige, emotionale und spirituelle Entwicklung des Kindes, daß die von Geburt an bestehende Bindung weiter verstärkt wird. Ein weises Buch zu diesem Thema hat Joseph Chilton Pearce geschrieben: *The Magical Child*[3].

Auch die ebenso instinktiv zum Vater bestehende Bindung wird in dem Maß verstärkt, wie dieser dem Kind Zeit und Aufmerksamkeit widmet. Da zu beiden Elternteilen eine solch tiefe bewußte und unbewußte Verbindung besteht, wird das Kind sehr stark von deren Gedanken, Gefühlen und Überzeugungen beeinflußt. Sind diese positiver, gesundheitsfördernder und liebevoller Natur, wird das Kind sich selbst bei einem Unfall oder einer Krankheit ebenso verhalten. Sind jedoch ein oder beide Elternteile voller Angst, Besorgnis und negativer Gedanken, werden diese Gefühle vom Kind bewußt oder unbewußt aufgenommen, es kann krank werden, und eine Heilung kann sich als schwierig herausstellen.

Viele der in diesem Kapitel dargelegten Richtlinien können auch Kindern beigebracht werden. Sie sind problemlos davon zu überzeugen, daß Gesundheit und Heilung zu ihren Geburtsrechten gehören. Vielleicht stellen Sie mit Überraschung fest, daß Ihr Kind seinen Schutzengel und/oder geistigen Führer bereits kennt und auch sehen kann. Das Kind spricht vielleicht nicht darüber, weil es annimmt, daß auch jeder andere solche Wesen sehen kann, oder weil es ausgelacht oder als Lügner bezeichnet wurde, als es von ihnen sprach.

Kinder können auch meditieren lernen, und die meisten

finden schnell Gefallen daran. Es hilft ihnen dabei, ihre Spannungen loszuwerden und mit ihrem Innersten in Kontakt zu kommen, was ihr ganzes Leben lang hilfreich für sie sein wird. Viele nützliche Anregungen, wie man Kindern Meditation näherbringen kann, sind in Deborah Rozmans Buch *Meditation für Kinder*[4] zu finden.

Kinder können auch dazu ermutigt werden, ihre Träume zu erzählen, und Sie können ihnen erklären, wie sie gedeutet werden. Das ist weitaus besser, als abwertend zu sagen: »Es sind doch nur Träume«. Für Kinder können Träume sehr real sein und sie ängstigen, und Eltern geben sie unschätzbare Aufschlüsse darüber, was in der Außen- und Innenwelt des Kindes vor sich geht. Die Senoi in Malaysia sprechen regelmäßig jeden Tag innerhalb ihrer Familie über ihre Träume, und ihre Kinder lernen, wie sie Traumbotschaften im täglichen Leben verwerten können. Interessanterweise gibt es bei den Senoi weder Verbrechen noch Polizei, weder Gefängnisse noch Geisteskrankheiten.

Außerdem sollte das Gespräch zwischen Eltern und Kind diesem Gelegenheit geben, ungehindert über seine Gefühle zu sprechen. Auf diese Weise können Streßsituationen entschärft und Krankheitsquellen frühzeitig erkannt und vermieden werden. Die spirituelle Erziehung der Kinder liegt völlig in der Hand der Eltern. Es genügt nicht, sie in der Sonntagsschule abzuliefern, während die Eltern Golf spielen gehen oder zuhause bleiben. Ein solches Verhalten könnten Kinder sogar als eine Art Bestrafung betrachten. Sicherlich spürt ein Kind, was den Eltern am wichtigsten ist, und wird sich schon früh bemühen, ihrem Beispiel zu folgen.

Selbstheilung

Möchten Sie Ihre Krankheit oder gesundheitlichen Beschwerden gerne selbst behandeln, anstatt sich an jemand anderen um Hilfe zu wenden, oder möchten Sie die Heilbemühungen anderer möglichst wirksam unterstützen, dann lesen Sie die Richtlinien für ein gesundes Leben nochmals durch und beginnen Sie mit den entsprechenden Veränderungen in Ihrem Leben.

Lesen Sie noch einmal Kapitel 3 zu den inneren Krankheitsursachen und nehmen Sie sorgfältig Ihre eigenen Gedanken, Gefühle und Streßsituationen unter die Lupe. Vielleicht können Sie auf diese Weise der Ursache Ihres Problems auf die Spur kommen. Gelingt Ihnen das, so leiten Sie die Ihnen richtig erscheinenden Gegenmaßnahmen ein, um die Ursache zu beseitigen. Dazu ist es hilfreich, wenn Sie außerdem im Gebet um innere Führung, Stärke und Beistand bitten.

Während Sie nach der Ursache suchen und sich bemühen, sie aufzulösen, sollten Sie auch den Symptomen, also der eigentlichen Krankheit, genügend Aufmerksamkeit widmen. Suchen Sie mehrmals am Tag einen Ort auf, wo Sie sich in Ruhe entspannen können. Würdigen Sie die Anwesenheit einer Kraft, die größer ist als Sie selbst, und bitten Sie sie, sich in Ihrem Körper auszubreiten. Visualisieren Sie, wie die Kraft in Ihren Körper fließt und jeden Teil Ihres Körpers, der krank ist, nicht richtig funktioniert oder Ihnen Schmerzen bereitet, wieder in seinen ursprünglichen vollkommenen Zustand versetzt. Sehen Sie Ihren Körper innerlich so, wie er eigentlich sein sollte. Drücken Sie Ihre Dankbarkeit für die beginnende Heilung aus.

Sie können diese Methode auch etwas abändern und sich vorstellen, wie die Heilkraft in Ihren Körper einfließt und Sie sie dann gedanklich zu der Körperstelle lenken, die geheilt werden soll. Finden Sie das schwierig, dann stellen Sie sich vor, wie die Kraft mit dem Einatmen in den Körper einströmt und beim Ausatmen in den kranken Körperteil weitergelenkt wird. Sie können dann vielleicht am eigenen Körper spüren, daß Energie den Gedanken folgt.

Dr. Carl Simonton, bekannt durch seine Arbeit mit Krebspatienten, hat eine eigene Methode entwickelt, bei der ebenfalls die gedankliche Vorstellungskraft als positives Heilungsinstrument eingesetzt wird. Er benutzt dazu eine Visualisierungstechnik. Zuerst entspannt sich der Patient möglichst tief und stellt sich dann innerlich seinen Krebs bildlich vor. Danach soll er visualisieren, wie sich der Krebs auflöst oder zerstört wird. Dabei wählt der Patient in seiner Phantasie die Methode, die zu ihm und der Vorstellung von dem Krebs paßt. Diese könnte zum Beispiel in einer enormen Vermehrung der weißen Blutkörperchen bestehen, die die Krebszellen angreifen und vernichten. Vielleicht hat der Patient sich den Krebs auch als großen Kraken vorgestellt, der dann von einem anderen Tier aufgefressen wird. Dieser Visualisierungsprozeß muß mehrmals täglich wiederholt werden. Derartige Bemühungen tragen oft, wenn sie wirklich aufrichtig sind, zu einer Heilung bei.[5]

Sie können sich auch vorstellen, wie Ihr Blut in dem Körperteil pulsiert, der geheilt werden soll (oder wie Ihr Herzschlag dort zu spüren ist). Da die Energie den Gedanken folgt, wird dieser Teil in der Folge stärker durchblutet. Wiederholen Sie diese Übung mehrmals täglich über Wochen oder sogar Monate hinweg, wird sich oft eine Heilung einstellen, da das vermehrte Strömen des Blutes in diesen Körperteil auch mehr weiße Blutkörperchen dort hinbefördert.

Haben Sie sich ernsthaft bemüht, den obigen Vorschlägen zu folgen, und keine oder eine weitaus geringere Besserung, als zu erwarten war, hat sich eingestellt, dann lesen Sie Kapitel 6 (»Warum wird nicht jeder geheilt?«) nochmals. Vielleicht finden Sie dort den Grund dafür, warum Ihre geistige Heilung nicht erfolgreich ist.

Vielleicht haben Sie schon längst beschlossen – bevor Sie sich durch dieses Programm hindurchgearbeitet haben –, daß es einfacher ist, eine Tablette zu schlucken oder sich einem kleineren chirurgischen Eingriff zu unterziehen! Auch wenn Sie das tun, bleibt die Ursache der Krankheit dennoch bestehen, und daher ist ein Wiederauftreten der gleichen oder einer anderen Krankheit wahrscheinlich. Außerdem hätten Sie dann die Lektion nicht gelernt, die Ihr Körper Ihnen vermitteln will. Irgendwann müssen Sie die Lektion aber sowieso lernen, wenn Sie auf dem geistigen Weg der seelische Entwicklung fortschreiten wollen, warum also nicht gleich?

Geben Sie auf jeden Fall nicht zu schnell auf, arbeiten Sie weiter an der Heilung und tragen Sie Ihren Teil dazu bei. Aus der Geschichte wissen wir, daß viele wissenschaftliche Entdekkungen oder Erfindungen erst nach jahrelangen Versuchen und

Fehlschlägen gemacht wurden. Manches Buch wurde erst nach der Ablehnung verschiedener Verlage ein Bestseller. Manche Menschen hatten erst dann einen Durchbruch auf einem bestimmten Gebiet, nachdem sie auf vielen anderen kläglich versagt hatten. Es ist möglich, daß Sie an Ihrer Krankheit viel zu lernen haben, aber ich versichere Ihnen, daß Sie es nicht mehr nötig haben, krank zu sein, wenn Sie Ihre Lektion wirklich begriffen haben. Mit ziemlicher Sicherheit wird dann die Heilung eintreten.

Ein befreundeter Psychiater konnte am eigenen Leib ein wunderbares Beispiel von Selbstheilung erfahren. Ich finde das besonders beeindruckend, weil er als Arzt genau wußte, wie ernst seine Lage aus medizinischer Sicht war und daß er vielleicht sterben würde. Anders ausgedrückt: Er hatte als Fachmann mehr negatives Denken zu überwinden als ein Laie. Glücklicherweise hatte er trotz seiner orthodoxen medizinischen Ausbildung in späteren Jahren auch gelernt, daß es alternative Heilmethoden gibt. Er hat mir freundlicherweise erlaubt, seine Geschichte hier aufzunehmen und erzählt sie mit seinen eigenen Worten:

> Im Januar wurde ich mit infektiöser Hepatitis ins Krankenhaus eingeliefert. Nach fünf Tagen besserte sich mein Zustand, und ich wurde mit der Auflage entlassen, mindestens zwei Wochen lang im Bett zu bleiben. Da ich mich nach vier Tagen Bettruhe schon viel besser fühlte, hielt ich mich nicht daran und nahm meine Arbeit mit einem leicht reduzierten Programm wieder auf. Drei Wochen später wurde ich mit einem Bilirubinwert von 9,5 (der Normalwert ist 0) wieder ins Krankenhaus eingeliefert; gleichzeitig hatte ich einen sehr schlechten Leberenzymwert von über 1000 (der normale Wert liegt bei 0-10). Mein Zustand verschlimmerte sich zusehends. Innerhalb der nächsten beiden Wochen stieg der Bilirubinwert auf 13,5 und der Leberwert auf über 2000. Der behandelnde Arzt, ein Hepatologe, gab mir eine Überlebenschance von weniger als fünfzig Prozent. Ich unterzog mein Leben und meine Ziele einer gründlichen Prüfung und kam zu dem Schluß, daß ich durch die Krankheit eine Mög-

lichkeit bekommen hatte, Selbstheilung am eigenen Körper zu demonstrieren.

Sofort begann ich mit Meditation und Visualisierung, um mich selbst zu heilen. Fünf Tage später lag mein Bilirubinwert bei 5,8 und der Leberwert unter 1000. Nach einer weiteren Woche wurde ich aus dem Krankenhaus entlassen. Drei Wochen danach konnte man meinen Bluttests nicht mehr entnehmen, daß ich jemals leberkrank gewesen war. Ich unternahm eine Reise in den Mittleren Osten, die ich seit Jahren schon geplant hatte, und aß und trank, was ich wollte. Auch nach meiner Rückkehr waren meine Werte einwandfrei. Die letzten Nachuntersuchungen ein Jahr später zeigen ebenfalls, daß meine Leber wieder richtig funktioniert.

In der Gegenwart leben

Ein weiterer Faktor, der allgemein als immer wichtiger für die Erhaltung unserer Gesundheit und die Aktivierung der Selbstheilungskräfte erachtet wird, ist die Fähigkeit, in der Gegenwart, im HIER UND JETZT, zu leben. An der Vergangenheit zu hängen ist reine Zeitverschwendung und kann dazu beitragen, daß wir in der Gegenwart deprimiert und krank werden. Uns vorzustellen, wie unser Leben in der Zukunft aussehen wird, ist ebenso sinnlos und dazu noch hinderlich, da es uns davon abhält, momentane Erfahrungen und Gelegenheiten zu nutzen. Außerdem führt Leben in der Zukunft nur zu Sorgen und zum Nachdenken über etwas, das vielleicht nie eintreffen wird.

In der Gegenwart zu leben macht uns frei dafür, uns so zu verhalten, wie es gerade für uns richtig ist, und jeden Augenblick in vollen Zügen zu genießen. Die beste Methode, uns eine glückliche Zukunft zu sichern, besteht in dem Bemühen, aus dem Heute das Beste zu machen.

Ich fasse also zusammen: Wenn Sie diese Richtlinien für eine gute Gesundheit befolgen, tragen Sie Ihren Teil zu deren Erhaltung bei und können, falls Sie trotzdem krank werden sollten, selbst oder mit der Unterstützung eines Geistheilers bei Ihrer eigenen Heilung mitwirken.

Literatur zu Kapitel 10

1. Faraday, Ann: *Die positive Kraft des Träumens.* München: Droemer Knaur 1984;
   Deine Träume – Schlüssel zur Selbsterkenntnis. Ein psychologischer Ratgeber. Frankfurt: Fischer 1991[13].
2. Fox, Emmet: *Die Bergpredigt.* Eine allgemeine Einführung in das wissenschaftliche Christentum. Frick, H. Th. (Unity-Buchreihe) 1988[7].
3. Pearce, Joseph Chilton: *The Magical Child.* New York: E.P. Dutton 1977.
4. Rozman, Deborah: *Meditation mit Kindern.* Freiburg: Verlag Hermann Bauer 1991.
5. Simonton, Carl O., Simonton, Stephanie M., Creighton, James: *Wieder gesund werden.* Eine Anleitung zur Aktivierung der Selbstheilungskräfte für Krebspatienten und ihre Angehörigen. (Medizin und Gesundheit). Reinbek: Rowohlt 1992.

Kapitel 11

Botschaften von Geistführern

Liebe Gottes gesamte Schöpfung bedingungslos,
ohne etwas dafür zu erwarten.
Überlasse es Gott,
die Richtung deines Lebens zu bestimmen.
Erinnere dich ständig daran,
daß wir alle eins sind.

Dieses Kapitel umfaßt zwei Abschnitte: Zum einen die Lehren des Meisters Osiris, der durch ein Medium zu mir sprach, das gerade wegen einer schweren Krankheit bei mir in Behandlung war. Beide sind damit einverstanden, daß sie hier mit aufgenommen werden, da es Aussagen von universeller Bedeutung und großem Wert sind.

Der zweite Abschnitt enthält Anweisungen, die ich über einen Zeitraum von vier Jahren während meiner Meditationen als innere Führung erhielt. Während dieser Zeit entwickelte ich die Fähigkeit, als Kanal für die Heilenergie zu dienen, und begann dann damit, anderen auf diese Weise zu helfen. Ich weiß nicht, was oder wer damals meine Hand führte, als ich ohne abzusetzen aufschrieb, was ich zu den jeweiligen Themenbereichen durchgesagt bekam.

Ich hoffe, daß meine Leser sich ihre eigene Meinung über die Aussagen dieses Kapitels bilden und möglichst keine Vorurteile gegenüber der Quelle haben, aus der sie stammen und die im übrigen auch unwichtig ist, wenn es sich um wirklich wertvolle Aussagen handelt, wovon ich überzeugt bin.

Diese schriftlich festgehaltenen Durchsagen haben sich darüber hinaus für meine Heilbehandlungen noch auf eine andere Art und Weise als äußerst hilfreich erwiesen. In meiner täglichen Meditation am frühen Morgen teile ich meinem Geistführer die Namen der Patienten mit, die an diesem Tag zur Heilbehandlung kommen werden und bitte ihn dann, mir für jeden einzelnen entsprechende Hinweise zu geben. Oft bekomme ich auf diesem Wege Informationen über diese Menschen, die sich dann bei der Behandlung als sehr hilfreich erweisen, besonders was die Aufdeckung der Ursachen ihrer Krankheit betrifft.

Ich weiß, daß viele Autoren spiritueller Bücher davor warnen, sich für das Aufschreiben geistiger Durchsagen (das sogenannte »geführte Schreiben«) zu öffnen, da sie befürchten, negative Wesenheiten könnten diese Gelegenheit benutzen, um falsche oder irreführende Botschaften zu vermitteln. Meiner Überzeugung nach ist es nicht gefährlich, solche Durchsagen zu empfangen, wenn man sich in der Weise schützt, wie ich es in Kapitel 8 beschrieben habe (»Sich als Kanal für die Heilkraft öffnen«). Außerdem können Sie, falls es sich um negative, abwertende oder unrechte Anweisungen handelt, diese immer sofort »abstellen« und sich weigern, sie entgegenzunehmen. Eine solche Kontrolle sollten Sie sich in jedem Fall vorbehalten.

Abschnitt 1

Botschaften von Osiris

Zukunftsplanung

Pläne für eine unsichere Zukunft zu machen verstößt gegen alle Regeln der Gesundheit und Ganzheit auf allen Ebenen. Ihr sollt eure Zukunft nicht in dem Maße vorausplanen, wie ihr es tut; ihr versucht, eure eigenen Pläne mit Gewalt durchzusetzen. Es ist aber viel leichter, denen zu folgen, die ohnehin schon für euch gemacht wurden und die ihr sowieso nicht mehr verbessern könnt.

Sicherlich ist euch bekannt, daß Krankheit eine Verteidigungsreaktion gegen die Wahrheit ist. Beim Entwerfen eurer eigenen subjektiven Pläne ist plötzlich ein Fragment der Wahrheit aufgetaucht und hat Chaos in eure Pläne gebracht. Die Wahrheit bringt immer alle Unwahrheiten an den Tag, und das

Ergebnis ist Chaos, worauf der Körper mit Krankheit reagiert. Ihr müßt euch einfach nur für die Wahrheit eures Seins öffnen, das immer so bleibt, wie Gott es erschaffen hat – frei von Schuld.

Ihr Sterblichen versucht immer, alles selbst zu machen. Ihr könnt einfach nicht verstehen, daß wir euch wirklich gerne helfen möchten und bereit sind, auch nur bei der kleinsten Schwierigkeit helfend einzugreifen. Worin besteht nun die Schwierigkeit? Anscheinend gibt es viele, aber in Wirklichkeit gibt es nur eine einzige – ein einziges Problem. Alle Probleme, die es zu geben scheint, stellen in Wirklichkeit nur ein einziges Problem dar, und dafür gibt es eine Lösung – die Lösung ist, euch selbst für die Wahrheit über euch zu öffnen. Es geht darum, daß ihr zu dem werdet, was ihr eigentlich schon seid, anstatt euch Sorgen zu machen und euch damit herumzuschlagen, etwas Mittelmäßiges zu werden, weil ihr in eurer Kindheit fälschlicherweise gelernt habt: »Hilf dir selbst, dann hilft dir Gott«. Werft diesen Spruch zusammen mit anderen wertlosen Dingen, Worten, Wendungen, Sprichwörtern und Lehrsätzen auf den Müll und ersetzt ihn durch »Gott hilft denen, die es Ihm erlauben«, dann könnt ihr euch im Licht dieser Wahrheit ausruhen. Es ist viel einfacher, als ihr es euch macht.

Karma

Euer Karma ist eure ganz persönliche Angelegenheit. In gewissem Maße ist Karma vorgegeben, und ihr könnt selbst bestimmen, wie schnell ihr es abtragen könnt oder möchtet. Der Mensch ist nicht zum Weinen oder Leiden geboren; er bräuchte eigentlich überhaupt keine Unannehmlichkeiten zu haben. Der Mensch wurde nämlich nach der Vorstellung und dem Abbild Gottes geschaffen, der reine Freude ist. In der Freude liegt große Leichtigkeit: Es ist so einfach, sich zu freuen. Warum könnt ihr nicht sehen, wie leicht es ist, frei zu sein – gleich wo ihr euch aufhaltet und mit wem ihr zusammen seid. Bindet euch nicht an Dinge oder Menschen. Und bindet auch keine anderen Menschen durch die Macht eurer Gedanken oder eurer Worte an euch.

Ihr werdet innere Führung erhalten – habt sie bereits erhalten – und werdet sie wieder erhalten. »Siehe, ich stehe vor der Tür und klopfe an«: Wer öffnet die Tür? Muß ich wirklich *gleichzeitig* klopfen und die Tür öffnen? Könnt ihr sehen, wie leicht es ist, frei zu sein? Öffnet euer Herz und euren Geist und laßt den Frieden, der jenseits jeder Vorstellungskraft liegt, in den innersten Kern eures Wesens vordringen. Dann werdet ihr merken, wie das Bedürfnis nach Entscheidungen und Sich-Entscheiden von euch abfällt wie Staub.

Hingabe

Gottes Wille wird jedem Menschen schrittweise offenbart, in dem Maße, wie der einzelne in der Lage ist, ihn zu verstehen und entsprechend zu handeln. Ihr könnt auch Widerstand dagegen leisten, solltet euch aber immer bewußt sein, daß euch niemals mehr auferlegt wird, als ihr ertragen könnt. Dem Willen Gottes zufolge soll jeder Mensch ein vollkommener Ausdruck Seiner Liebe sein; das ist mit den biblischen Worten »Seid vollkommen, wie euer Vater im Himmel vollkommen ist« gemeint: Ihr sollt euch Gott hingeben, um Sein Werkzeug zu werden.

Eigentlich könnt ihr selbst nichts tun, ihr könnt euch nicht von selbst ändern, auf euch allein gestellt könnt ihr nichts bewirken. Betet nicht um etwas Bestimmtes, erwartet auch nichts Besonderes, überlaßt wirklich alles dem Willen Gottes, und »es wird euch alles zuteil werden«. Es gibt zu viele Mißverständnisse auf der Welt. Alle bemühen sich, häufig vergebens, und strengen sich zu sehr dabei an. Bemüht euch weniger und habt mehr Vertrauen. Ruht euch aus, entspannt euch, laßt los und laßt Gott wirken; darin liegt eure einzige Verantwortung. Das ist es, was Glaube eigentlich bedeutet: loszulassen und Gott Seine Wunder durch euch wirken zu lassen.

Viele Menschen beten um Heilung; sie bitten Gott, sie zu heilen, aber dieses Gebet ist fehl am Platze. Gott macht euch nicht krank, also macht er euch auch nicht gesund. Es geht darum, euch daran zu erinnern, euch zu vergegenwärtigen und euch auf die Erkenntnis zuzubewegen, daß es im Universum nur eine einzige Macht gibt. Ihre Aufgabe ist jedoch nicht, Macht *über* etwas auszuüben, das darf nicht sein; es gibt nur eine Macht, und sie ist vollkommen.

Seid ihr von eurem Lebensweg abgekommen? Dann wendet euch um Hilfe an die Macht. Ihr könnt nicht bestimmen, wie euer Leben verlaufen soll; dazu war seit Anbeginn aller Zeiten noch nie ein Mensch in der Lage. Der Mensch ist zu schwach dafür, und so etwas wurde auch noch nie von ihm erwartet und wäre ganz falsch. Immer wieder ist euch gesagt worden: »Sucht zuerst das Himmelreich, und es wird euch alles zuteil werden«. Und von dieser Botschaft hören die Menschen nur den zweiten Teil: »Und es wird euch alles zuteil werden.« Ihr sollt aber zuerst nach dem Himmelreich suchen, einem Bewußtseinszustand der höchsten Vollkommenheit, neben dem nichts anderes mehr wichtig ist.

Das soll nun nicht heißen, daß ihr auf eurem Lebensweg nicht zu arbeiten braucht, aber wenn ihr euch wachen Auges und für die innere Stimme offenen Ohres auf dem rechten Pfad befindet, wird die Arbeit zur Freude. »Der Vater in euch vollbringt das Werk.«

Seid ihr krank, dann ist es für euch am wichtigsten, euch von ganzem Herzen mit all euren Hoffnungen dem Vater hinzugeben und seine Gnade zum höchsten Ziel all eurer Bedürfnisse – aller Dinge werden zu lassen. Es gibt keinen Raum, keinen Ort, an dem Gott nicht ist. Wenn ihr Ihn ablehnt, ist Er trotzdem noch da, aber ihr habt eine Gelegenheit verpaßt. Wie oft wird sie wiederkommen? Siebzig mal siebenmal, wie die Vergebung auch, aber jedesmal, wenn sie nicht wahrgenommen wird, bildet sich wie bei einem Sandkorn in einer Auster ein kleiner Schutzschleier darüber, bis das glänzende kleine Sandkorn irgendwann völlig von den negativen Angewohnheiten unseres Egos wie Zeitverschwendung, Trödelei, Ausreden, Ausflüchten, Rechtfertigungen und ähnlichem mehr verdeckt ist.

Mangelt es euch an Weisheit, dann bittet Gott um Weisheit. Seid ihr nicht von Liebe erfüllt, dann bittet Gott um Liebe. Wißt ihr nicht, was Wahrheit ist, dann bittet Gott, sie euch zu offenbaren und euch ein verständnisvolles Herz zu geben.

In Wirklichkeit gibt es den Tod nicht

Man sagt, der Tod sei der letzte Feind, den der Mensch zu besiegen habe. *Angst* ist jedoch der letzte Feind, den es zu besiegen gilt, denn erst durch Angst ist die Vorstellung von Tod möglich. Angst ist nur dann real, wenn ihr selbst es zulaßt, und ebenso ist auch der Tod nur real, wenn ihr das so seht. Auch Heilung ist nur in soweit real, wie ihr sie zulaßt, denn Krankheit gibt es nicht wirklich.

Von unserem Standpunkt hier in der geistigen Welt aus gibt es in vieler Hinsicht absolut keinen Unterschied zwischen Leben und Tod. Der Tod ist nicht diese große Veränderung, für die er gehalten wird, auch von den Menschen, die mit größerer Klarheit oder größerem Wissen über ihn nachdenken. Viele Anhänger von weisen Männern und Sehern riefen, als deren Todesstunde heranrückte: »Verlaßt uns nicht!«, aber in Wirklichkeit können sie gar niemanden verlassen, denn es gibt keinen anderen Ort, an den sie gehen könnten.

Denkt immer daran, daß alles nur ein Frage der Schwingung und der molekularen Teilchenstruktur ist. Auch wenn ihr die Hand danach ausstreckt, könnt ihr sie dennoch nicht anfassen; sie können sich durch euch hindurch bewegen, und umgekehrt, aber sie stellen keinen Ort dar, an den man gehen könnte. Anscheinend seid ihr euch nicht bewußt, daß ihr auf vielen Ebenen gleichzeitig existiert, und zwar immer, nicht nur im Schlaf, sondern auch im Wachzustand. Es fällt euch sehr schwer, das zu verstehen oder euch daran zu erinnern, aber je mehr ihr euch entwickelt, desto klarer wird es euch werden.

Es ist wirklich erstaunlich, wie ihr Menschen an dieser irdischen Ebene hängt: Wenn die Erde erst einmal mit euch fertig ist, und ihr eure Aufgabe auf Erden erfüllt habt, ist das Leben auf dieser Ebene nur noch eine Qual. Solange euer Körper noch gut funktioniert, ihr produktiv seid und euren Dienst an der Menschheit leistet, läuft alles im Leben noch ziemlich glatt, auch wenn es Höhen und Tiefen gibt. Seid ihr jedoch am Ziel angelangt und habt eure Verpflichtungen für dieses Leben erfüllt, kann es anschließend für euch auf der Erde sehr mühsam und unbehaglich werden. Das soll euch helfen zu verstehen, daß es unwichtig ist, ob man sich für das Leben oder den Tod entscheidet. Die Welt, wie ihr die Erde nennt, ist eigentlich kein sehr behaglicher Ort.

Das einzige wirklich Unmögliche im Universum ist das Sterben. Und außerdem seid ihr Menschen noch davon überzeugt, daß das Universum mit eurem Leben oder Sterben etwas zu tun hat, aber dem ist nicht so. Dem Universum ist es gleichgültig, ob ihr, wie ihr es nennt, tot oder lebendig seid. Von dieser Vorstellung müßt ihr euch befreien und hierher kommen, wo wir uns aufhalten und wo wirklich alle Wesen sich für euch interessieren.

Abschnitt 2

Botschaften an den Verfasser

Heilung

Heilung ist eine Kunst, ein Gebet, Liebe; Heilung ist die Hingabe des Heilers und des Patienten an den Willen Gottes.

Das bedeutet auch, sich der Wahrheit und allem, was ist, zu öffnen, Gott in jeder Zelle des eigenen Wesens zu spüren, sich auf Gottes Vollkommenheit und die Vollkommenheit Seiner gesamten Schöpfung zu konzentrieren, zumindest vorübergehend alle Gedanken an die Außenwelt auszublenden, sich mit seinem ganzen Sein auf das Göttliche einzustimmen und Gottes Energie und Liebe für einen anderen Menschen zu channeln, auch wenn dieser wenig liebenswert erscheinen mag.

Heilung ist sowohl für den Heiler als auch für den Patienten eine »wunder-volle« Erfahrung, weil es einen der Wirklichkeit näherbringt – das heißt Gott und Seinem Willen für das Leben der Menschen. Auf diese Weise geschieht sicherlich nur Gutes, aber vielleicht ist es nicht genau das Gute, das man geplant, erhofft oder erwartet hat. Du darfst nicht schon vorher festlegen, welche Ergebnisse bei einer Heilbehandlung herauskommen sollen. Vielleicht müssen bestimmte Lektionen gelernt oder Karma aufgearbeitet werden, und der Mensch, der helfen möchte, würde sich gegenüber dem anderen rücksichtslos verhalten und ihm sogar schaden, wenn er sich einmischte oder den Vorgang unterbräche. Bleibt er dagegen völlig offen für den Willen Gottes sowie für das ganze Spektrum möglicher Ereignisse und erfüllt sein Herz mit Liebe, Vertrauen und Glauben, dann kann er sich vor solchen Einmischungen hüten.

> Hier sind wir, oh Herr. Wir lieben dich und sind uns gewiß, daß du uns auch liebst. Bitte weise uns den Weg, lasse dein Licht über uns leuchten und gib uns die Kraft, deinen Anweisungen zu folgen.

Vertieft euch in diese Aussage und nehmt sie in euch auf; sie wird sehr bedeutungsvoll und hilfreich für euch sein.

Es ist vielleicht Gottes Wille, daß ein Patient seine Ernährung umstellt, eine gewisse Angewohnheit aufgibt, seine Art zu leben oder zu denken verändert oder eine wichtige Lektion im Leben lernt. Der Heiler kann das nicht entscheiden, aber wenn der Patient und er aufrichtig Gottes Führung erfahren wollen, wird der Patient sie in seinem Inneren spüren; er wird entweder sofort oder allmählich merken, was er zu tun hat. Folgt er der Führung, so gut er es vermag, dann wird er auch geheilt werden. Es kann ganz schnell gehen oder aber länger dauern, das hängt von vielen unterschiedlichen Faktoren ab, aber Glaube, Vertrauen und Geduld sind auf jeden Fall unerläßlich. Haltet immer an dem Gedanken fest, daß »für Gott nichts unmöglich ist«. Heilungen sind keine Wunder, sondern nur die Bewußtmachung der tatsächlichen Existenz des Guten, der Vollkommenheit und der Wahrheit, die Gottes Schöpfung *ist*.

Ganzheitliches Heilen

Heilung bezieht den ganzen Menschen mit ein: Körper, Verstand, Gefühle und Geist. Mache dir diesen Gedanken wirklich klar und halte daran fest; das wird dir für das Verständnis und die Durchführung von Geistheilung von Nutzen sein.

Der ganze Mensch ist göttlich, weil er wie Gott ist und nach

Seinem Bild geschaffen wurde. Weil er vollkommen ist, fehlt es ihm an nichts; er stellt, gleich ob Mann oder Frau, ob positiv oder negativ, einen in sich geschlossenen Kreislauf dar, der dort weitergeht, wo er aufhört, denn es gibt weder Anfang noch Ende dieses Kreislaufs, so wie der ewige Kreislauf des Lebens.

Die Vorstellungskraft spielt beim Kranksein ebenso wie beim Gesundsein eine große Rolle, achte daher gut darauf, was du dir vorstellst – was du deinen Gedanken erlaubst, zu erschaffen. Laß sie fließen, aber lenke sie auch; wie ein Fluß brauchen sie Ufer, die sie eindämmen und daran hindern, in alle Richtungen davonzufließen. Eine Überschwemmung ist nicht nur zerstörerisch, sondern nimmt auch dem Fluß seine nach vorne drängende Kraft.

Das trifft auch auf deine momentanen Gedanken zu: Wenn sie sich in alle Richtungen zerstreuen, verlieren sie an Schwung. Entspanne dich also und fließe mit ihnen, aber ermahne deinen Verstand auch sanft, wenn er außer Kontrolle gerät und seine Grenzen überschreitet.

Die Belohnung dafür wird größeres Verständnis und tieferer Frieden sein – und eine bessere Verständigung mit deiner anderen Seite, deinem innersten Wesen.

Konflikte

Im Leben jedes Menschen treten ab und zu Konflikte auf, um ihm die Notwendigkeit klarzumachen, sich nach innen zu wenden, also weg von den Vergnügungen und Zerstreuungen der materiellen Welt, um das Göttliche in seinem eigenen Inneren zu entdecken. Diese Konflikte können von psychischen, emotionalen und/oder körperlichen Schmerzen begleitet sein, doch das gehört zum Vorgang des inneren Erwachens dazu. Ein ereignisloses, friedliches, schmerzfreies Leben würde euch nur schläfrig machen und jedes Wachstum verhindern.

Wenn du dich in einem Konflikt befindest, hast du immer die Wahl: Du kannst dich hineinbegeben und daraus lernen und ihn als Boten betrachten, der dir gesandt wurde, damit du dich nach innen wendest und die Wahrheit erkennst; du kannst dich aber auch dagegen auflehnen, auf Gott zornig sein und jegliche Verantwortung von dir weisen. Es braucht Mut, um zuzugeben, daß du vielleicht selbst etwas mit der Ursache des Konflikts zu tun hast, daß es einen sehr guten Grund dafür gibt, und daß du etwas in der Angelegenheit unternehmen kannst. Es braucht auch Mut, um die Heilung anzugehen und den Konflikt aufzulösen, aber diese Bemühungen werden auch entsprechend belohnt.

Dein Hauptziel sollte dabei immer sein, den Willen Gottes in dieser Situation herauszufinden. Was will das Leben dir sagen? Was sollst du deiner inneren Stimme zufolge tun? Welche Einstellungen, Gedanken und Überzeugungen mußt du ändern, um den Konflikt zu lösen?

Es kommt auch vor, daß eine Familie, eine Gruppe von Menschen oder gar eine ganze Nation mit einem Konflikt konfrontiert wird, um sie wachzurütteln und ihnen die dringende Notwendigkeit einer Veränderung klarzumachen. Auch hier hat die Gruppe oder Nation wieder die Wahl, die Veränderung anzugehen oder deren Notwendigkeit zu ignorieren und weiterhin auf der Stelle zu treten. In der Geschichte gibt es viele Beispiele für beide Wahlmöglichkeiten und ihre Auswirkungen. Manche Nationen, die sich entschieden haben, die Warnung zu ignorieren, gibt es inzwischen schon gar nicht mehr als geographische Einheit oder, in manchen Fällen, als körperliche Wesen – sie sind im Meer verschwunden!

Tritt also in deinem Leben ein Konflikt auf, dann beklage dich nicht, sondern versuche, die Ursache zu verstehen und die Lektion zu lernen, die dir dadurch vermittelt werden soll. Wie immer beim Lernen benötigt man für manche Lektionen mehr Zeit als für andere, werde also nicht ungeduldig, wenn sich deine Lektion als langwierig herausstellt.

Schlechtes Gewissen und Schuldgefühle

Diese beiden Gefühle sind vollkommen unnötig. Wenn schlechtes Gewissen allerdings bedeutet, daß du etwas bereust, dann ist es angebracht, denn es ist für dein Wachstum und die Auflösung negativer Gedanken und Handlungen nötig, deine

Gefühle oder Taten so zu verbessern, daß du wieder auf den richtigen Weg gelangst. Zuerst muß dir dein falsches Denken oder Handeln leid tun, dann mußt du das Bedürfnis verspüren, dich zu entschuldigen und es, soweit du dazu in der Lage bist, wiedergutzumachen, und dann mußt du etwas dagegen *unternehmen.*

Gott ist immer bereit und willens, dir zu verzeihen, wenn du Ihn darum bittest: Das ist etwas, das du aus eigenem Antrieb tun mußt.

Bedeutet schlechtes Gewissen aber lediglich, daß du ständig trübsinnig herumhängst und nur über deine Fehler lamentierst und sie in Gedanken immer wieder durchwälzt, dann werden sie sich dadurch erst recht in dein Bewußtsein einprägen, und nichts geschieht, um den Irrtum zu korrigieren oder jemandem zu helfen, den du verletzt oder ausgenutzt hast.

Auch Schuldgefühle sind sinnlos und stellen eine schwere Last dar, die der Mensch sich selbst auferlegt. Ihre einzige Wirkung besteht darin, einen Menschen, der falsch gehandelt hat, vollends zu erdrücken und zu vernichten. Sie unterstützen dich nicht bei deinem Wachstum, auch dem Geschädigten hlefen sie nicht, und nicht einmal Gott verlangt von dir, Schuldgefühle zu haben, wie so oft fälschlicherweise behauptet wurde.

Freue dich deshalb darüber, daß Gott immer bereit ist, dich nochmals einen Versuch machen zu lassen, damit du aus deinen Erfahrungen lernen und deine Denk- und Verhaltensweisen ändern mögest. Hast du das erst einmal ganz bewußt, mit voller Absicht und ohne Einschränkungen getan, hast du die Lektion für dieses und auch für zukünftige Leben gründlich gelernt. Du hast aus dieser Erfahrung etwas gewonnen, bist ein Stückchen gewachsen und nun bereit für den nächsten Schritt. Schlechtes Gewissen und Schuldgefühle halten dich nur auf.

Du wirst auch feststellen, daß diese beiden Gefühle oft die Ursache von Krankheiten darstellen. Sie schwächen die Lebenskraft und blockieren den Fluß lebenswichtiger und lebenserhaltender Energien genauso wirkungsvoll, als ob du einen Wasserhahn abdrehen würdest.

Bitte Gott um Verzeihung und unternimm etwas, um deinen Fehler wiedergutzumachen; dadurch wird der Hahn wieder geöffnet, und die Energien können wieder fließen.

Macht

Gott ist mächtig. Er besitzt unendliche Macht. Er hat damit das Universum und viele Galaxien geschaffen. Er ist so allmächtig, daß du das mit deinem begrenzten Verstand nur zu einem ganz kleinen Teil begreifen kannst. Trotzdem ist diese Macht auch in jedem einzelnen von euch vorhanden, weil auch das Göttliche in euch wohnt. Du mußt also lernen, wie du dich dieser Macht bedienen kannst, um sie zum Guten, für Sein Himmelreich einzusetzen.

Das Wunderbare daran ist, daß du dazu gar nichts Bestimmtes zu tun brauchst, denn die Macht ist bereits in dir und wartet nur darauf, genutzt zu werden. Du mußt nur dich und dein Ego zurücknehmen und die Macht zulassen; sie durch dich hindurchfließen lassen wie »Flüsse lebendigen Wassers«, wie Johannes sagt.

Ist die Macht einmal im Fluß, wird sie automatisch alle Widersprüche und Krankheiten auf ihrem Weg auflösen und Körper, Geist und Leben wieder auf die Harmonie und Schönheit des göttlichen Schöpfungsplanes einstimmen.

Das einzige, was den Fluß und die Wirksamkeit dieser Macht aufhalten kann, bist du selbst, und zwar nicht deshalb, weil du noch mächtiger bist, sondern weil Gott dir einen freien Willen gegeben hat. Wenn du beschließt, dich der Macht entgegenzustellen und ihren Fluß aufzuhalten, wird Gott dir keinen Zwang antun und den Fluß anhalten, so daß du selbst feststellen kannst, wie unsinnig deine Entscheidung war und irgendwann wieder auf Seinen Weg zurückkehren kannst, wenn du herausgefunden hast, daß du auf deine Art nicht weiterkommst. Eine solche Lektion prägt sich wirklich tief ein; hast du einmal so etwas erlebt, folgst du danach dem Weg Gottes nicht, weil du ihm folgen *mußt* oder man es dir befiehlt, sondern weil du nun mit jeder Faser deines Wesens *weißt,* daß das der richtige Weg für dich ist und du nur auf ihm zu Erfolg und Harmonie in deinem Leben gelangen wirst.

Macht kann auf viele verschiedene Arten manifestiert und erlebt werden. Vielleicht spürst du sie tief in dir drinnen oder bei Ereignissen um dich herum. Vielleicht erlebst du eine Situation, in der du dich den Ereignissen, die über dich hereinstürzen, machtlos gegenüber siehst, und erst hinterher wird dir bewußt, daß alles zu deinem Besten verlief; oder du erlebst eine Situation, in der du den Lauf der Dinge durch Beten oder Gedankenkraft beeinflussen kannst.

Energie

Das Fließen der Energie ist ungeheuer wichtig: Sie reinigt die Kanäle und transportiert die Lebenskraft – eigentlich *ist* sie selbst die Lebenskraft – an die Stellen im Körper, an denen sie benötigt wird, um die ursprüngliche Vollkommenheit wiederherzustellen, so daß Krankheit unmöglich wird.

Du wirst dir dieser Energie immer mehr bewußt werden, sie sehen können und fühlen, wie sie durch dich hindurchfließt; du wirst auch merken, wenn jemand sie *nicht* besitzt. Wenn du dafür empfänglich geworden bist, kannst du erkennen, wo andere Probleme haben.

Deine Fähigkeit, dem Fluß der Lebensenergie zu folgen und sie nach außen abzugeben, wird sich allmählich entwickeln und damit auch deine Fähigkeit, zu heilen und den eigenen heilenden Energiefluß des Patienten wieder in Gang zu setzen, der überschäumend und eigentlich unbegrenzt ist, da es sich dabei um Gottes Macht, die Grundlage allen Lebens, handelt.

Sieh dich selbst als Rohr, durch das die Energie strömt; je schneller und ungehinderter sie fließen kann, umso besser kann sie deinen eigenen Körper und den des Patienten reinigen. Entspannung ist unbedingt nötig, da das Rohr sonst verstopft wird, was den Fluß nur behindert oder verlangsamt.

Dabei gilt jedoch immer die Devise, daß man »einen Fluß nicht zwingen kann«. Du kannst die Energie nicht gewaltsam durch das Rohr drücken, das wäre so, als wolltest du eine Schnur hindurchstopfen, mit dem Ergebnis, daß sie sich nur verheddert und das untere Ende nicht mehr herauskommt.

Heilende Schwingungen

Bei jeder Geistheilung sind Schwingungen beteiligt. Geistärzte oder philippinische Geistheiler bedienen sich einer sehr hohen Schwingungsfrequenz. Das ist nur möglich, wenn der Heiler selbst auf eine höhere Frequenz eingestellt ist, als das normalerweise beim Menschen der Fall ist.

Diese höhere Frequenz ähnelt oder entspricht den Schwingungen der Atome, aus denen sich der menschliche Körper zusammensetzt. Es ist daher möglich, diesen Atomen ihre ursprüngliche vollkommene Form wiederzugeben, so wie Gott sie geschaffen hat, und damit eine Heilung herbeizuführen. Das menschliche Gehirn hat eine viel höhere Schwingungsfrequenz als der Rest des Körpers und ist daher auch schwieriger zu heilen.

»Sich für die Kraft zu öffnen« bedeutet daher dasselbe wie »sich auf eine höhere Schwingungsebene zu begeben«, was nur durch Meditation, Gebet und einen Lebensstil möglich ist, der von Liebe und Reinheit geprägt ist, der Reinheit der eigenen Handlungen und Gedanken. Das ist der wahre Zweck aller Lebenserfahrungen auf dem Planeten Erde. Jeder Tag bietet den Menschen erneut viele verschiedene Gelegenheiten, diese Lektionen zu durchleben und daraus zu lernen.

Dafür sind jedoch Zeit, Anstrengung und Willenskraft nötig, und zwar ungefähr in dem Umfang, als wolle man Olympiasieger oder Konzertpianist werden. *Es ist nicht leicht,* aber es ist wirklich die Mühe wert!

Bedingungslose Liebe

Die Energievorräte sind riesig, ja unerschöpflich; denke also nie, daß du dich nur auf deinen eigenen Vorrat verlassen mußt, denn dieser wäre bald erschöpft, und du würdest dich immer leerer fühlen, je mehr du deine Gaben mit anderen Menschen teilst. Betrachte dich eher als Kanal für diese unbegrenzten Kräfte und Energien, dann wirst du dich nach jeder Behandlung gereinigt und erfrischt fühlen.

Fühle dich nicht dafür verantwortlich, in welcher Weise und

in welchem Ausmaß der Behandelte diese Energien oder Kräfte nutzt, die du für ihn channelst. Das ist ganz allein seine Entscheidung und Verantwortung und nicht deine. Der Betreffende hat genauso einen freien Willen wie du, und er kann nur dann an Kraft und Verständnis gewinnen, wenn er ihn auch einsetzt.

Fängst du an, dich für die Ergebnisse deiner Behandlungen verantwortlich zu fühlen und enttäuscht oder entmutigt zu werden, wenn die Patienten offensichtlich nicht von der Liebesenergie profitiert haben, die du für sie gechannelt hast, dann hast du diese Liebesenergie nicht *bedingungslos* weitergegeben, sondern verstandes- oder gefühlsmäßig eine bestimmte Erwartung damit verbunden und Verantwortung dafür übernommen, was nicht deine Aufgabe ist.

Mache dich frei von allen Bedingungen und Verhaftungen an Ergebnisse und *liebe* einfach, ohne dich zu binden oder etwas zu erwarten. Wir wissen, daß das nicht einfach ist und einem das Ego ebenso wie die eigene Konditionierung dabei immer wieder in die Quere kommt und man wirkliches Interesse und Mitgefühl leicht mit dem Bedürfnis verwechselt, den anderen frei zu machen – ihn nur noch er selbst sein zu lassen.

Konzentriere dich ganz auf dein eigenes inneres Wesen, *sei* einfach Liebe und blicke nicht zurück. Lebe im Jetzt.

Erfolglose Behandlungen

Es ist genauso falsch, dir für einen »Mißerfolg« bei einer Geistheilung die Schuld zuzuschreiben, wie einen »Erfolg« als dein Verdienst zu betrachten. In beiden Fällen hast du nur als Kanal für die Macht Gottes gedient; wurde sie erfolgreich für eine Heilung eingesetzt, gebührt die Ehre Gott allein, und der Patient sollte ebenso wie du nur Ihm dafür dankbar sein.

Entsprechend gilt: Tritt keine oder nur eine teilweise Heilung ein, dann mußt du immer daran denken, daß Gott einem Menschen niemals Seinen Willen aufdrängt. Eine Heilung kann nicht erfolgen, wenn der Patient nicht bereit und offen dafür ist, Gottes Liebe und unbegrenzte Heilkraft zu empfangen oder die Veränderungen in seinem Leben und seinen Gedanken vorzunehmen, die er innerlich als richtig empfindet und auch für notwendig erachtet, um mit Gottes Absichten und Seiner Schöpfung in Einklang zu sein.

Du selbst bist also in jedem Falle nur ein Zuschauer, der sich zwar bereitwillig als Kanal für diese Kraft zur Verfügung stellt, aber nichts mit ihrer Quelle oder ihrer Wirkung zu tun hat, es sei denn, du blockierst den Energiefluß dadurch, daß du dich persönlich für die Quelle hältst oder Lob erwartest, wenn die Ergebnisse zufriedenstellend ausfallen.

Du solltest Dankbarkeit für alle Heilungen empfinden, die tatsächlich eintreten, und Ehrfurcht davor, von Gott oder Seinen Dienern als Werkzeug eingesetzt zu werden, um Seine Absichten in jedem einzelnen Fall zu erfüllen. Je mehr dein Herz von Dankbarkeit und Lob für das Wunder der Heilung erfüllt ist, desto offener wirst du tatsächlich für die Heilkraft sein, und es wird seltener vorkommen, daß du dir »Mißerfolge« selbst anlastest.

Es spielen so viele verschiedene Faktoren bei der Gesundheit oder Harmonie eines Menschen mit, daß es unmöglich ist, immer genau zu wissen, warum Krankheit oder Unausgeglichenheit auftreten. Zum einen kann das aus einem früheren oder diesem Leben stammende Karma (»Was ihr sät, das werdet ihr ernten«) eine Rolle spielen und zum anderen die momentane geistige Einstellung des Betreffenden, die außerordentlich eng mit der Funktionsfähigkeit seines physischen Körpers verbunden ist, da Geist und Körper eins sind und nicht getrennt betrachtet werden können. Außerdem haben die sich ständig wiederholenden Gedanken eines Menschen einen viel stärkeren Einfluß, als sich irgend jemand vorstellen kann (»Was ein Mensch in seinem Herzen denkt, das ist er«). Seine Gedanken können buchstäblich das ganze ihn umgebende Universum und damit auch den physischen Körper, den er bewohnt, erschaffen. Jede Zelle dieses Körpers erneuert sich ständig, und die Gedanken eines Menschen bestimmen in sehr großem Umfang die Vollkommenheit oder Unvollkommenheit jeder Zelle.

Halte Dich selbst nicht für so wichtig und freue dich über das Vorrecht, Gott dienen zu dürfen, aber übernehme weder

Verdienst noch Schuld für das, was mit den Menschen geschieht, die dich um Hilfe bitten.

Sich als Kanal öffnen

Um ein ganz offener Kanal für die Heilkraft zu sein, mußt du dich selbst als Person *völlig* aus dem Spiel lassen, dich und den Hilfesuchenden dem göttlichen Willen hingeben, beide mit der göttlichen Quelle allen Seins verschmelzen sowie das *tatsächlich bestehende* Eins-Sein anerkennen; mit einem solchen Bewußtsein ist dann auch eine sofortige Heilung möglich.

Mache dir diese Vorstellung zu eigen, meditiere darüber und lasse sie auf dich wirken, so daß sie sich unauslöschlich in dein Bewußtsein und dein Unterbewußtsein einprägt. Der Ruhm Gottes kann in all seiner Herrlichkeit erstrahlen, wenn du zur Seite trittst und es einfach geschehen läßt. Natürlich kannst du allein dieses Strahlen nicht verhindern oder abschwächen, aber es kann vorkommen, daß du es ebenso wie ein Hilfesuchender aus deinem Bewußtsein verdrängst. Deine Worte, Gedanken und Taten können aber auch dazu beitragen, den Nebel zu lichten, der sich anscheinend zwischen dir und der Wirklichkeit befindet, und das auflösen, was die meisten Menschen fälschlicherweise für die Wirklichkeit halten. Werde empfänglich für die WAHRHEIT: die Vollkommenheit von Gottes Schöpfung.

Bist du also wirklich davon überzeugt, daß du nur als Kanal dienst und keine persönliche Macht besitzt, dann hat das, was ich gesagt habe, einen Sinn für dich. Je mehr du von deinen eigenen Wünschen und deinem Willen Abstand nehmen kannst, umso wahrscheinlicher ist das Eintreten einer Heilung, und zwar augenblicklich, *falls es so sein soll,* das heißt, falls das für das Seelenwachstum und die Entwicklung des betreffenden Menschen das richtige Ergebnis ist und Gottes Willen entspricht.

In dem Maße, wie du selbst innerlich wächst, wirst du bewußter oder sensibler dafür werden, was genau der Wille Gottes bedeutet. Jede Situation unterliegt Seinem Willen, und es findet keinerlei Heilung durch dich oder jemand anderen statt, wenn Er es nicht will. Auch wir Geistwesen können dann nicht helfen. Selbst Jesus würde nicht eingreifen, wenn er sich nicht sicher wäre, damit dem Willen Gottes zu entsprechen.

Selbstheilung

Das Gesetz von Ursache und Wirkung ist überall auf der Welt zu beobachten, ob es nun um Krankheit oder andere Disharmonien geht oder um Gesundheit und Ausgeglichenheit.

Gott ist Liebe, Liebe war der Ursprung aller Schöpfung, und daher ist alles auf der Welt schön und voller Liebe. Erst durch den Menschen und seinen freien Willen hat sich eine andere Denkweise ausgebreitet, die die Ursache für unerwünschte Auswirkungen ist.

Willst du verhindern, daß das Wasser in einem Topf überkocht, dann drehst du die Flamme ab, anstatt etwas mit dem Wasser zu tun, denn die Flamme ist die Ursache für das Kochen, und die Folge ist, daß sich der Zustand des Wassers ändert.

Daher liegt das Geheimnis von anhaltender Heilung darin, zu den Krankheitsursachen vorzudringen, und auf diese Weise ist auch Selbstheilung möglich. Untersucht der Kranke aufrichtig seine Gedanken, Gefühle und Taten und vergleicht sie mit den Lehren Jesu, dann wird er gewöhnlich feststellen, daß manche Dinge in seinem Leben sich nicht mit diesen Lehren in Einklang befinden. Bemüht er sich dann, die Abweichungen zu korrigieren, wird sich auch Heilung einstellen.

Kann ein Kranker trotz einer solchen ehrlichen Selbstanalyse nicht feststellen, wo er sich im Irrtum befindet, sollte er im Gebet um Führung in dieser Angelegenheit bitten, damit seine Augen für die wirkliche Ursache geöffnet werden mögen und er die nötige Kraft für ihre Auflösung gewinnen kann.

Übersicht über die wichtigsten Chakras

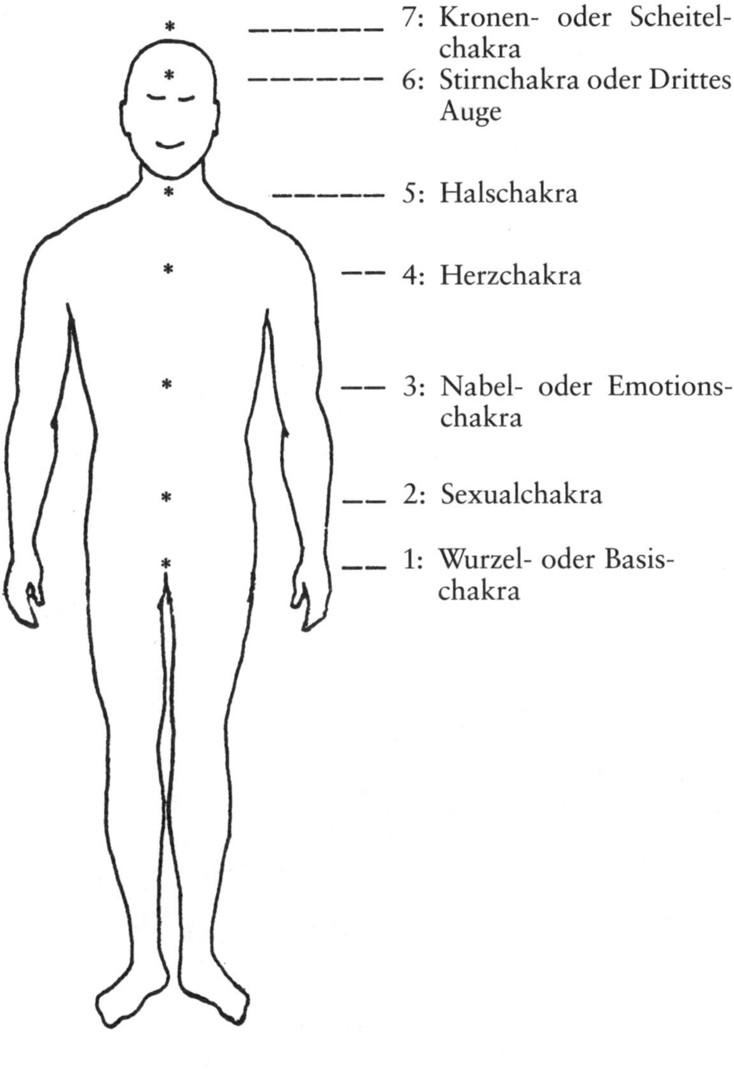

Weiterführende Literatur

Engel

Colton, Ann Ree: *The Soul and the Ethic.* Glendale, California: ARC Publishing Company 1965.
Davidson, Gustav: *Dictionary of Angels.* Toronto: Collier-Macmillan 1967.
Graham, Billy: *Gods Secret Angels.* Garden City, New York: Doubleday and Company 1975.
Hodson, Geoffrey: *The Kingdom of the Gods.* Adyar, Madras, Indien: The Theosophical Publishing House 1952.
Moolenburg, H. C.: *Engel – Helfer auf leisen Sohlen.* Freiburg: Verlag Hermann Bauer 1991[5].
Moolenburg, H. C.: *Engel als Beschützer und Helfer des Menschen.* Freiburg: Verlag Hermann Bauer 1991[5].
Mould, Pochin: *Angels and God.* Old Greenwich, Connecticut: Devin Adair Company 1963.
Newhouse, Flower A.: *Engel und Devas.* Grafing: Aquamarin 1993.

Träume

Faraday, Ann: *Die positive Kraft des Träumens.* München: Droemer Knaur 1984.
Faraday, Ann: *Deine Träume – Schlüssel zur Selbsterkenntnis.* Ein psychologischer Ratgeber. Frankfurt: Fischer 1991[13].
Feyler, Günther: *Träume – Suchbilder der Seele.* Freiburg: Verlag Hermann Bauer 1988[2].
Garfield, Patricia: *Kreativ träumen.* München: Droemer Knaur 1986.

Hall, Calvin: *The Meaning of Dreams.* New York: Harper & Row 1953.

Sanford, John: *Dreams.* Gods Forgotten Language. New York: J.P. Lippincott 1968.

Stewart, Kilton: *How to Educate Your Dreams to Work for You.* New York: The Stewart Foundation for Creative Psychology.

Heilen

Bach, Edward: *Blüten, die heilen.* München: Heyne 1991.

Bach, Edward & Petersen Jens E.: *Heile Dich selbst mit den Bachblüten.* München: Droemer Knaur 1992.

Bailey, Alice: *Eine Abhandlung über die Sieben Strahlen.* Band 4: Esoterisches Heilen. New York: Lucis Trust 1988[4].

Boyd, Doug: *Rolling Thunder.* Erfahrungen mit einem Schamanen der neuen Indianerbewegung. München: Droemer Knaur 1986.

Cooke, Ivan: *Healing by the Spirit.* Liss, Hampshire, England: The White Eagle Publishing Trust 1955. (überarbeitete Fassung 1976)

Edwards, Harry: *The Healing Intelligence.* Burrows Lea, England: The Healer Publishing Company 1974.

Fuller, John G.: *Arigo. Surgeon of the Rusty Knife.* New York: Thomas Y. Cromwell 1974.

Goldsmith, Joel S.: *The Art of Spiritual Healing.* New York: Harper & Row 1959.

Goldsmith, Joel S.: *Realization of Oneness.* New Jersey: Citadel Press 1967.

Hutton, J. Bernard: *Healing Hands.* New York: David McKay 1967.

Joy, W. Brugh: *Weg der Erfüllung.* Selbstheilung durch Transformation. Interlaken: Ansata 1993[3].

Kuhlmann, Kathryn: *I Believe in Miracles.* New Jersey: Prentice Hall 1962.

LeShan, Lawrence: *The Medium, the Mystic and the Physicist.* New York: The Viking Press 1974.

LeShan, Lawrence: *Psychotherapie gegen den Krebs.* Über die

Bedeutung emotionaler Faktoren bei der Entstehung und Heilung von Krebs. Stuttgart, Klett-Cotta 1991[5].

Leuret, Dr. F.: *Modern Miraculous Cures.* New York, Farrar Straus and Cudahay 1957.

McKelvey, Gertrude D.: *Finding Gods Healing Power.* New York, J.B. Lippincott 1961.

Pelletier, Kenneth R. und Frank, Joachim A.: *Die neue Medizin.* Gesundheit durch Vermeiden von Streß. Vorbeugen statt heilen. Frankfurt: Fischer 1988.

Ponder, Catherine: *Die Heilungsgeheimnisse der Jahrhunderte.* Die 12 Geisteskräfte des Menschen. München: Goldmann 1993[3].

Sanford, Agnes: *Heilendes Licht.* Lüdenscheid: Stier H. W. (Claren Taschenbuch) 1984[4].

Sherman, Harold: *Your Power to Heal.* New York: Harper & Row 1972.

Sherman, Harold: *Gebet – heilende, helfende Kraft.* Freiburg: Verlag Hermann Bauer 1991[9].

Sherman, Harold: *Außersinnliche Kräfte.* Freiburg: Verlag Hermann Bauer 1966[2].

Sherman, Harold: *Wonder Healers of the Philippines.* Los Angeles: J.P. Tarcher 1978.

Simonton, Carl O., Simonton, Stephanie M., Creighton, James: *Wieder gesund werden.* Eine Anleitung zur Aktivierung der Selbstheilungskräfte für Krebspatienten und ihre Angehörigen. (Medizin und Gesundheit). Reinbek: Rowohlt 1992.

Spraggett, Allen: *Kathryn Kuhlmann.* The Woman Who Believes in Miracles. New York: The World Publishing Company 1970.

Worrall, Ambrose A, Worrall, Olga N.: *The Gift of Healing.* New York: Harper & Row 1965.

Meditation

Dass, Ram: *Journey of Awakening.* A Meditation Guidebook. New York: Bantam Books 1978.

Goldsmith, Joel S.: *Die Kunst der Meditation.* Argenbühl: Schwab H. 1980[2].

LeShan, Lawrence: *How to Meditate.* Boston und Toronto: Little, Brown and Company 1974.
Puryear, Herbert B. und Thurston, Mark A.: *Meditation and the Mind of Man.* Virginia Beach, Virginia: A.R.E. Press 1975.
Roszman, Deborah: *Meditation für Kinder.* Freiburg: Hermann Bauer Verlag 1991.

Reinkarnation

Fiore, Dr. Edith: *You Have Been here Before.* New York: Coward McCann & Geoghegan 1977.
Hall, Manly P.: *Reincarnation,* The Cycle of Necessity. Los Angeles: The Philosophical Research Society 1971.
Head, Joseph und Cranston S.L.: *Reincarnation,* The Phoenix Fire Mystery. New York: Julian Press/Crown Publishers 1977.
Cranston, Sylvia und Williams, Carey: *Wiedergeburt* – Ein neuer Horizont in Wissenschaft, Religion und Gesellschaft. Hirthammer 1989.
MacGregor, Geddes: *Reinkarnation und Karma im Christentum.* München: Droemer Knaur 1990.
Moore, Marcia und Douglas, Mark: *Reincarnation* – Key to Immortality. New York: Arcane Publications 1968.
Moore, Marcia: *Hypersentience.* New York: Crown Publishers 1976.
Stevenson, Ian: *Twenty Cases Suggestive of Reincarnation.* New York: American Society for Psychical Research 1966.
Stevenson, Ian: *Reinkarnation* – Kinder erinnern sich an frühere Erdenleben. Grafing: Aquamarin 1989.
Sutphen, Richard: *Self-Help Update.* A catalogue of past life regression tapes. Malibu, California: Valley of the Sun Publishing.
Wambach, Helen: *Seelenwanderung.* Wiedergeburt durch Hypnose. München: Goldmann 1987.
Wambach, Helen: *Leben vor dem Leben.* München: Heyne 1989.

Spirituelles Wachstum

Fox, Emmet: *Die Bergpredigt.* Eine allgemeine Einführung in das wissenschaftliche Christentum. Frick, H. Th. (Unity Buchreihe) 1988[7].

Levi: *Das Wassermann-Evangelium von Jesus dem Christus.* Die philosophische und praktische Grundlage der Religion des Wassermann-Zeitalters und der universalen Kirche, aus der Akasha-Chronik, dem Buch göttlicher Erinnerungen, entnommen und aufgeschrieben von Levi. München: Hugendubel (Kailash-Bücher) 1990[9].

Murphy, Joseph: *Die Macht Ihres Unterbewußtseins.* München: Ariston 1992[47].

Parker, William, und St. Johns, Elaine: *Prayer Can Change Your Life.* Englewood Cliffs, New Jersey: Prentice-Hall 1957.

Trine, Ralph Waldo: *In Harmonie mit dem Unendlichen.* Stuttgart: Engelhorn 1991[47].

Yogananda, Paramahansa: *Autobiographie eines Yogi.* München: Scherz 1979[11].

Verschiedenes

Die Gute Nachricht. Die Bibel im heutigen Deutsch. Stuttgart: Deutsche Bibelgesellschaft 1982. (Alle Bibelzitate sind dieser Bibel entnommen).

Chaplin, Annabel: *The Bright Light of Death.* Marina del Rey, California: DeVorss & Co. 1977.

Pearce, Joseph Clinton: *The Magical Child.* New York: E.P. Dutton 1977.

Friday, Nancy: *Wie meine Mutter* (My mother my self). Frankfurt: Fischer 1992[13].

Harding, M. Esther: *The Way of All Women.* New York: G.P. Putnams Sons 1970.

Verny, Thomas und Kelly, John: *Das Seelenleben des Ungeborenen.* Berlin: Ullstein 1983.

Wickland, Carl: *Dreißig Jahre unter den Toten.* Buschhoven: Reichl, O. 1989.

Zum Thema Geistheilung sind im Verlag Hermann Bauer bereits folgende Titel erschienen:

Keith Sherwood

Kraftzentren des Lebens

2. Aufl.; 276 S.; geb.; ISBN 3-7626-0302-2

Keith Sherwood

Die Kunst spirituellen Heilens

4. Aufl.; 235 S.; geb.; ISBN 3-7626-0278-6

Tom Johanson

Heilkraft, die von innen kommt

3. Aufl.; 160 S.; kart.; ISBN 3-7626-0300-6

Tom Johanson

Zuerst heile den Geist

4. Aufl.; 228 S.; kart.; ISBN 3-7626-0620-X

Choa Kok Sui

Durch kosmische Energie heilen

2. Aufl.; 288 S.; geb.; ISBN 3-7626-0376-6

Anita Höhne

Geistheiler heute

195 S.; kart.; ISBN 3-7626-0399-5

Das neue esotera-Taschenbuch
im Verlag Hermann Bauer

Hans-Dieter Leuenberger
Das ist Esoterik
Einführung in esoterisches Denken
6. Aufl.; 240 S.; kart.; ISBN 3-7626-0621-8

Chandresekhar G. Thakkur
Das ist Ayurveda
Die indische Heil- und Lebenskunst
3. Aufl.; 368 S.; kart.; ISBN 3-7626-0635-8

Dion Fortune
Die mystische Kabbala
Ein praktisches System der spirituellen Entfaltung
3. Aufl.; 373 S.; kart.; ISBN 3-7626-0636-6

Tom Johanson
Zuerst heile den Geist
Möglichkeiten zur Heilung psychischer und
psychosomatischer Leiden
4. Aufl.; 228 S.; kart.; ISBN 3-7626-620-X

Hans Sterneder
Tierkreisgeheimnis und Menschenleben
4. Aufl.; 432 S.; kart.; ISBN 3-7626-602-1

Swami Vivekananda
Karma-Yoga und Bhakti-Yoga
Zwei wahre Perlen indischer Weisheit
2. Aufl.; 272 S.; kart.; ISBN 3-7626-0653-6

Das neue esotera-Taschenbuch
im Verlag Hermann Bauer

Richard L. Johnson
Ich schreibe mir die Seele frei
Wege zur Harmonisierung des ganzen Gehirns
264 Seiten; kart.; ISBN 3-7626-0659-5

Felicitas Goodman
Wo die Geister auf den Winden reiten
Trancereisen und ekstatische Erlebnisse
354 Seiten; kart.; ISBN 3-7626-0662-5

Alan Young
Das ist Geistheilung
Ein Leitfaden für alle, die heilen und geheilt werden wollen
280 Seiten; kart.; ISBN 3-7626-0661-7

Robert B. Tisserand
Das ist Aromatherapie
Heilung durch Duftstoffe
368 Seiten; kart.; ISBN 3-7626-0660-9

Eknath Easwaran
Mantram
Hilfe durch die Kraft des Wortes
3. Aufl.; 256 S.; kart.; ISBN 3-7626-0629-3

Erlendur Haraldsson
Sai Baba – ein modernes Wunder
Die paranormalen Phänomene des spirituellen Meisters
Sathya Sai Baba
3. Aufl.; 297 S.; kart.; ISBN 3-7626-0631-5

Dr. med. Götz Blome

Wirf ab, was dich krank macht

2. Auflage, 213 Seiten, geb. ISBN 3-7626-0358-8

Dieses Buch ist keine theoretische Abhandlung, sondern die Frucht täglicher Lebenserfahrung und jahrelanger Beobachtung. Ihm liegt die Erkenntnis zugrunde, daß nicht das Leid, sondern die Freude der Sinn des Lebens ist, und daß jeder, obwohl er seinem Schicksal ausgeliefert ist, in seiner Bewußtwerdung, seiner Suche nach Wahrheit und Klarheit eine gewisse Chance hat, sie zu finden. Dazu muß alles, was dieser Freude im Wege steht und den Menschen leiden läßt, unbestechlich auf seinen Wahrheitsgehalt überprüft und entweder aus dem Leben entfernt oder in einem anderen, freudvolleren Licht gesehen werden.

Bewährung in der Krankheit

2. Auflage, 189 Seiten, kart. ISBN 3-7626-0296-4

Dr. Blome darf zu Recht ein esoterischer Arzt genannt werden. In diesem Buch geht es in erster Linie um die Schmerz- und Leidverdrängung durch routinemäßige Symptomkuriererei, das Verkennen und Nichtwahrnehmen der schicksalhaften Botschaft, die sich in der Krankheit für den Betroffenen einkleidet und ihm zu einer Lebensänderung bewegen will. Dieses Buch ist Kranken- und Gesundenlektüre zugleich, weil es die Balance hält zwischen tiefem esoterischem Lebensverständnis und realistisch erlebbaren Verhaltensweisen, die in der inneren Vorsorge für Geist und Seele gipfeln

Verlag Hermann Bauer · Freiburg im Breisgau